法治及其本土资源

第四版

苏力 著

北京大学出版社
PEKING UNIVERSITY PRESS

图书在版编目(CIP)数据

法治及其本土资源 / 苏力著. —4 版. —北京：北京大学出版社，2022.7

ISBN 978-7-301-32933-7

Ⅰ.①法… Ⅱ.①苏… Ⅲ.①社会主义法制—研究—中国 Ⅳ.①D920.0

中国版本图书馆 CIP 数据核字(2022)第 042990 号

书　　　名	法治及其本土资源（第四版）
	FAZHI JI QI BENTU ZIYUAN（DI-SI BAN）
著作责任者	苏　力　著
责 任 编 辑	靳振国　杨玉洁
标 准 书 号	ISBN 978-7-301-32933-7
出 版 发 行	北京大学出版社
地　　　址	北京市海淀区成府路 205 号　100871
网　　　址	http://www.pup.cn　http://www.yandayuanzhao.com
电 子 邮 箱	编辑部 yandayuanzhao@pup.cn　总编室 zpup@pup.cn
新 浪 微 博	@北京大学出版社　@北大出版社燕大元照法律图书
电　　　话	邮购部 010-62752015　发行部 010-62750672
	编辑部 010-62117788
印 刷 者	大厂回族自治县彩虹印刷有限公司
经 销 者	新华书店
	650 毫米×980 毫米　16 开本　22.25 印张　268 千字
	1996 年 10 月第 1 版　2004 年 3 月第 2 版
	2015 年 1 月第 3 版
	2022 年 7 月第 4 版　2025 年 1 月第 6 次印刷
定　　　价	69.00 元

未经许可，不得以任何方式复制或抄袭本书之部分或全部内容。
版权所有，侵权必究
举报电话：010-62752024　电子邮箱：fd@pup.cn
图书如有印装质量问题，请与出版部联系，电话：010-62756370

面对你我觉得下坠的空虚,
像狂士在佛像前失去自信;
书名人名如残叶掠空而去,
见了你才恍然于根本的根本。

——袁可嘉:《母亲》

目　录

第四版序 …………………………………………… 001
第三版序 …………………………………………… 003
第二版序 …………………………………………… 005
什么是你的贡献？（自序）………………………… 011
致　谢 ……………………………………………… 019

第一编　变法与法治

秋菊的困惑和山杠爷的悲剧 ……………………… 003
　　附录：从文学艺术作品来研究法律与社会？………… 016
法律规避和法律多元 ……………………………… 020
转型社会中的违法犯罪 …………………………… 063
市场经济对立法的启示 …………………………… 085
市场经济需要什么样的法律？
　　——从韦伯视角的切入 ……………………… 103
变法、法治及其本土资源 ………………………… 129

第二编 司法制度研究

论法律活动的专门化 …………………………………… 155
关于抗辩制改革 ………………………………………… 184
《秋菊打官司》的官司、邱氏鼠药案和言论自由 ……… 206
　　附录:关于贾桂花案件的几个民法问题 …………… 240

第三编 法学研究的规范化

法学研究的规范化、传统与本土化 …………………… 247
什么是法理学?
　　——《法理学问题》译后 …………………………… 257
读《走向权利的时代》
　　——兼论中国的法律社会学研究的一些问题 …… 283
后现代思潮与中国法学和法制 ………………………… 300

第四版序

北大出版社要出此书的第 4 版,我不得不细看一下书稿。真是汗颜,悔"少作"——其实当时已是中年——的感觉糟透了!许多分析论证今天看来过于粗略还不是什么大问题,感觉糟糕的是文字。因为不喜欢当时流行的法学文字,要么是社论版,要么就是文白混杂民国范儿,想更口语一些,贴近当代。但本来就欠缺中文学术写作的训练,留美 7 年除了家书就没写过中文,混杂了英文句法,文字表达芜杂絮叨,连词接起来的被动长句,拗口别扭,没几句干脆利落痛快的。26 年了,真对不起各位读者!

也想悄悄过去,放弃改版,也别重印了。但编辑要我再想想。想来想去,"知耻近乎勇""力行近乎仁",最好的道歉或弥补,莫过于改版。

我删了三篇时过境迁已没啥意思的文字。一篇书评,泛泛介绍了却伯的美国宪法专论(treatise)《美国宪法》;两篇有关法学教育的文字,一篇调研了 1990 年代中期中国法学教育,另一篇是个人对美国法学教育的浮光掠影。

第一编中本来有两篇涉及法律规避,关注的问题不同。这次删去了当初对中国法学还算必要的学术传统简介,合而为一。考虑到另外几篇论文之间的相关互补,我调整了这一编中几篇论文的顺序。

　　适度修改全书文字,想贴近口语,但避免口水。也略有增删,使论说更融贯严谨些。没有实质性修改,不是固执己见,只表明当年的思考和分析仍然成立。也不是一点长进都没有,就一篇,有关韦伯的形式理性法律与市场经济(韦伯称之为"现代资本主义")。就历史中国的法律传统而言,如今我认为,我为韦伯当年可能接触的有限的中国资料误导了,他不仅对中国法的理解、概括和分类不能成立,而且他基于形式和理性这两个概念搭建的"理想型"法律分类也锁死了他的分析,好看不好用,不实用,还容易误人子弟。保留这篇,除其他考量外,也考虑到这是韦伯在当时中国法学中留下的印记之一,鉴于韦伯在今天中国理论法学中已彻底消失,衬托出中国法学研究的经验转型和实证转型,这其实也与本书最后讨论的"后现代法学"有关。我核实补正了旧版中不完善的注释,增加了当年没觉得需要、现在看来最好补上的一些反映了时代特点的脚注。也多亏了网络时代资料查询的便利。

　　除备课、上课或其他临时安排外,花费了近 3 个月时间,有意义吗?回头来看,这本书涉及我后来研究写作的几乎所有问题和相关学科交叉,甚至包括翻译、学术批评和法学教育;该能反省自我,检点昨天——愿意改,这就是好同志。但主要还是因为,与研究的结论无关,这些 1/4 多世纪前分析过的中国法律、司法实践的问题,以及隐含其中的法学问题是真实的,还在或还会以其他方式伴随我们,这就使这些陈旧文字仍有些许现实意义。

2022 年 4 月 10 日于北大法学院陈明楼

第三版序

本书原是梁治平主编的"法律文化研究文丛"的一本,1996年由中国政法大学出版社出第一版,2004年简单修订后再版;多次重印,印次可能有10次之多。

北京大学出版社决定重版此书,也算是此书的第三版。感谢北大社,却也有些许感叹和不安。

还是只纠正了一些错字,调整了一些不通或是太不顺畅的句子;观点、论证以及一些先天不足,则未作改动。部分因为作者没啥长进;但还有部分因为,尽管20年了,至少有些问题,也只是换了新装,风采却依旧。在这个世界上,有些问题或许就不大可能有什么变化;即所谓"天不变,道亦不变"。也因此,即便是,甚或恰恰因为是,务实的实用主义者,他却只能死不悔改!

2014年9月4日于北大法学院

第二版序

我不是很自信的人。文章写成了,往往会在计算机中待上一段时间,有时还很长;一定得下决心才能把稿子寄出去;发表之后,自己也不大愿意拾起来再看一遍,生怕自己"悔少作"。对这本书也是如此;出版以后,一直没有真正细致看一遍。多年来,这种心态一直伴随着我。也好。这种心态迫使自己认真对待学问,爱惜自己的羽毛。写作前尽可能深思熟虑,不胡言乱语;发表后,也少一点分心、后悔,只关心明天。

尽管我并未要求,出版6年之后,中国政法大学出版社和本文丛主编还是决定重版此书,这就迫使我把全书再细细看了一遍。发现这本书还能看下去,甚至有不少自我欣赏和得意的地方:我怎么想到这一点的?我当时怎么会写出这样的文字?但也更多的是"如果现在,我会……"。

其实应当为这种遗憾感到庆幸;因为,这反映的是自己进步了。如果没有遗憾,反倒真的令人遗憾。

因此,我也就在这里把我认为的本书中的一些弱点和问题简单地提出来。提出来,首先是因为此书几年来一直受到比较多的关注,包括批评和赞扬。而且尽管表现出来的似乎批评居多,有的甚至言辞很激烈,很上纲上线,甚至无中生有,但批评的问题往往与学术无关,甚至与本书无关,而与政治正确有关,或者是一些根本就无法讨论的问题,因此一些真正的甚至很明显的缺陷反而在这场"稻草人射击比赛"或"影子拳击"中错过去了。其次,毕竟还有不少喜爱本书的读者,他们也未必看到了甚或看到了也容易忽视或原谅这些问题。因此在这里提出来,也不是多余。我们非常需要细致的学术批评。

首先,本书的书名就有问题,《法治及其本土资源》这个题目其实不太通。书名源于本书一篇文章的题目,只是删了一个词;虽然也能说得过去,但很别扭。也许称其为"法制的本土资源"会更好一些。但这次重版,我没改题目,这也算是把自己钉在"历史的耻辱柱"上吧。

"变法"一文的论证比较匆忙,它提出了许多可能的论证进路,但没有一个进路有充分的论证。

"秋菊山杠爷"一文完全可以分析得更为细致一些,有许多问题论证不够详尽,因此有可能导致误解。例如文中说,"'伊甸园'失去了"(第11页),是在一种特定的比喻意义上用的,指的是"泼水难收",是中性的;但由于"伊甸园"这个意象的多重含义,在某些读者那里也许会有美化传统社会结构及其中的人际关系的寓意。文中还说到村长被"逮捕"(第4页),其实应当是拘留。这个问题是偶尔相遇的一位基层法院法官指出的,应当谢谢他。表面看来,这些错失都是因行文用词过于随意、不够缜密造成的,但反映出来的更深的问题是,我还缺乏法律人应当具有的对于语词和意象的敏感和精细。这样的错误原书中还有不少。

两篇"法律规避"的文章问题也不少。特别是第一篇,开头从马克思和韦伯的观点推导出法律多元的寓意。这是因为我当时考

第二版序

虑到读者的背景知识,希望方便读者进入这一问题的分析,但如果从学术上看,这是一种比较偷懒的办法,甚至有"拉大旗作虎皮"的嫌疑——以大学者的言辞来为自己的讨论正当化。当然,考虑到当时的社会背景和学术背景,读者可能会原谅这种切入问题的方式。后面的关于法律多元的论述,特别是对西方法律多元研究之介绍,也比较草率;关于中国当代的法律多元现实和研究这一问题的重要性,论辩多,细致分析不够,同样比较草率。这样的问题在书中的大多数文章中都有。

"法律文化"一文用了"文化"的概念,由此而来的文章论述与全书的基本思路都有些别扭,甚至有些不契合的地方。因为,文化这个概念很含混,而且在中国社会和学术语境中,强调的是观念和价值,而在社会学传统中其外延更广,甚至主要是物质性的。显然我在撰写此文的时候,对这一概念在中国语境中的特定含义思考不清楚,把握不够;或许也有借当时法律文化热的影响推销文章主题的意图。其实文章完全不用文化这个词,也可以把这个问题说清楚,甚至会说得更深入。

"立法"和"犯罪"两文尽管提出了重要的问题,也作了一些分析,但分析比较表面、肤浅。在很大程度上,这两篇文章还是西方理论的搬用或者说"移植",虽然讨论的是中国问题,但是对中国问题的讨论和分析都不深入。事实上,这两篇文章与上一篇都有比较强的时事评论的意味。

"法律活动专业化"一文实际上更多讨论的是司法专业化和司法独立,因此本应当更集中分析这一点。现在的处理不仅显得略为宽泛,而且也名不符实(号称法律活动,实际更多是司法活动)。同样反映了思维不细致、不融贯。此外,这个问题也很大,讨论因此很匆忙,许多问题都没有说透或说得更透。同样对相关文献的引证也不够,有些地方引证太随意,显然文献检索不够。

"抗辩制"一文同样有考虑不周的问题,但实际上是文献阅读、研究不够的问题。例如关于成本收益分析中,明显忽视了考察与抗辩制密不可分的"庭外和解"和"辩诉交易"对于降低社会整体的诉讼费用的效果。如果能对此进行一番分析,那么至少这一节的分析会更有说服力。因此,这次修改,我在此加了一句话,已不是论证了,只是提示读者一下。

"言论自由"一文不仅提出了权利的相对性问题,更提出了宪法司法的问题,都很重要。但由于文中没有把宪法司法中的法律技术问题提出来,并作一个适当的介绍,或至少作一个提示,因此有可能误导读者,特别是法律实务工作者。就法学论文而言,就文中分析的问题来看,当然可以也应当从宪法角度来讨论肖像权、名誉权问题;但这只是一个思考问题的思路。如果从司法角度来看,这种分析对具体的司法帮助不大,因为尽管所有的法律问题都可以在学术上转化为宪法问题来讨论,但是在司法实践上不能也不应当这样转化,否则的话,就会破坏法治,因为人们会忽视部门法的具体规定,而直接诉诸宪法条文。而我对此没有给予足够的强调和关注,有可能在这一方面误导读者,使他们误以为一般法律问题的司法处理,只要可能,就应当上升为宪法问题。

法学研究的规范化一编中的几篇文章也同样存在种种论证问题,甚至本身也有不那么学术规范化的问题。有的与中国当代学术语境缺少足够的联系,例如关于却伯的书评,似乎只是为了写书评而写书评。

甚至,全书的文字上也存在不少问题。主要的文字问题可能是行文风格,就总体而言太"辩论",而不是论证,因此仍然有中国法理学界至今仍比较普遍的政论文风,当然这可能也与论文主题

第二版序

同"热点"问题比较接近有关,与赵晓力在序中评论我"既出世又入世"的学术立场有关。但反思起来,最重要的因素可能还是对中国法律实践欠缺了解。"饭不够,茶来凑",当材料不充分时,"藏拙"的办法之一就是雄辩。当然,我也并不认为这一定是缺点,甚至有的就是为了转变当时法学论文缺少论辩之弊的策略,甚至也是为了发表的一种妥协,但任何妥协也都是有成本的。

也许,最重要的问题,还是我自己的发问:"什么是你的贡献?"坦白地说,尽管这些文字都涉及当代中国法治建设中的一些重要理论和实践问题,但基本上都是一些初步的探索,分析很浅,甚至谈不上什么新的思想,包括"本土资源"这个概念其实没有多少意义。此外,文字表达上也不够成熟老练。因此,我才有"如果现在,我会……"的想法。

人生没有后悔药。作品发表出来之后,就有了它相对独立的生命。在这个意义上,人其实不论自己是否愿意,他一旦行动了,就必定要且只能对自己的行为负责,尽管我们不能、有时也不愿总是这样事先告诫和约束自己。

也正因此,在这一版,除了订正、删除了一些错别字、词,调整了极个别句子,我未对文章作其他修改。

同意新版,却不作实质性修改,其实还有另一层意思。这就是我认为这本书讨论的问题,就总体来说,6年之后仍然没有过时。事实上,本书三编集中关注的问题今天仍然是法学研究的重要问题。不仅如今人们更关注如何建成同中国社会的市场经济相适应的法制,司法改革也已经甚至日益成为学界和社会热点,法学研究和教育本身的问题也日益受到了法学界的关注。在这些问题上我的观点也只有深化意义上的改变,而没有思路和研究进路甚至结论的改变——尽管存在上述问题,也尽管有众多的批评。在这个意义上,不修改也许是对众多批评者的一个更有分量的回答。

　　当然,这样一来,有了前一版的读者也就完全不必购买新版,可以省点钱;但这会不会无意中损害了出版社重版此书的经济收益?

　　人不论怎样考虑周到,事都不可能做到完美,都会有外在性,就像这本书一样。那就不完美吧。

2002 年 10 月 29 日于北大法学院

什么是你的贡献?(自序)

这是近年来我常常思考的问题。我甚至一度想以此作为这本文集的书名,终因不像一部法学文集的,更像一部小说、散文或杂文集的书名而放弃了。尽管如此,这个问题却不是选择后就一挥即去了。

一

中国目前正处于一个社会变革、经济高速增长的时期。很有可能,到下个世纪初叶,就经济总规模而言,中国成为世界最大的经济体。[1] 中国的复兴已不可避免。这是 100 多年来中华民族一切仁人志士为之奋斗的理想。作为生活在这个时代的中国知识分子,我感到一种诗人说的"历史的多情",尽管历史本来无所谓有情还是无情。

---

[1] 参见,林毅夫、蔡昉、李周:《中国的奇迹:发展战略与经济改革》,上海三联书店、上海人民出版社,1994 年,第 8—11 页。

这也许是现代中国对人类的一个最重要的贡献。与这一贡献相比,任何理论学术都会黯然失色,都不过是一种解说,而且不会是最后的解说。尽管如此,解说却是重要的。对一个人来说,解说使他能够把本来无序的世界化为有序,从而"有意义";对于社会生活来说,从一定视角看,社会的形成,就是在一个相对确定的社会环境中,人们的诸多理解和解说相互冲突、磨合、融合的过程,进而对他们共同的生活世界有了相对确定的解说和预期,由此影响了人们的行为习惯,构成"制度",形成文化共同体。

就过去100多年来说,中国无论在自然科学、社会科学和人文学科(尤其是前两个学科)都从外国、主要是西方发达国家进口了大量知识,就连这些学科划分本身也几乎全是进口的,尽管如今它们成为我们无法摆脱、也不想摆脱的生活世界的一部分。然而,在借鉴了这一切外来知识之后,在经济发展的同时或之后,世界也许会发问,以理论、思想和学术表现出来的对于世界的理解和解说,什么是你——中国——的贡献?

我们这一代知识分子可以回避这一问题,找出种种理由很容易。而我也相信,随着经济实力的增长[2],学术传统的形成和发展,后代中国学者必定会提出精美的理论。然而,后代中国学者也同样会发问,什么是你的贡献?

这个问题完全是虚构的,永远不会有人对我们提出这样的问题!如果一定有人提,那么也只能是我们自己。出于我们面对永恒的一种战栗。

---

[2] 从经验上看,一个国家的学术理论影响力,在很大程度上,与该国家的经济实力相联系(尽管不一定成正比)。儒家学说近几十年来的命运就是一个典型例子。

什么是你的贡献？（自序）

二

也许，重要的问题是有没有可能作出我们的贡献。

回答是肯定的。尽管西方学者和前辈学者已经提供了大量的视角、理论、模式、命题和概念，但是假如没有一个全知全能的上帝，假如人类历史不是重复的，假如具体现实的生活有无限的丰富性，假如每个人的体验都有某种不可替代性，假如人的生命是有限的，那么就可以说，到目前为止的一切知识都是阐释学意义上的"偏见"，每种知识体系都是一种地方性知识，局部的知识，昔日的学者、思想家没有也不可能穷尽一切知识。从理论上说，我们这一代有可能根据我们的经验作出我们的贡献。

这种贡献不是以我们的经验体悟为目前主要由西方学者提供的理论、模式提供一些注脚，充实或补充他们的理论框架；而必须是一种真正的无可替代的贡献。在这个意义上，我们的历史传统、众多的人民（包括我们自己）以及100多年来中国的伟大变革给了我们一个学术"富矿"，提供了巨大可能。关注中国当代的现实生活，发挥我们的比较优势，是中国学者有可能作出独特学术理论贡献的必由之路。

关注本土问题并非如同一些主张"弘扬中国传统"的学者那样，试图从中国传统社会和文献中寻找某些据说具有"现代性的因素"。有学者将儒家的"仁"解说为民主，将"恕"解说为宽容，同西方概念接上了茬，中国传统因此就得到了继承了。这种做法仍然以西方的某些理论、观点、思想、命题甚至概念/语词作为现代化和学术的标准。一切他们认为值得弘扬的，仅仅因为其甚或其中的某些因素"符合"(但什么是"符合"呢?)外国的某个或某些理论或做法。这类做法,表面看是在大力弘扬民族文化,但严格按照其逻辑,其实全然没有存在的理由。如果一切值得弘扬的中国文化因素,就因为它们符合或大致符合某种外国理论或实践,为什么我们不省点事,直接从外国照搬,为啥还要从中国文化中寻求那些"萌芽"呢? 这类做法和说法的背后仍然是缺乏自信。如果条件合适,如熟悉外国文献、精通外语,他立马可以从中得出"彻底砸烂中国传统文化"的结论。除了学术理论上没想透或不周延外,这种做法,往往并非出自并追求对中国文化传统和对外国文化的理解,而是出自"我们先前也富过"的阿Q精神,甚至是下意识地出自对各种自我既得利益的维护。

真正的贡献,只能产生于一种对中国的昔日和现实的真切且真诚的关怀和信任;相信并假定:过去和今天的任何人(包括西方学者)都大致和我们一样理性,他们当年的选择,即便被后人认定错了,但在其选择之际,也仍可能具有语境化的合理性。以此为基础,深入理解和考察现实,予以学术的和理论的概括总结;不断反思自己的发现,既勇于坚持自己的真切感受和确信,也准备在有足够说服力的新证据和充分证据面前修正自己,接受真有说服力的理论、观点和模型。

三

中国的历史和现实为做学问的人准备了一个"富矿",但我们仍面临很大困难,中国法学尤甚。与其他一些学科相比,中国当代的法学研究不仅缺少学术的传统,也缺少研究中国社会实践的传统。不仅无法与中国传统文科如文史哲相比,与社会学相比,也缺少像费孝通先生那一代很有成就的学者,没有《江村经济》《乡土中国》那样富有洞察力、有学术支撑的著作;与经济学相比,也缺乏经济学的实证研究传统,以及更为坚实的理论和学术训练。中国当代法学研究,尽管在法律实践问题上有不小进步,但很大程度上,仍停留在对一些命题、甚至是政治命题本身的争论(都算不上讨论),趋于把法学视为一种普适的学术知识,很少关注法律作为职业技能的特点,对中国当代城市和农村的法律实践,对中国人因其生产生活方式塑造的法律行为方式,都缺乏关注。我们仍习惯于用18、19世纪西方学者的一些应然命题来规定生活。法学研究方法也相当落后,从应然到应然,对其他社会学科的影响和支撑法学研究的理论缺乏了解、研究和包容,对司法问题缺乏综合性研究,习惯于从部门法出发把活生生的案件简单归纳为民法或刑法案件。甚至,法学研究的基本学术纪律和规范也尚未形成。

中国法学的成熟还有漫长的道路。

然而,我们仍没有理由拒绝面对这样的问题:"什么是你的贡献?"

四

这里收集的是我3年来写作发表的一些大致属于法学的论文。是面对这样的发问而不敢松懈的结果。它们算不上什么"贡献",只是这种追求的脚印。

当初写作时,我也没在意要集中关注什么问题;因为我相信"君子不器"。我不认为学科应当、事实上也从来不能限制任何人的自然关注。我们今天习以为常的、认为天经地义的学科专业划分只是由众多先前学者的实践塑造的,一直并将永远处于流变中。尽管如此,现在回头整理这些文章时,却发现,自己也说不清为什么,我的关注可以大致分为四个方面。这本书集中了前三个方面的文章,分别有关中国法律、司法和法学的实践。几篇有关法学知识演变的文章,篇幅略长,没收入这本集子。

集于第一编的论文都有关中国法治的社会实践,问题相对宏观,我却力求从微观切入。我没有也没法把法律视为一种抽象和理想化的价值,或体现了此类价值的条文,我倾向于从法社会学角度来理解法律,把法律理解为与人们具体现实的生活方式无法分离的一种规范性秩序,包括国家制定法,也包括各类有强制性的社会规范,称"习俗"或社会规范均可。我认为中国法制/治建设的真正立足点必须是当今的社会生活。我主张充分理解中国社会背景,综合考虑法制建设。我分析了看起来普遍正确的理想化的法律为什么被人们以各种方式拒绝,分析了法律规避的合理性和其在变革时期对制度创新的作用。我也分析了一些流行但容易令人误解的法学命题。这一编的文字反映了我对当代中国法制建设的基本想法,也是我研究其他问题的指导思想。这种关切也具体体现在其他两编的文字中。

第二部分关注的是中国的司法,包括制度设计、变革和过程。在有关司法专业化的一文中,我实际分析的是一个"审判独立"的问题。不是从这个概念或相关前人的论述开始,我把这个问题放在中国社会转型的大背景下,从社会劳动分工的角度来讨论这个学者习惯于从政治哲学进入的问题。针对中国传媒日渐发达的现实,我也分析了审判独立在当下中国的一个新维度,适度隔离社会舆论对司法的影响。有关抗辩制的论文没有为审判方式改革"鼓与呼",而是试图展示推动抗辩制改革的社会问题和力量,以及由此可能引发的某些颇为现实和具体的法学和法制现实问题。关于电影《秋菊打官司》和邱氏鼠药案一文,更努力从司法个案来展示司法问题的复杂性和世俗性,力图在宏观法学理论与微观司法实践之间寻求契合。之所以关心司法制度和过程,因为我认为司法是法律有所作为并产生实际影响的重要途径之一,一个司法个案的社会影响力可能远超过颁布一部立法。由于司法是具体操作的,法官面临的各种社会考量与扶手椅上的法学教授的想象会有很大差异。司法实践更可能是法学理论发展创新的基础,而不是相反。

第三部分关注的是中国法学研究的规范化,包括学术批评和法学教育。规范化之所以重要,是因为只有在规范(即制度)约束下,才可能形成有活力的法学共同体,才能有真正的学术交流和批判,形成良性的法学研究传统,进而影响法学教育,影响法律实务,促成法律职业共同体。

应当说,这几个方面,都是中国当代法治建设和真正形成的要点。之所以关注中国或本土,是因为,既然法治从来都是在特定时空地域中展开的,那么总体而言,就一定不存在普适的法治模式。当然,你可以抽象出几条法治的原则或标准,但法治实践永远是也必须是具体的,在于如何做,而不是懂得如何做。也因此,法律职业共同体和法学共同体的形成极为重要。关注这些问题,研究具体问题,实践中或努力重构,或微观调适,就是促进法学的发展,法治的形成。众多此类的努力,就是中国法治的本土资源。也因此有了现在这个书名。

五

收入本书前,我对文章都作了些修改和补充,有的还有较大调整。尽管如此,我感到许多方面仍有不足。例如,尽管文章强调关注和研究当代中国现实,但许多文章还主要是理论论证和逻辑分析;文章的许多观点也不无争议,至少许多结论与教科书或流行观点或命题不一致。中国法治的实践和公共选择最终也许会否定文章的许多甚至全部结论。因此,我希望读者别太关注文章的具体结论。"所谓结论",按照 Matz "定理","就是你懒得继续思考下去的地方"。从这个意义上讲,结论并不重要,结论只是人们为退出某一具体研究时一个比较有效又体面的战术或策略。不会有最后的结论,许多问题都可以继续争论。如同多年前我写春天的一首诗:"一切都是熟悉的,一切又都是初次相逢;一切都理解过了,一切又都在重新理解之中。"

如果可能,我倒是希望读者更多注意这些文章的角度、思路、方法或论证方式,注意文章对其他社会和人文学科知识的利用,关注发生在身边、人人知道但传统法学往往视而不见的人和事,注意自觉并提炼我们自身的经验和感悟。这是我的一种学术追求,追求对法律制度的学术研究和理论思考,追求对法律的交叉学科研究,追求消除笼罩在法律上的理念光环,使它成为一种"世俗但不卑俗的事业"。

1996 年 3 月 20—25 日于北大蔚秀园寓所

致　谢

编完这本书,回想起回国后这3年多来的日子许多朋友和同事的帮助、关心和支持,心里非常感激。

3年多以前,我刚从美国留学归来,一度感到学术孤寂,当时执教于中国政法大学现已成为我的同事的贺卫方先生、中国社会科学院法学所的张志铭先生和中国艺术研究院的梁治平先生的先后出现,使我有找到学术家园的感觉。我逐渐结识了法学界和其他学界许多潜心学问的朋友。感谢几年来他们带给我的朋友情谊和学术氛围。《中国社会科学季刊》主编邓正来先生对我有很大帮助,这里收集的一些文章就是由于他的督促而完成的。

我要感谢张文教授,这几年间,作为北大法律系党委书记和我的同事,他对我的学术和生活给予很多关心;我生病时,他甚至开了化验单亲自送来让我去医院检查,我非常感动。我的同事王哲教授、由嵘教授以及教研室和法律系的其他同事几年里都给了我不少关心和照顾。

北大法律系93级研究生强世功、赵晓力和郑戈同学的出色的学术能力和才华对我一直是一个鞭策和挑战,他们对本书中的许多文章都有过珍贵和有见地的建议。

湖北省政法委邹斌同志、北大法律系吴志攀教授、中国社会科学院法学所高鸿钧先生、深圳大学法律系朱苏人博士以及本书文章中提及的许多朋友，曾分别对本书的一些文章提出过珍贵意见或提供了资料。中国政法大学出版社第一编辑室主任丁小宣先生和编辑宋军女士的热心促成了本书的出版。

书中绝大多数文章的撰写都受到中国国家教委留学回国人员研究基金的资助。《北京大学学报》《中外法学》《中国书评》《中国社会科学》《法学研究》《中国法学》《比较法研究》《南京大学法律评论》和《法学》等杂志的编辑对文章的首次发表付出了心血，原刊杂志许可这些文章的汇集出版也是对我的支持。在此一并致谢。

最后，我必须感谢我的妻子周云博士，她不仅始终给予我关怀和照顾，也承担了许多本应由我承担的家务，忍受了因我的研究和写作给她带来的许多不便，本书的出版无疑凝结了她的辛劳。

1996 年 3 月 26 日深夜于北大蔚秀园寓所

第一编

变法与法治

秋菊的困惑和山杠爷的悲剧

>　　法的关系……不能从它们本身来理解，也不能从所谓人类精神的一般发展来理解，……它们根源于物质的生活关系，这种物质的生活关系的总和……
>
>　　　　　　　　　　　　　　——马克思*

一

　　我从近年两部颇为上座的、反映当代中国农村法治建设的电影谈起。

　　第一部电影是《秋菊打官司》[1]，讲的是西北某农村的一个纠纷处置（而不是解决）。秋菊家想在自家的承包地上盖个棚，村长依据相关规定没批，秋菊的男人和村长吵了起来，骂村长

---

* 《〈政治经济学批判〉序言、导言》，中共中央马克思、恩格斯、列宁、斯大林著作编译局译，人民出版社，1971年，第2页。
[1] 《秋菊打官司》，导演：张艺谋，主演：巩俐等，1992年。

"断子绝孙"。村长也确实只有四个女儿;但这种"大实话"在中国传统的农耕社会背景下非常伤人。愤怒的村长同秋菊的男人打了起来,朝其下身踢了几脚,令其受伤。秋菊非常愤怒。她认为,村长可以踢她的丈夫,但不能往那个要命的地方踢。她要讨个"说法",大致是要上级领导批评村长,村长认个错。这类纠纷在中国农村不少见,都有过错,谁也不全占理,伤害也不重,乡间的司法助理员没正式处罚村长,只是试图调解一下。秋菊不满意这一调解,于是先后到县城、省城讨"说法"。最后在一位律师帮助下,上级派来了公安人员调查,发现秋菊丈夫受到轻伤害(受伤部位却非下身),村长应受到治安处罚,被处以15天行政拘留。当秋菊被告知这一决定、村长被警车带走时,秋菊说,怎么把人给抓了,我只是要个说法。跑到村外公路边,看着远去的警车,她满脸困惑:为什么法律是这样运作的?

第二部电影是《被告山杠爷》。山杠爷是一个治安秩序很好的偏远山村(从来没有县乡治安人员来过)的党支部书记。他个人品质很好,受人尊敬,但职责和个人品性也使他难免与村里的一些人发生冲突,有时甚至采取了一些可以说事出有因但于法无据的手段,强制和处罚村民。村里有个年轻媳妇屡次打骂甚至打伤了婆婆,受到全村人的谴责。鉴于劝说无效,山杠爷命令年轻村民把这个年轻媳妇抓起来,游了村。游村是一种非常严厉的民间惩罚方式。羞愧和愤恨之下,这个年轻媳妇跳河死了。事情意外地被捅到了上级司法机关,公安人员逮捕了山杠爷,指控他非法拘禁、侵犯了公民人身自由。

不少中国法学家和评论家对两部电影的评说大致是,它们反映了中国正走向法治,人民群众开始越来越多地用法律来维护自己的权利。如此概括当然也没错。但两部影片(尤其是《秋菊打官司》）提出的问题更多，"形象大于思想"，在电影展现的具体生活场景和复杂的人和事面前，任何抽象的概括都显得简单、枯燥和牵强。理智的较真却可能令那些本来会一闪即逝的感悟得以明确。

不可能、也没准备对影片作全面分析。本文只是集中讨论：当一种据说是更现代、更关注公民权利保障的法治开始进入中国农村时，给农民带来了什么，这种现代法治在他们那儿是如何运行的，代价是什么。

二

就实质问题而言，这两部电影首先提出的问题是，是否存在一种无语境的、客观普遍的权利，可以毫无疑问地据此建立一个普适的法律制度来保护此种权利。这两部电影展现的法律实践中隐含了一种普适的观点。这种观点认为，存在普适的权利界定，特别是西方学者所谓的基本权利：安全、自由和财产。尽管这种基本与非基本权利分类在理论上早就有人质疑[2]，但在实践上仍很有影响，包括在当代中国。在一定程度上，当代中国的正式法律及其运作很受这种意识形态影响。

但就秋菊案件来看，这种观点有很大缺陷。秋菊说，村长可以踢她丈夫，但不能踢她丈夫的下身，这种关于权利的界定就明

---

[2] 有关罗尔斯《正义论》两类权利的论争，参见，Alan Ryan, "John Rawls", in *The Return of Grand Theory in the Human Sciences*, ed. by Quentin Skinner, Cambridge University Press, 1985, 特别是第 111 页以下；又请看，Ronald L. Cohen, ed., *Justice: Views from the Social Sciences*, Plenum Press, 1986, 特别是第 1 章。

显有别于法学界的通说。³ 尽管正式法律没规定，但在中国农民甚至许多城市人心目中，都认为骂别人断子绝孙是对他人的严重伤害，即便说的是事实，甚至恰恰因为是事实⁴，这伤害甚至要比某些身体伤害更严重，因此侵犯了许多普通中国人对自我"权利"的想象。而且，这种想象在普遍实践外婚制的农耕中国有漫长且沉重的历史根据，"断子绝孙"意味着无人养老送终，不得好死，相当于西方的"天谴"。但我们的正式法律制度没有考虑这些并不仅仅属于历史的中国因素，而是依据进口的观点建构了法律上的"伤害"，肉体的伤害才是伤害，而语言，尤其是"断子绝孙"这样的事实陈述不构成伤害。

如果只是分类不同，或这一分类将停留在语言层面，那也无所谓。重要的是语言的含义是社会约定的，并因此有构造现实、影响现实的力量。伴随这种定义和分类而来的是正式法律的运作逻辑及其社会效果。在秋菊的纠纷中，当司法机关未发现身体伤害时，正式法律将这一纠纷推开；而一旦发现有符合法律界定和分类的身体伤害时，随之而来的就是行政拘留——行政拘留被认为是恰当合理的依法解决纠纷的方式，但秋菊仍然没得到她觉得合理因此想要的那个说法。甚至这个正式法律制度无法理解、也没试图理解秋菊要的"说法"。是这个法律制度，而不是这个制度中的运作者。制度中的绝大多数人，其实知道秋菊要的"说

3　请看，《〈走向权利的时代〉讨论会纪要》，《中国书评》，1995年第11期，赵晓力的发言，第42—43页；高鸿钧：《中国公民权利意识的演进》，《走向权利的时代：中国公民权利发展研究》，夏勇主编，中国政法大学出版社，1995年，第43页。

4　中国民间的一条重要社会规范因此是"打人不打脸，骂人不揭短"。这后半句强调的是，言说者要尽力避免，无论有意无意，提及对方忌讳的事实（"短"），包括容易联想到"短"的人和事。鲁迅笔下的阿Q头秃，甚至忌讳他人提及"亮"和"光"。

法"大致是什么。只因这个法律制度没为这类"说法"设计和安排位置，就没法接受这个不合规格的请求。[5] 只有符合这一制度规格才构成一个法定请求，启动并进入这一程序。制度的逻辑在此限制了一种人人知道的知识及其可能性。如果不是将法治理想化、甚至乌托邦化的话，应当说，这里实际就是法治，即依据规则的统治，而不是人们基于个人或社群的知识或愿望，针对相关人和事的具体情况作出裁决，即便这样的裁决合乎情理。[6]

我承认这种法律运作的制度合理性。从秋菊故事中得不出比由某个公正廉洁的人依据其圣明智慧——处理个案更好的结论。人治可能产生完满的结果，但——即使裁决者个人品质无可指摘——也照样可能出错，但最大的麻烦也许是，人还渴望规则的可预期性。长远看来，从社会发展趋势和市场经济需要来看，中国都需要更具普遍性的规则，也即法治。而任何规则和制度，都很难完满应对具体情境下的种种纠纷，让人人满意更是不可能。

法律人和法学人有种种理由，包括其职业利益，认为国家的正式法律制度更正义，更合理。但这不意味具体的法律制度及其实践没有改进之处。正义和合理性并非先验的或大写的。至少有时，当觉得实在有悖常识或不合情理之际，至少有些法律人人可

---

5 影片多次显现了司法程序的这一问题：首先是乡司法助理员的调解（调解现在是国家正式司法程序的组成部分），秋菊不满意；其次是律师要秋菊对公安局提出行政诉讼（因为乡司法助理员的行政处分不当），秋菊拒绝了，因为公安局长是好人，帮过秋菊的忙；最后对村长的行政拘留，更是让秋菊于心不安和迷惑不解。

6 尽管我们习惯赋予法治褒义，但从经验层面看，法治本身是中性的，法治不保证也无法保证个案具体结果都合乎情理。韦伯早就指出，严格依据现有理性主义司法传统，当事人的预期常常会因严格的职业性法律逻辑而落空，不可避免。可参看，Max Weber, *Economy and Society: An Outline of Interpretative Sociology*, trans. by Ephraim Fischoff [et al.], ed. by Guenther Roth and Claus Wittich, University of California Press, 1978, p. 885.

以，甚或必须借用麦金泰尔的一本书的书名，问一问："谁家之正义？哪种合理性？"在中国普通人的生活世界中，如果一味按照外来概念和分类来界定和保护权利，其实就是否认法律，尤其是实践的法律，更多是一种"地方性知识"（再借用吉尔兹的一部书名）。意思是，法律不仅与具体时空中人们的经济生产方式相联系，还一定与人们的社会交往对象和范围相联系。

秋菊的纠纷发生在中国西北农村，不是都市，更不是市场；纠纷对象也不是都市或市场上的各种陌路人，而就是长期交往且还将继续交往的邻居。就这一语境而言，秋菊有理由要求一个更合情理、社会后果更好些的"说法"，即便正式法律此刻暂时无法给出。但法律制度和司法实践难道不就是为了解决具体社会中的各种实在的麻烦吗？难道只是或主要是要确立和维护一种威权化思想或原则，一些据说是教科书的原理或西方学者的命题？如果是想解决问题，减少麻烦，那么权利的界定就应更多地考虑当事人的偏好，权利保护的机制也可以是，有时甚至应当是多元的，可以考虑，但不能只是演绎一些抽象的普遍真理或原则。就此而言，秋菊的困惑反映出正式法律与她的社会背景脱节了。如果并非只是一个偶然或意外，而是一个标志，那么，秋菊的困惑意味着，当代中国法律的运作，至少在某些方面或在某些地区，与中国社会现实，与中国许多普通民众的思想感情与他们理解和遵循的社会规范，是脱节的。

并非反对学习借鉴西方的法律观念和制度。这最多也只是怀疑有大写的普适真理，因为如果假定它普适了，就一定要拒绝语境化，所有的定义、思想和做法都臣服于它，不容修改，甚至拒绝反思。如果学习和研究的意味是对社会实践要保持开放，那么，对秋菊的困惑，特别是引发她困惑的中国西北农村的社会环境也必须保持开放,至少对这类倔强的异端要足够敏感。

开放和敏感,这意味着我并非无条件认同秋菊的权利界定,更没想将之普遍化;我只是试图理解秋菊的困惑和她想要的"说法"。如果国家法给出的并非秋菊要的"说法"的话,至少法学人就应当有所思考,在这一以及此类纠纷发生的特定社会文化语境中,什么样的权利定义和法律保护更可能有效和均衡维护相关各方的利益,有利于社会发展和社会和谐。

三

这当然是结果导向,但关心的结果却并非只是这个纠纷的解决,而是顾及了长远。其实,如果仅就秋菊纠纷的解决,国家法律的那种解决办法在我看来也无可非议,村长不就被拘了 15 天嘛!但社会中常常有些法律纠纷的解决并非"一锤子买卖",而是涉及长远关系和利益的。最典型的就是家事,因此"清官难断家务事",即便今天也有"不告不理"的原则。秋菊的诉求当然不是家务事,性质上却与家务事有点类似。那种国家的法律干预,似乎更符合普适且客观的权利观和权利保护,似乎是"与国际接轨",但它没有令当事人满意,而且确实带来了非常现实的后果:损害了村落社区中原有的尽管有纠纷但一向互助合作的社会关系,损害了社区中长期有效,且在可预见的未来村民们仍将依赖的社会关系网络。

在这个故事中,尽管村长踢了秋菊的丈夫,但随后,当秋菊难产有生命危险时,却又是这个村长组织村民,还亲自抬着秋菊,在大雪封山的夜晚爬山涉水,将秋菊送到几十里外的县医院。村长的这种做法并不因为他是西方文化中的"善良的撒马利亚人",而是在中国农村,这是作为村长的义务和职责。因为这一点,我们才可以理解,为什么秋菊认为村长可以踢其丈夫——这其实是一种权利和义务的交换,是一种社会生活的"共识"。

当然可以这样解释,但仍可以省略。更简单的解释也许是,在农村这样一个人际关系紧密、较少人员流动的社区中,村民之间或各户之间必须相互依赖、相互帮助才能克服一些无法预料的事件。在长期的共同生活中,在无数次的小摩擦里,他们已经陶炼出一种熟悉,建立了这样一种相互的预期。[7] 他们不是如同近代以来西方文化中占统治地位的学说所假定的那样,也不是发达国家的城市商业生活塑造的那样,是分离的、原子化的个体。他们是因农耕生活之需要紧密联系在一起的,在一定意义上是"一损俱损,一荣俱荣"。那种大致基于原子化个体的法律制度和法律理论在这样的社会中很难有效运作。这也可以解释,为什么尽管有种种不满,甚至相当强烈,秋菊却从不曾试图将村长送进监狱。这并不是因为秋菊"有分寸",事实上,在她丈夫和本村农民看来,秋菊为此事折腾打官司本身就已经过分了。

由于秋菊讨说法,正式法律制度介入,破坏了这个社区中人们相互之间的默契和预期。似乎法律得到了执行,似乎公民权利得到了保障,正义似乎战胜了谬误,法治似乎得以推进,但秋菊和村长还得在这个村庄中生活。他们还必须相互依赖和帮助,可是进过"局子"的村长和村长一家还能与秋菊一家保持那种尽管不时有摩擦、争执甚至打斗但需要时仍能相互帮助的关系吗?

---

[7] 参见,费孝通:《乡土中国》,生活·读书·新知三联书店,1985年,第5—6页。

我没说这种关系被永远破坏了,在这种生存环境下,一段时间后,或另一个偶然事件,就可能会重建他们之间的关系,但这毕竟要时间和机会。在一段时间内,两家的关系会是一种虽无争执但极为冷淡的关系。伊甸园失去了,能否回来,难以预料。

即便公民权利保护的实效也未必好。国家法律的干预,使秋菊一家在村子里处境尴尬,也使秋菊在家中处境尴尬。尽管秋菊从来没想把村长送进"局子",但问题是村长就因为秋菊的折腾进了"局子"。在许多村民看来,甚至在秋菊丈夫看来,秋菊过分了,她不近人情。[8] 秋菊的行为违反了涂尔干所说的因"社会连带"(social solidarity)而产生的集体良知,她无形中就一定会受到某种非正式的社会制裁[9]:一段时间内,她会在特定意义上被村民"流放"(回避同她交往,背后议论她,她同丈夫的关系也可能因之紧张)。国家法律干预保护了秋菊吗,或是给她带来了某种伤害?这以后,在下一次类似的纠纷中,秋菊还会诉诸正式法律吗?其他村民呢?国家法给村民留下的是什么形象?

四

这两部电影还揭示了中国当代法治建设必须应对但在一段时间内很难克服的一个问题:由于种种因素,在不同程度上,国家法律对农村常规纠纷的管控是相当无力的,政府无力提供足够的

---

8 电影中已有流露,秋菊的家人、其他村民以及村长此前对秋菊一级一级讨"说法"就表示了不满,认为秋菊太"倔""没完没了"。
9 Emile Durkheim, *The Division of Labor in Society*, trans. by W. D. Halls, Free Press, 1984.

"法律"服务来保持这些社区的秩序。

《被告山杠爷》就是一个例子。这是个极其偏远的小山村,从没有司法人员来过。在这个意义上说,它是个被正式法律制度遗忘的山村。但如果不是太天真,仅把成文法典视为全部法律的话,我们应当理解只要有人生活,就一定有各种纠纷和冲突,即使偏远山村,也不可能是世外桃源。但由于种种限制(例如财力、人员),至今政府也一直无力提供足够的这类服务。[10] 有些事也许也只能睁只眼闭只眼,但谁来解决那种打骂甚至虐待老人之类的婆媳纠纷?当需求的制度供给不足时,农耕社区内部必然会自发产生相应的社会规范,也要求有相应的强制机制和权力行使者。这就是为什么在中国农村,长期以来,除死了人或社区之间的重大纠纷外,许多麻烦都是村民自行解决,早先是通过家族,后来则是国家以各种形式赋权农村的各种组织和个人,也因此各地农村都有许多不成文的习惯、风俗,也有相应的制裁机制,包括但不限于社会舆论,就其社会功能而言,这可以说是民间的或地方的"法律",学术界统称其为"社会规范"。这种"法律"显然在许多方面都不符合法律的普遍或典型特征,既非国家制定也未有国家的明确认可,事实上,与国家主张倡导的政法意识形态话语明显冲突,游街示众更是直接违反了国家制定法。即便如此,这也不能说是"人治",或执法者的"任性"。事实上,山杠爷对打骂婆婆的媳妇的制裁获得了村民的广泛认可,因此具有某种合法性。

---

10 "现在许多农村地区几乎没有合格的律师。乡一级虽有法律服务所,但据调查了解,法律服务所基本上徒有虚名。乡司法助理员一个人身兼数职,应付差事,并不能真正为农民提供什么法律服务"。刘广安、李存捧:《民间调解与权利保护》,《走向权利的时代:中国公民权利发展研究》,前注 3,第 311 页。

但当国家正式法律介入之后，这类民间法就处于一种极其尴尬的局面。正式法律制度没有或没能力提供村民需要的法律服务，另一方面又禁止与国家法治追求和理想相悖的民间法实践。村民们就面临着这种困境。这种法律需求是真实、普遍和持续的，20年后，甚至这位打骂婆婆的年轻媳妇就可能面临此种需求。虐待婆婆要管，可正式的法律管不到，无法管，或起码需要多年等待，还不许村民以其认可但显然有点粗暴的方式现在就去管。是可以批评山杠爷不懂法，可他为什么要懂那些与自己以及其他村民当下生活相距遥远乃至无关的正式法律呢？知道这些正式法律，除了满足了"普法"教育的规划，能给村民带来什么实在的利益呢？

秋菊的迷惑从另一角度说明了制度供给的问题，"产品"不对路。她只是尝试诉求了正式法律，不但没有获得她想要的"说法"，而且更理解不了这个法律结果；她无心伤害他人却事实上伤害了他人，原来她有理，现在她却觉得亏了理，她自己在村子里和家中的境况也不如以前了。"一次遭蛇咬，十年怕井绳"，她，以及各地的其他村民，怎么可能很快接受这种据说将保障其权利却令他们尴尬的现代法律制度呢？

这也有可能换一种角度来反省一些中国学者对中国传统法律制度的概括。他们指出中国司法传统不发达、人们不习惯上法庭诉讼，却习惯将之归结为中国人有"厌诉"或"耻讼"的传统价值观或法律文化。[11] 用观念或文化来解释民众行为是站不住脚的。这种解说只是语词的同义反复，没告诉我们任何新的东西，

---

[11] 即使一些实证研究，也流露了这种痕迹，例如，郑永流、马协华、高其才、刘茂林：《农民法律意识与农村法律发展》，武汉出版社，1993年，第17页。

经验上无法验证。说中国人厌讼的证据就是中国人很少诉讼，而他们所以如此行为，据说是他们有厌讼的观念或文化。而从这两部电影，尤其是从《秋菊打官司》来看，完全可以省去厌讼这个词。作为一种社会现象，就此类纠纷打不打官司与法制观念无关。传统农耕社会的生存环境塑造了农民趋利避害的行为态势。[12] 要改变这种社会现状，让人们愿意且能够诉求国家司法，重要的不是不少法学家强调公民权利意识，号召民众"为权利而斗争"，也不是普法宣传、告知公民他们有什么法定权利，而是要提供务实可行法律途径。可以是法院，但就秋菊生活的陕北农村，尤其是要提供功能上可替代的纠纷解决制度，包括诉讼和其他非诉讼机制，来实现其权利。

五

这两部电影还揭示了，在某种意义上，中国当代法律正日益西化，包括强调正式法律制度，强调西方的权利观念，以及强调对纠纷解决的司法垄断。

近代以来，许多中国学者都倾向于主张法律移植。以西方的法治为标准，自然趋于认为中国是个没有法治传统的国家，进而认为这是中国经济不发达的重要原因之一。他们不仅将西方法治理想化，还构建了一个法治推动经济社会发展的因果关系。在这种法律工具论和法律普适主义的指导下，许多中国学者都趋于认

---

12 关于这些制约条件的实证调查，可参看，刘广安、李存捧，前注10，第309—311页；又请看，郑永流等，前注11，第17页。

为中国应大量移植——其实是拷贝——西方发达国家的法律。尽管事实一次次对这种观点提出挑战[13]，但近年来这种观点在法律移植和法律同国际接轨的口号下又流行起来了。在过去十几年里，中国开始了一个以大量立法、强调正式法律制度为标志的法制建设。

这种努力不仅有成就，更必须承认，在今日之世界，日益增加的各种国际交流，法律移植和借鉴是不可避免的。[14] 但法律人要关心的问题不只是是否移植，更应关心在什么基础上才能成功移植西方法律，为了谁，又对谁有利。因为有太多历史经验和实证研究表明，不考虑社会背景、不关注社会经济生产方式，仅仅从需要或抽象的正义出发的法律移植，失败了。当然昨天的失败仅说明昨天，并不规定今天和明天，但它还是应当使我们反省一下理想主义和工具主义的法律观，切实地理解历史和当代的中国。

传统的中国一直是农耕立国，在此基础上，逐渐演化形成了中国的法律制度传统，不仅有法，也有"理""礼""制"[15]，以及各地的民商事风俗和习惯[16]，更有相对独立的久远发展史。由于经济生产方式以及历史传统的差别，在中国社会中，长期以来

---

13 参见，费孝通，前注7，第48—59页；
14 甚至历史上许多被认为是具有地方性色彩的法律体系，也都是历史层积和多种文化融合的产物。见，吉尔兹：《地方性知识：事实与法律的比较透视》，《法律的文化解释》，梁治平编，生活·读书·新知三联书店，1994年，第138—141页。
15 "西文'法'字，于中文有理、礼、法、制四者之异义"。严复明确告诫中国学者要"审之"，并把"理"摆在首位。《孟德斯鸠法意》，严复译，商务印书馆，1981年，第3、7页。
16 清末新政为民法典修订曾启动了组织颇为严密、规模巨大的各省民情风俗的调查。民国初年北洋政府再次在全国范围进行了持续10年的民事习惯调查。在此基础上，南京国民政府司法行政部整理汇编并出版了《民商事习惯调查报告录》（1930），大大便利了民法典的制定。

扮演了法律功能角色的各种制度、法律以及各种规范，确实有别于西方古代和现代的"法律"，无论是普通法还是欧陆法。另一方面，自19世纪中期以来中国开始变革，特别是现代中国革命和建设，都意味着众多传统的法制规范注定过时，确实需要变革，甚至脱胎换骨。但究竟哪些还起作用，哪些不起作用，哪些可能变革，哪些必须移植，以及哪些必须创造，这些问题需要学术的研究，需要外国经验的参考，需要学界的争论，需要立法者和执法者的斟酌裁断，但最需要的一定是中国社会实践的检验和验证。它必须成为这块土地上的人们日常生活的一部分，保证着他们的预期确立和实现，令他们的生活获得意义。除非有功能上的替代品，能够有效回应当代中国社会生活需要，中国人就很难放弃那些仍然有助于民众社会生活的规范，无论称其为法律、习惯还是惯例。就此而言，真正的法可以说是"道常无为而无不为""大象无形，道隐无名"[17]，它在每个人的生活中起作用，被认为理所当然，天经地义。而当有人想强加一种外在秩序或规范时，这无为的法就会"无不为"，显示出其坚韧的抵抗力。

附录：从文学艺术作品来研究法律与社会？

有必要简单讨论一下以文学艺术作品为素材进行法学研究的可能性，因为一些读者可能对此有怀疑，进而怀疑正文的分析。

法学，尤其是法社会学，强调真实的经验的研究。这一研究似乎违背了法社会学研究的基本要求。但并不必然。这两部作品都属于文学中的"现实主义"。尤其是《秋菊打官司》，几乎就

---

[17] 朱谦之：《老子校释》，中华书局，1984年，第146、171页。

是展示了一幅中国北方农民的生活片段。如果有什么倾向性或判断，也没过分张扬。《被告山杠爷》有明显的"普法"倾向，有点"煽情"。但看过影片的人，会发现在中国底层社会，甚至不限于农村，这种人和事颇为常见。

其次，本文关注和研究的并不是电影中的人和事是否真的发生过，而是电影中展示的人和事是否可能发生，其中提出了什么问题，有无启发，有无智识和学理意义。真实性不等于某个事件真的发生过。从哲学上看，任何对真实的再现（包括法律认定的事实）都是一种创造。人不可能研究现实生活中真实发生过的一切事，必定要有选择，要有描述和抽象，这就是对研究对象的构建，也即"扭曲"。这就是老子说"道可道，非常道；名可名，非常名"的道理。

也因此，第三，基于文学作品进行包括法学在内的各类学术研究（甚至自然科学研究），事例不少。在自然科学上，著名科学家竺可桢曾以中国古代诗歌为基本史料之一研究了中国过去几千年的气候变化。[18] 在社会科学上，恩格斯说过，他从巴尔扎克的《人间喜剧》中获得了许多有用的资料，"甚至在经济细节方面（如革命以后动产和不动产的重新分配）所学到的东西，也要比从当时所有职业的历史学家、经济学家和统计学家那里学到的全部东西还要多"。[19] 列宁曾称列夫·托尔斯泰的小说是俄国革命的一面镜子[20]，显然，托尔斯泰的小说成了列宁研究俄国社

---

[18] 竺可桢：《中国近五千年来气候变迁的初步研究》，《考古学报》，1972年卷2，第15—38页。

[19] 《恩格斯致玛·哈克奈斯》，《马克思恩格斯选集》卷4，人民出版社，1972年，第463页。

[20] 《列夫·托尔斯泰是俄国革命的镜子》，《列宁全集》卷17，2版，人民出版社1988年，第181—188页。

会的素材。以文学方式展开的法学研究也不少。林耀华曾以小说体完成了一部出色的人类学和社会学研究著作《金翼》,其中第三章就是对当地司法诉讼制度的分析和解释。[21] 法律与文学是美国1970年代兴起的法学运动之一。[22] 参与者并非只是文学爱好者。法律经济学家波斯纳有专著《法律与文学——被误解的关系》;法哲学家德沃金则根据系列小说的创作提出了他的法律解释理论。[23]

更有学者早就从理论上论证了以文艺作品为素材进行社会科学研究的可能性。亚里士多德的一个说法是:"诗(即我们今天的文学艺术作品。——引者)比历史更富有哲理、更富有严肃性,因为诗意在描述普遍性的事件,而历史则意在记录个别事实。所谓'普遍性的事件'是指某种类型的人或出于偶然,或出于必然而可能说的某种类型的话、可能做的某种类型的事……"[24] 王俊敏在评论林耀华小说《金翼》时,也曾讨论了社会

---

21 林耀华:《金翼:中国家族制度的社会学研究》,庄孔韶、林宗成译,生活·读书·新知三联书店,1989年。

22 标志该运动萌生的著作是,James B. White, *The Legal Imagination: Studies in the Nature of Legal Thought and Expression*, Little, Brown & Company, 1973。

23 Richard A. Posner, *Law and Literature, A Misunderstood Relation*, Harvard University Press, 1988; Ronald Dworkin, *Law's Empire*, Harvard University Press, 1986, p. 228-39. 中国学者的一个研究,请看,强世功:《文学中的法律:安提戈涅、窦娥和鲍西娅——女权主义的法律视角及检讨》,《比较法研究》,1996年第1期。

24 《论诗》,《亚里士多德全集》卷9,中国人民大学出版社,1994年,第654页。亚里士多德的这一观点与韦伯的"理想型"以及维特根斯坦的"家族相似"有相通之处,而"理想型"和"家族相似"如今被人文学者普遍认为是人文学科研究中现实且有效的工具。关于"理想型",可参见,马克斯·韦伯:《社会科学方法论》,朱红文等译,中国人民大学出版社,1992年,第88页以下;尼尔·丁·斯梅尔塞:《社会科学的比较方法》,王宏周、张平平译,社会科学文献出版社,1992年,特别是第五章;关于"理想型"和"家族相似",可参见,张志林、陈少明:《反本质主义与知识问题——维特根斯坦后期哲学的扩展研究》,广东人民出版社,1995年,第102页以下。

科学研究的真实性、有效性以及方法论问题。[25] 尽管并非针对法学，但其中的某些分析，可以延展到法学，特别是法社会学研究领域。

围绕小说或电影展开的故事研究的最大优点是将人和事都语境化了，故事的解释空间和维度都拓展了。这与传统的理性思辨分析方法不同，与基于法律要件或法律教义的分析也不同，故事提供了人们从不同视角考察问题、自由进入对话的场域，解说者很难垄断其解释，这是一个更具包容性的空间。这也许不适合裁决和行动，但更适合研究和反思。

---

[25] 王俊敏：《在文学创作和社会学研究之间——谈〈金翼〉的方法论意义》，《中国书评》，1996年2月总第九期。

法律规避和法律多元

"盗亦有道乎?"

……"何适而无有道邪?夫妄意室中之藏,圣也;入先,勇也;出后,义也;知可否,知也;分均,仁也。"

——庄子*

看过类似报道,又听老同学说了个案子,拼了这个"私了"案,来讨论法律规避和法律多元。拼不是造假,只是简化,更便于看清一些问题和道理。因为"话糙理不糙""事/人假理不假""诗比历史更真实"(亚里士多德)。这也意味着,从个案切入,我关注的却是法律的理论问题。

偶然的交往,某村男青年甲喜欢上了另一村的女青年乙。一天,男方约会女方,女方答应了。约会期间,男方要求发生性关系,女方拒绝,男方还是强行与女方发生了性关系。女方回家哭诉,其父母向当地派出所报了案。警察才开始调查,男方家长就

---

* 王先谦:《庄子集解》(胠箧),中华书局,1987年,第86页。

到女方家请求"私了":按当地婚礼惯例,男孩正式娶女孩,还给女方家中人民币3000元,赔个礼,但希望女方撤回告诉。女方父母原则上同意,但要求10000元。讨价还价,两家达成协议,赔5000元。尽管双方未达到法定婚龄,通过乡里的熟人,他们领了结婚证。但由于女方已报警立案调查,这一"私了"失败。婚姻被宣告无效,男青年被起诉判了刑。

此案子这么处理,当然没错,经得住法律上的挑剔,何况也正赶上中国加强法制建设,强调有法必依,违法必究,执法必严。但总还觉得有点遗憾。这男女双方以后怎么办?两家人的关系又如何?一年或半载后,男青年出来了,即便娶了这女孩,日子照样过,一切都正常了,但这牢不是白坐了?"花钱买教训",实实在在的普法,有利于增强民众的法制意识,有助于建设法治国家。但真的吗?会不会是一厢情愿?今后再遇上这类事,农民会不会不再及时报告,先藏着掖着,看看怎么处理对自己实际上更有利,而不光是对普法对法制有利。而这样一来,所谓现代法律理念和实践会不会更难进入农村基层?

诸如此类的纠纷和案件在当今中国农村不罕见。并不都够得上刑事立案,多是治安案件,介于刑事与民事之间,也还有刑事自诉案件,如虐待老人之类的事。多,而且在农村基层。因此,具体分析这类案件的前因后果可能有助于了解当代中国,尤其在农村基层社会,法制建设的问题,更多是两难。也许还能激活中国法学研究,不再纠结于法律的刀制水治之辨析,从经验上校准一些法律命题,起码在个案中调整、修改和完善法律人开出的药方,如此案中"有法必依,执法必严"之类的。

下一节通过分析此案,理解其中的道理,以便修改法律人对此类案件的一些似是而非的概括。第二节,则借助一个国外法律社会学的概念，法律多元，虽然会有争议，就为更真切地看到并理解我所谓的国家法与民间法（风俗、习惯或社会规范）的共存和互动，这其实是各国法制实践的基本形态。以此为基础，第三节和第四节分别讨论，在一般层面和相对具体的层面，在当代中国经济社会变革条件下，中国法制实践可能如何应对法律多元的难题。还是在当代中国变革的大背景下，第五节换一个角度看法律多元，试图论证，法律规避和法律多元可能是各种制度、法律创新的重要渠道之一，尽管其中难免风险。最后是些许启示。

一、从法律规避切入

　　这是个"私了"案，但我关心的是法律规避。
　　就此案的前后发展来看，我大致判断是，两家从一开始就希望"私了"，也认为很可能"私了"，意思是不上法庭。但在达成"私了"之前，双方的利益以及面临的风险不一样。女方家长担心：若"私了"不成，女孩会吃哑巴亏，甚至"今后很难嫁人"。女方家长报告了警方，是想借力，借国家法的威胁，来提高达成"私了"的概率，降低自家的风险。而在另一方，有理由相信男孩是真喜欢也真想娶女孩的。约会时，他所以敢强行发生性关系，有可能受民间"陋习"影响，想以此来确定甚至确保双方的关系。男孩的行为造成了两人甚至两家的冲突，需要解决。男方愿意明媒正娶和赔礼是解决这一冲突的方式之一；早先，在国家法进入农村前，这甚至可能是既有局面下的最佳方式。现代国家法强化了对女性身体和意志的保护，有了"公了"，才使得传统的类似纠纷的解决成了"私了"。甚至，由于国家法对特

法律规避和法律多元

定纠纷主张排他的管辖,当女方报警后,再想"私了"都不可能了。这就使得男女两家在商讨化解冲突时,无论是否自觉,在旁观者看来,就多出了一个规避国家刑罚的维度和考量。也因此,此案的主要问题就不是"私了",必须关注也更值得关注的其实是法律规避。尽管下面的文字中我会混用这两个词。

很多法律人会将"私了"归结为行为人不知法、不懂法,不懂得其社会危害性[1],据此展开了法制教育的蓝图,主张加强法制教育,使人民知法、懂法,拿起法律的武器,保护自己的权利。从1986年开始到1996年已经有两个"五年普法",其最重要的理论根据就是,"知法、懂法才能守法"。[2]

然而,此案直接挑战了这个听起来成立甚至强悍的逻辑。事实是,女方家人已报告了当地派出所,男方家人则来到女方家中要女方撤案。双方都知道该男青年的行为违法了,麻烦可能还不小,会受刑法制裁。如果他们真不知道"政府"可能如何处理,两家人可能就不会有上述动作了。当然,他们对法律了解不多,不具体,但在此重要的不是知道多少法律,而是国家和法律会不会管这事,会怎么管。事实上,除了在其专精的领域,即便职业法学/法律人在许多问题上也不清楚国家法律的具体规定,即便

---

[1] 例如,刘希全:《私了现象扫描》,《光明日报》,1994年10月29日,第1版;秦邃:《法的盲区》,《法制日报》,1996年2月27日,第8版。

[2] 1985年11月六届全国人大常委会第十三次会议,司法部部长邹瑜受国务院委托向会议作关于加强法制宣传教育在公民中普及法律常识的决议草案的说明,称"为了……使已经制定的法律得到充分的遵守和执行,必须从根本上提高我国公民的法制观念,使人人知法、懂法和守法,养成依法办事的习惯。"《人民日报》,1985年11月14日,第4版。

知道文字,也不清楚法官或相关执法者会如何决定或行动。[3] 律师请律师打理本人或家庭法律事务的,太常见了。

因此,双方在知道国家法很可能会制裁男青年的情况下,作出了理性选择,合作规避国家制定法。虽然未必有具体的国家法规则作指导,但他们的选择不是没有知识和规则指导的。他们选择的问题解决方式表明双方分享了某些规则,包括婚姻登记和领证。否则的话,也许女青年会哭上两天,就过去了;当然,女方家庭也可以选择报复,报复手段几乎无限多样。如果男方不知法,他则可能对自己的行为不以为然;他会来安慰女方,却不会请求女方撤回报警——这个请求就表明他知道自己很可能被国家制定法制裁,甚至知道罪名。但双方也很可能确实都不知道,这种事,一旦报了警,立了案,报警人自己都很难决定了。

双方所以能很快达成协议,也不因为这种协议最自然或最合理。如果没有一些潜在规则制约,预先排除了并因此也就设定了一些选项,他们也很难达成协议。只有说共同语言的人才能相互对话,也只有分享了某些规则以及其他更具体的成本收益甚至对方人品的信息,双方才可能达成协议。正是这些规则和信息使双方认为与对方达成的协议合乎情理,公正,可以接受,而且相信对方会信守承诺。如果此案受害者是一位偶尔拜访农村的陌生人,是一位城市女青年或一位美国长大的女孩,试想,双方可能达成这个协议吗?

此种解决纠纷的方式及其遵循的民间规则或习俗颇为普遍和稳定,若根据它们在农村实际起到的维护社会秩序的功能,可以

---

[3] 因此,霍姆斯把法律定义为"对法院实际会使用多大强制的成功预测"。Oliver Wendell Holmes, Jr., "The Path of Law," *Harvard Law Review*, vol. 10 (1897), p. 458.

称此类纠纷解决方式以及村民遵循的纠纷解决规则为一种"民间法",在给定社会的各种条件下促成的,被社会所接受。不付诸文字,有时甚至未必有抽象的话语表达,只是本地人在日常生活中接受并不断验证和提炼的一些规矩或风俗习惯,短期来访的外来人甚至都不一定看得出门道,但是,若套用国家法律分类,会发现其中既有程序性的,也有实质性的规则。如在此案中,当面赔礼、赔钱也重要,最重要的其实是一定得娶了这位姑娘,还得按照当地嫁娶的习俗,其中许多几乎全然是程序性的或仪式性的。各地的嫁娶不仅各有相对稳定的程式,男女青年交往、订婚,甚至婚前直至婚外的性爱都有些规矩,也自有些道理[4],可谓"民间法"。

受近代以来中国必须且持续革命和改革的影响,在今天中国法律人眼中,中国的民间法几乎等于野蛮落后不开化。然而,至少在这个"私了"中,涉事双方却主动选择了民间法,显然不是出于无知,而是出于自身利益的考量。若以民众的自愿选择和接受为标准,在此案中,国家制定法败给了民间法。男青年如此选择还不难理解。值得注意的是,受害人及其父母同对方合作了这个法律规避,甚至用国家法作为"私了"过程中讨价还价的筹码之一。他们非但知法,而且很理性,认定民间法能为自己提供最佳利益保护。[5]

法律规避的合理性。不仅从定义上看国家法是保护公民权利的,我也相信立法者是如此追求的。但法律总是在具体的社会语

---

4 这类研究国内外都不少。如,广西瑶族的相关婚恋风俗,参看,费孝通、王同惠:《花篮瑶社会组织》,江苏人民出版社,1988年,第2—9页。
5 这里的"最佳"是从被害者视角,不是法律人、政府官员或其他人的视角界定的,假定的是"鞋子合适不合适,脚趾头最知道"。

境下实践的，法学人不能将法律定义或立法意图自动等同于法律的实际效果。

只要考虑到此案的中国农村背景，就会发现受害人选择私了合乎情理。这里有其他因素，如，受害人对违法者本身情感就复杂（否则受害人不会赴约）；两个家庭先前关系也不错；如果违法者进了监狱，两家关系就毁了，等等。但即便不考虑这些因素，受害者也会认为这种和解对自己也是最好的选择。例如，由于历史的影响，中国人很强调女性贞操，特别是在农村。这一点其实有保护女性的积极社会功能[6]，但有时也确实会变成受伤害女性的沉重负担。一个性犯罪受害者，尤其在农村当地，常常很难找到令她满意的男子结婚，而且，除非远嫁，她的不幸经历还有可能被当地熟人不当利用。如果坚持以国家法来解决，她就面临这些风险，她必须直面这些可能的后果。

如果接受私了，其实钱可能是最不重要的，最重要的是她保护了自己的名声，避免了那些不确定的风险。再说句政治不正确的话，尽管行为违法，也侵犯了她的意志，但从另一侧面来看，尤其是事后男子明确表示要娶她，这也至少部分印证了男子对她的感情强烈和真实。在这种情况下，她选择与加害人共同规避法律恰恰证明了她的理性。相反，至少就此案及其发生的具体社会环境而言，严格依国家法办事的后果是不可欲的，虽然旨在保护

---

[6] 这即便有，却不只是对妇女的桎梏，如同当代许多人习惯批评的那样。从功能主义的角度看，强调贞操在历史上对防止对妇女的性犯罪从而保护妇女身心有积极作用。作为意识形态或社会舆论，这对潜在的性犯罪者构成重要的社会心理制约，还可能令该社会对性犯罪加大惩罚，两者则会降低性犯罪发生。一种社会习俗的发生和长期存在，即便后来变成了应废除的"陋习"，也很少只是因为人们无知或迷信，而更可能在当时当地曾有过某些未能自觉的积极社会功能。可参看，弗雷泽：《魔鬼的律师——为迷信辩护》，阎云祥、龚小夏译，东方出版社，1988年。

受害人，结果却可能令受害人支付更难确定的沉重代价。选择法律规避是有理由的（justified）。

有理由，并不意味这一选择在法律上正当，更不是说我们的道德观必须认可它。然而，法律人不能只关注道德层面或语词层面的对错选择。应当思考的，首先是，如何让此案的受害人得到更合理更实在的保护，不能只是为了一个抽象的法制社会而要求她牺牲个人利益；其次，立法如何改进，或——在我看来更可能是——执法/司法如何实践，才能使国家法更有效地影响公众的行为。道德对错的法治教育不大可能改变人们对待法制之态度，最多只是条件之一。

国家制定法的作用。这个事件中行为人私了不仅合乎情理，也还必须看到，即便行为人成功规避了国家法，也并不真的意味着国家法对此案的民间解决，对双方当事人，以及对这个社会全然失效，真的败给了民间法。这个看来如此的结论其实仍然似是而非。国家制定法在整个规避过程中自始至终扮演了重要角色，长远来看，也在重塑着民间法。

首先，正是受害人向警方（国家法的代表）报案，或是违法者知道自己的行为可能被国家法制裁，才促使违法者不得不主动提出私了。如果没有代表国家法的警方和法院，或是违法者不知道自己可能受惩罚，很难设想违法者会主动请求私了。进一步看，如果双方对国家法的惩罚完全不了解，他们也没法讨价还价。[7] 民间法在此案中胜出至少部分依赖了制定法制裁的隐性但持久的存在。

7　如果对此的法定惩罚只是拘留3天或罚款100元，违法者就不可能愿意赔偿3000元，受害人也不会要求赔偿10000元。

其次，由于国家制定法是私了讨价还价的基点，因此谁对国家制定法了解得越多、越详细、越确定，在交涉过程中就会更有利，就更可能用这些知识来掌控私了过程。假设受害人要价过高，违法者全然无利可图，违法者就只能上法庭公了，而不可能唯唯诺诺接受对方要求。而公了也不是受害者的最佳选择。双方要合作规避法律，当然要了解对方的许多信息，但重要的一点是了解制度的信息，有关法律，也有关司法。双方都会通过各种途径尽可能了解国家法的知识，即便其动机不纯，获得的信息不完全、不准确，甚至是错的。仅从外观来看，可谓"不是冤家不聚头"，这一规避法律的企图居然成就了了解国家法的努力。

最后，无论这一规避最终结果如何，国家法都对这一私了过程产生了影响。规避过程中各方获得的国家法信息对各自的未来行为都会有些许影响，通过他们，还可能影响他们的家人、亲戚朋友甚或其他村民。当然不应夸大这种影响，但不能忽视。

不能忽视是因为，正是在无人自觉的情况下，通过这种特殊的途径，国家法已经开始向中国农村底层社会渗透。不可能在短期内看到变化，但日积月累，诸如此类的法律纠纷或事件就会影响人们的行为，修改相关社会规范，并因此也就可能改变民间法的内容。而无论民间法有什么改变，也都重塑了民间法与国家法的边界。

二、从来的法律多元

我用了民间法的概念。但这些民间的风俗习惯或规矩是"法"吗？在什么意义上？

目前通行的法律概念定义大致有本质性和操作性的定义。前者定义法律是以暴力威胁支撑的主权者/统治者的普遍命令（意志）。[8] 后者定义法律为一国权力/立法机关通过文字颁布的，由执法者执行，司法者适用，要求全民普遍遵守的规则。尽管各有侧重，但总体而言，两者都更强调法律来自国家，通过国家机器和专业人员来运作，是统一的命令/规则系统，还隐含了，至少在现代，命令的传递一定要通过文字或其他符号。

然而，法律并非只是主权者/统治者的命令，它还要实现重要社会功能，即协调社会各种潜在冲突的利害关系，实现社会秩序，因此不可能恣意，这就是马克思强调法律必定受制于经济生产方式的意义。如果从功能主义的角度看，凡是具有这种功能的规矩，无论其源自何处，只要国家认可，甚或只要不明确拒绝，无论名之为风俗、习惯、惯例、天理、礼、制度、规矩、先例、行规或职业伦理，在各自的群体生活中，都有与国家法律类似的社会组织建构功能。中国民间的说法说破了这一点："无规矩不成方圆"。为有别于国家制定颁布的法律，可以称这些规矩为准法律，如今美国学界更一般化的概念是"社会规范"。只是鉴于这一案例的农村背景，以及当代中国法学的学术传统，我称其为民间法或习惯法。

如果为了推进研究而暂时接受这个界定，随之而来的就是一种经验层面的而非规范层面上的"法律多元"，即国家法与民间法共存并互动于同一社会空间，共同影响普通人的利益判断和决

---

8 《共产党宣言》，《马克思恩格斯选集》卷1，人民出版社，1972年，第268页。类似的界定，又看，Jeremy Bentham, *Of Laws in General*, ed. by H. L. A. Hart, The Athlone Press, 1970, p. 1; H. L. A. Hart, *The Concept of Law*, 2nd ed., Clarendon Press, 1994。

策，指引人们的社会行为。

　　法律多元的概念，在学界，始于西方学者对前西方殖民地社会尤其是非洲、太平洋和拉美的部落社会的研究。部落社会没有国家以及相应的政治法律架构，自然也就没有立法、行政和司法。殖民者在殖民地建立了西方的政治法律制度，试图开化当地人民，但法律的实际影响受限于经济社会文化条件，一直局限于沿海地区和中心城市，诉诸法律的也往往只在殖民者相互之间。当地人们有纠纷，通常不诉诸殖民者带来的据说更先进公正的法律制度，仍习惯于诉诸人类学家所谓的"初民法律"。[9] 西方法律与初民法律的这种共存和互动催生了法律多元的概念。

　　但学者们很快发现，这种情况其实不限于典型的殖民地社会。因为世界上太多地方都曾有多种文化的影响，有先后不同的移民或征服者。[10] 即便普通法也难说纯粹，起码有两个基本来源。一是威廉征服带来的中央集权制度，他把身边的亲信大臣派向各地巡回审判，另一面才是这些法官在司法中沿用的那些盎格鲁-撒克逊习惯法。若再追究得细一点，稍后还有衡平法的加入，那基本就是御前大臣/大法官基于"正义、良心和公正"来实现的自然正义，换言之完全是法官造法。此外，从维护社会秩序角度看，在英国，除了正式普通法及其法官外，从 14 世纪开始又

---

[9] 人类学家马林诺斯基（Malinowski）在本世纪初对"野蛮社会"——欧洲文化中心者对非欧洲文化国家和社会的显然带贬义的称呼——的考察发现这些社会并非没有法律，没有的只是欧洲文化模式的法律和制度而已；请看，Bronislaw Malinowski, *Crime and Custom in Savage Society*, Adams, 1962。

[10] 美国人类学家吉尔兹就曾描述了印度尼西亚爪哇岛法律的多元复杂性，当地实践的法律谱系非常复杂，重要的来源有中国南方人和越南北方人、印度和中国的商社、伊斯兰传教士、荷兰和英国殖民者、二战时期的日本占领军以及二战后印度尼西亚的国家独立和社会革命。Clifford Geertz, *Local Knowledge*, Basic Books, 1983, p. 226.

从各地绅士中选任非职业的治安法官（justice of the peace），他们在处理本地的普通刑民事案件中，也一直扮演了重要角色。[11]治安法官也被殖民者带到了美国，一直保持至今。也不仅是昔日才法律多元。一个新近的重要研究展示了，更是理论分析了，为什么在今天美国经济最发达的加州北部，完全现代的山区牧民，在社区日常生活中仍主要靠民间法，只有当不得已涉及外来人的纠纷时，才会诉诸法院：他们一直生活在多元法律之中。[12]

因此，为在经验层面更好地研究法律，有理由从社会功能层面宽泛界定法律，使其不仅包括各种国家认可的有社会强制性的规范，也包括民间认可的其他纠纷解决机制。如今，已有大量历史和经验研究表明，没有哪个社会的法律全然自主产生，一成不变，或仅仅利用立法、行政或司法。就此而言，每个社会的法律都是多元的。[13]

自然也包括中国。甚至以此来反观中国，就有新的发现和理解。西周以后农耕中国一直趋于大一统，也更注意努力建构大一统，历代除郡县制和包括律令格式在内的中央统一颁布的成文法外，书同文、车同轨、统一度量衡和统一货币，都是为了保证法律制度的统一。不仅正式的法律，历代政治精英也非常关注各地形成的风俗习惯，因为这会影响国家法律制度，影响人心，影响

---

[11] 美国历史学家比尔德（Charles A. Beard）曾强调："英国早期民族整合及其内部管理的统一在很大程度上归功于建立治安法官制度。"转引自，Larry M. Boyer, "The Justice of the Peace in England and America from 1506 to 1776", *The Quarterly Journal of the Library of Congress*, Vol. 34, No. 4 (October 1977), p. 315。

[12] Robert C. Ellickson, *Order without Law: How Neighbors Settle Disputes*, Harvard University Press, 1991.

[13] Sally Engle Merry, "Legal Pluralism", *Law and Society Review*, 1988, 22/5, p. 869.

国家的统一。[14] 但由于历史中国的疆域极为辽阔，各地地理地形气候差异很大，各地区的经济生产方式差异太大，由此形成的政治法律制度，只能集中关注，也只能主要满足对于历史中国的构成至关重要的，尤其是中原农耕地区的制度需求。因此历史中国各地的法律制度和风俗习惯往往差别显著。即便同属农耕区，只要山河隔阻，交流不畅，加之不时出现或长或短的分裂和割据，包括不同族群间竞争和挤压，常常就会"百里不同风，千里不同俗"。[15] 事实上，历史中国的法律，就如同中国文明一样，非但不只儒家，甚至并不只是儒法，而是，一直都是"多元一体"。[16]

有不少证据表明，受制于人力、财力、科技信息手段等农耕中国长期稳定的约束条件，出于战略和策略考量，甚至可以说历代王朝一直追求兼收并蓄，借此促成分工合作更有效率的法律多元治理。从孔子的"礼乐征伐自天子出""非礼勿视……"等命题，特别是他对"齐之以刑"与"齐之以礼"的成本收益比较分析[17]，可以看出令今天的法律人不感冒的"礼"其实就是法；虽基于宗法血缘，其功能甚至更近似于今天"宪法""基本法"或"行政法"。但"礼不下庶人"也绝非今天法律上的社会歧视，因

---

14 "风行俗成，万世之基定"（贾山）；"所以大一统者，六合同风，九州共贯也"（王吉）；"国家元气，全在风俗；风俗之本，实系纪纲"（楼钥）；"夫世之所谓风俗者，施于朝廷，通于天下，贯于人心，关乎气运，不可一旦而无焉者"（郑晓）；"天下之事，有视之无关于轻重，而实为安危存亡所寄者，风俗是也"（黄中坚）。均转引自，王利器："叙例"，应劭：《风俗通义校注》，中华书局，1981年，第1页。
15 班固：《汉书》（王吉传），中华书局，1962年，第3063页。
16 费孝通：《中华民族的多元一体格局》，《北京大学学报》（哲社版），1989年第4期。更具体的研究，可参看，费孝通、王同惠：《花篮瑶社会组织》，江苏人民出版社，1988年。
17 杨伯峻：《论语译注》，中华书局，1980年，第174、123、12页。

为"知书达礼",就其功能而言,那时的至少有些礼可能更像今天的党纪政纪公务员法。而针对某些法律问题的所谓礼法之争,从这个角度看,实际上就是两种法律秩序之争。[18] 只有这样,才能理解严复在翻译《孟德斯鸠法意》时为何强调,与西文"法律"概念重合交错的中文词有"理、礼、法、制"等。[19]

还有,许多中国法研究者指出,传统中国的法律(其实是立法)"重刑轻民";给出的解说,或儒家重义轻利,或农耕中国自给自足,缺乏足够的市场经济因素。有道理,但语焉不详。然而,一个最显然的事实是,在中国这个大国,民事习惯规则一定更多地方性,历代法典虽有户婚田土钱债之类,那显然更多基于编户齐民税赋劳役的考量,各地不仅山川气候不同,还有族群民族差异,虽然是民事,但涉及更多的还是亲属和社区熟人间的关系。这在当时条件下,不可能也不应当整齐划一。[20] 为应对此类难题,"入乡随俗"是人们自古以来做事行为的基本原则;即便恣意汪洋的庄子,也记住了老子的这一教诲。[21]

"皇权不下县/乡"因此就该多一个解释维度。除交通通讯不便,政府没法"送(国家)法下乡"外,读经出身的州县官,异地为官,还任期有限,对任职地区的风俗习惯怎么可能有那么多了解?也没有什么技术手段来确定纠纷细节和真相,必然是"清官难断家务事"。从制度和信息的比较优势来看,将此类纠纷的主

---

18 一个典型例子是唐代围绕徐元庆复仇展开的持久争论,争论双方都有道理。参看,柳宗元:《驳复仇议》,《古文观止》,中华书局,1959年,第387—390页。
19 《孟德斯鸠法意》,严复译,商务印书馆,1981年,第3页。
20 可参看,高其才:《中国习惯法论》,湖南出版社,1995年,特别是第1、2、8—10章;以及,前南京国民政府司法行政部编:《民事习惯调查报告录》,胡旭晟等点校,中国政法大学出版社,1998年。
21 庄子称老子对他的教诲之一就是"入其俗,从其令"。王先谦:《庄子集解》(山木),中华书局,1987年,第175页。

要部分委托家族或乡间自行处理更好。这里的道理与罗马法格言"法律不理会琐细之事"完全一致。在此筛选之后，还进入官府公堂决定的，就一定是些影响超出村落社区的刑事和民事纠纷。

即便如此，稍微细心一点还会发现，历代州县官在审理刑事案件时，总会强调"天理难容""国法难容""法不容情"，乃至"大义灭亲"，但在处理民间尤其是家事纠纷时，对州县官员的要求，却一直是理法情的统一。保留至今的州府县衙的公堂前，从来高悬"天理、国法、人情"三块匾额，这对断案的州县官员，既是告诫，也是提醒。在没有多少"国法"和技术条件有效应对的情况下，"天理"和"人情"赋予了处理民事纠纷的州县官员较大的裁量权。从历史记载和民间传说来看，在社区和家事纠纷上，这似乎也是民间对官员的期待：基于地方习俗和人之常情，充分运用个人智慧，甚至包括耍些手段，来有效裁量决断。正反的历史例证都有。正面的是西汉名臣黄霸的明智断案；反面的，刻板迂腐的太守听不进情理辨析而错杀了东海孝妇（《窦娥冤》的原型）。[22] 民间还有元杂剧《灰阑记》中的包公，《醒世恒言》中的乔太守，以及多地至今流传、高度雷同的"让他三尺又何妨"的故事。[23]

---

[22] 《风俗通义校注》，前注 14，第 590 页；以及，《汉书》（于定国传），前注 15，第 3041—3042 页。

[23] 文学和传说，请看，臧晋叔编：《元曲选》卷 3，中华书局，1958 年，《包待制智赚灰阑记》；冯梦龙编：《乔太守乱点鸳鸯谱》，《醒世恒言》卷 8，人民文学出版社，1956 年。六尺巷的故事发生在清代安徽桐城。但类似的传说还有宋代福州的孝义巷，以及明代安阳的仁义巷等。尽管相关的地界纠纷都不是地方官处理解决的，都有与当事人有关的当朝重臣的指令，但在此类纠纷解决中后者的角色既类似家族长者，也类似法官。还有一点，今人往往忽视的是，相关的巷子作为众人使用的通道，其实不仅涉及相邻两家，还是由相邻人家共同提供的一种社区必需公共品。这里的"米"其实是烂在一口更大的锅里的。

法律规避和法律多元

上述分析表明,历史中国的自然地理环境和经济、社会、文化、民族、宗教传统都促成了法律多元,但还有一个重要变量,一个能动参与者,是历代中国政治法律实践者的选择,以及大国对历代当政者政治法律决策和实践的演进式筛选。

即是主动,又是被动,这看上去自相矛盾,言不由衷,其实反映了历代农耕王朝作为大国的法律两难。法律多元并不可能解决相关难题。即便心比天高,国家可能征集利用的所有资源都有限,农耕社会统一各种标准的技术能力也有限,政治治理能力自然受限。只能如此。但麻烦从一开始就注定了,伴随法律多元肯定有一些糟糕或不可欲的后果:各地政令法律不统一,无法有效控制边疆地区,只能利用代理人,采取诸如土司的制度,按照当地法律习俗治理。但即便在当地有某些合理性的做法,如若没有统一的国家法约束,也完全可能严重蜕变。例如,中国历代王朝的国家法和农耕地区民间法一向坚持"杀人偿命",但中国藏区和西南山区不少民族一直有"赔命价"的实践。[24] 尤其在过失杀人案中,在社会财富分化不大的前提下,"赔命价"确实有道理,而且在这些民族生活的高山区,也确实难以想象其他形式的合适惩罚。但随着社会分化,人们的财富和身份差别拉大,"赔命价"就一定有利于富人和当权者,有时就等于赋予了他们杀人的特权。起初看起来不起眼的风俗差异,非但会引来法制的不统一,还可能促成一个政治法律上的特权阶层,改变政治文化上的认同。这就很容易出现地方割据和分裂。

即便在农耕地区,也必须充分意识到,一方面,血缘关系注定会逐渐淡化,另一方面,即便在农耕村落中,社区情感并不总

---

[24] 高其才,前注20,第357页。

是能有效抵抗利益分化的侵蚀,更难遏制强暴者横行乡里。在一些地方,也有些家族或家族的分支会坐大,直至出现门阀士族。一旦宗法势力强大,就会削弱甚至直接对抗国家法的影响力,甚至完全置换国家法。许多恶行无人能管,无人敢管,就变成了当地生活的一种惯例,人们敢怒不敢言。农村社会中同族人欺负孤儿寡母,恶霸欺男霸女,曾颇为常见。此外,恰恰是田园牧歌的农耕生活方式才催生了今人眼中的诸多传统"陋习":普遍的重男轻女,以及为更有效率地限制人口而"溺女婴"。

法律多元只是一种社会规范存续互动的格局,是一种生活常态,并不是,或不必然是一种更好的法制状态。

甚至,即便在抽象伦理价值或"法律文化"层面是统一的,仍可能出现分属不同利益群体的相互冲突的法律实践,并因此出现另一种政治社会功能层面的法律多元。最典型的就是本文题记所引庄子的"盗亦有道"。针对儒家的圣勇义智仁这些抽象的价值规范,24个世纪前庄子就深刻洞察到,法律规范必定与共同体直接相关。不关注共同体,不追问是谁的共同体,仅在抽象而看起来人畜无害的价值规范或法律文化层面谈法律多元就一定有这样一个盲点。在抽象层面与国家法的政治伦理意识形态完全一致的规则,同样可以被特定群体用来增进自己的利益,挑战国家法与其他民间法努力维系的更大的共同体/社会秩序,"以子之矛,攻子之盾",不利于国家法实践,或迫使国家法实践重构。

在历史中国,这就曾迫使一向主张"亲亲相隐"的儒家也不得不强调"大义灭亲"。人们一般都会期待某种程度的"胳膊肘朝里拐",鄙视对自己不利的"打小报告"或"告密",但如果此类行为的结果对自己有利,就会改称其为"举报"或"吹哨"。事实上,在美国,证交会、国税局等政府监管机构一直主要依赖"吹哨人"提供的信息来执法执规。[25] 黑社会成员相互间的绝对忠诚，严格封口，迫使警方不得不采用设套/钓鱼执法（entrapment），或鼓励"戴罪立功"或使用"污点证人"（Tainted witness）。尤其是在"9·11"之后的"反恐"中，不少恐怖分子视死如归，迫使法律人和法学人在面对重大、紧迫风险且别无他法时，不得不在法律实践和理论上以各种方式和由头放刑讯逼供一马。[26]

因此，尤其这最后一类法律多元就提出了两点于法律实践重要的警示，也有重要的法理意义。它尖锐地指出了，如果不是所有，那么至少有些德性和规范，就语词层面众人一致认为"好"，在具体语境下其社会实践也会对社会有重大不利后果；而一些认为"坏"或普遍认为"不好"的规则，当必要时，也可能甚至应当用来推进大共同体的利益。这也还意味着，国家法与民间法的边界注定不确定，没法用语词固定。教条化分类、"一刀切"很容易，但出问题更容易，甚至出大麻烦，法律人必须始终基于事实分析利弊，然后作出务实的选择。

三、当代中国的变革与法律多元

自清末以来，面对数千年未有之变局，中国先是经历了被动的然后是主动的变革时期。自清末变法之后，中国学习和移植了外国法律制度，推进了重要的法律改革，欧陆、英美、日本以及苏联的法律对中国当代的国家法都有着或有过重要影响。至少在

---

[25] 有关美国的吹哨人保护，请看，http://whistleblowerlaws.com/whistleblower-protections-act/。
[26] Richard A. Posner,

形式上,从民国时期的《六法全书》开始,中国的国家法从规则、概念、术语到教义的分析已经更多受外来法律制度影响。但现代中国需要的并不只是法律条文和制度名称的改变,而是整个社会的经济生产方式变革,以及在此基础上的上层建筑变革。在中国共产党的强有力的集中统一领导下,自 1949 年以来,中国一直以政治经济法律措施来全力推动中国社会的变革和建设。然而尽管政治制度高度集中统一,法律多元却一直是中国社会的基本现实。换言之,农耕中国的传统法律制度格局,以及民间法,仍然对中国社会有深厚影响。而如今,对外开放,建立社会主义市场经济,这一努力会推动中国社会的发展,但也会改造社会,不仅创造新的法律需求,而且一定会创造相应的民间法或习惯法;不仅仅是工商业的,也一定会扩展到社会生活的许多领域;不仅是实体法,而且是程序法;不仅是法条层面的法律,也包括法律制度。近年来我国法院系统的诸多改革措施都明显带有外来色彩。如 1984 年上海市长宁区法院首先建立,此后在城市地区广泛建立或设立了专门审理未成年人刑事案件的合议庭或审判庭[27];又如,1991 年颁布的《民事诉讼法》明显吸收了普通法的抗辩因素,法官扮演了更为中性的仲裁者角色[28],开始有别于历史中国州县官的司法角色。

然而,在文字上改变法律规则和制度相对容易,要改变普通人熟悉、习惯甚至偏爱的法律预期和行为规范很不容易,至少也需要时间。如果打嫁过来一直生活在村里,已快 40 了,两个孩

---

27 《最高人民法院关于办理少年刑事案件的若干规定(试行)》,1991 年 1 月 26 日。
28 《民事诉讼法》(1991 年)。该法第 64 条第 1 款规定:"当事人对自己提出的主张,有责任提供证据。"第 2 款把此前作为常规的法院调查收集证据规定为例外:"当事人及其诉讼代理人因客观原因不能自行收集的证据,或者人民法院认为审理案件需要的证据,人民法院应当调查收集。"

子都带大了,也照看公婆,还种着地,而进城打工成了包工头的她男人,又有了人,要求离婚,她会作何选择?能作何选择?如果以《婚姻法》规定的"感情确已破裂"为由,她男人要求法院判决离婚,她对法律、法官和法院会有何种期待?而法官又该如何裁决?这还真不是普法、知法和懂法就可以解决的。这也不是她"嫁鸡随鸡嫁狗随狗"习惯了,或接受了"从一而终",甚至也未必是生活问题(除家产平分外,靠自己劳动,她也能活下来),而是她面临着非常实在的难题:她不可能回娘家去了,但她还有婆家吗?甚至还有家吗?——她孩子马上也会外出上学或打工了。不是旁人怎么觉得,而是她自己觉得,只要准许离婚,她就没有理由待在婆家和这个村子里了。甚至她会想,死后,她葬在哪?在湖北,不少基层法院法官告诉我,不时有农村妇女在法庭上宣称,"只要判离,就喝农药(自杀)"。这其实不全是威胁,不全是想不开,这就是生活在社会急剧转型的外婚制农耕社区的一位中年女性面临的尴尬境地。这里甚至很难说谁对谁错,谁让你刚好碰上了这个社会变革的年代。许多时候,法官明知无效,也只能苦口婆心,讲法律,也讲人情;并不真指望普法就能改变她,只是指望时间或许能改变一个人的心态,甚至让她感到法官仁至义尽,哪天真判了,也不至于走极端。法制建设并不仅仅是有法可依有法必依,甚至经济社会变革也都不够,有时,悲天悯人,还得等着甚至要守着和陪着从前那代人慢慢老去。

而且,中国还是一个统一的多民族国家。受制于当地的生存环境和法律制度资源,许多民族都有些民间法的规范和实践,如费孝通当年调查的瑶族的家庭继承习惯,与国家法的规定显然不一致,但只要在当地,你很难找到比它更合理的规范和实践了。

如果用国家制定法来统一，就如同上面提及的农村妇女离婚案，很难行得通。无论是否行得通，都影响国家法的权威性。

最后，在今天改革开放和建立社会主义市场经济的新形势下，还有一个以计划经济为基础、与计划经济配套的法律制度与正在发生和形成的、以社会主义市场经济为基础、与之相适应的法律的共存并不时会有冲突的问题。一方面，有不少事"合情不合法"，而抽象地看各地法院对类似案件会有不同处理，社会舆论对案件或案件处理的评价会有冲突甚至对立，这也反映了另外一种法律多元问题。另一方面，随着地方立法增加，各地方之间法律规范的冲突增多也完全有可能。

当深刻理解到这种法律多元之际，我们也就会发现，其实，就因为这些国家法律和民间习惯，至少许多时候，法律人和执法司法机关也在不同程度上与国家法试图规制的对象——包括公民个人和法人——一样，也都可能面临着某些选择：选择一刀切地严格依法、执法，还是斟酌裁量。但斟酌裁量在这里很容易是一种矫饰，一定要较真，其意味就是不要严格执法，至少不要那么严格，那么刻板。

这个演绎结论在政治上和法治上都显然不正确。尽管如此，在逻辑上和事实上却不可避免。就以前面提及的离婚案为例，仅就法律而言，法官知道自己有权也应当判决离婚，问题是判决后女方很可能喝农药。这个后果从各个方面看都不好：一个社会弱者死去了，法律口惠实不至，不是保护不了，其实就根本没保护她。这个社会影响，法院和法律的形象，以及该法官在法院领导和同行心中的形象，都不好；何况法官自己心里也不好受。而此类案子的民间法规范很清楚，"原型"（prototype）几乎是现成的：农村版的秦香莲、陈世美和包公？于是，知道不可能有效，

法律规避和法律多元

该法官还是借了婚姻法的栈道，暗度了民间法的陈仓，先调解，"看看有效无效"，"是否确实无效"，一拖就是半年，两次就是一年。会有法律人争辩说，这位法官严格执行了婚姻法规定的调解。这么说也没问题，但不过是个说法；访谈时那法官就说，促使他如此选择的都是很实在的考量，也包括当地民情民意。当然，我也不完全排除，有时法律真就是个说法，但着重号在这里还是重要的。虽然在法律上是得有个说法，尤其是法官，却不能因此自欺欺人（bad faith），真以为自己只是在执行国家法。

我也承认，如果允许执法司法者迁就民间法，这意味着他们手上就有了一定回旋空间，即裁量权，这就会有不严格依法办事的风险。就前面的私了案而言，只要女方报了案，无论公检法哪家、在哪个关节点上，只要默许他们私了，即便有道理，即便是出于公心，就法律而言，至少都涉嫌未严格履行法定职责。若仅限于此案，问题还不大。重要的是，一旦开了这个口子，谁知道今后不会有谁，比如社会上的人，特别是有权有钱有势的人，串通公检法内部的人，借此谋私？"针尖大的窟窿斗大的风"，从睁只眼闭只眼，到徇私舞弊，再到贪赃枉法，这之间没有难以逾越的天堑。

但这恰恰才能让我们看清真实的法制或法治。法制只可能要求并尽可能激励，却无论如何也不可能迫使或监督人们总是严格依法、从严执法。是否遵循规则其实是个选择，如何严格遵循也是，规则只是个命令，执行命令需要行动者内心的判断，其中包括斟酌、考量甚至裁量。也只有有这些因素介入的行动才是遵循，钟表再准确也不是它遵守时间。法治因此永远不会是一种"三包"成品，而一定是一个持续的事业。想想前面提及的那位法官，他坦诚相告自己选择调解而没判离就是迁就了民间法。他完全可以不坦诚，坚称自己调解是完全出于严格依法；或什么都不说，只是这么做了——生活中，这种情况极为普遍。难道他不如实相告，就是没作选择？他不说，我们最多也只是不知道民间法影响了他的选择，但民间法仍然存在，仍然会影响他的选择。法官的诚实，让我们看到了真实的法律。我们也必须诚实，才可能理解并展示真实生活中为什么会有国家法与民间法的纠缠。

四、如何应对？

如果法律多元只是对包括国家法在内的各种社会规范的互动的一种概括，那么法律多元本身就不是个问题，而只是让我们理解了法制建设的实在背景或一个重要约束条件。这是各国的国家法都会遇到并要应对的问题，只不过在中国，这个大国，这个经济社会转型的统一的多民族大国，法律多元的问题会更复杂，更麻烦。真正值得研究的问题因此是，在这一背景下，如何有效应对，如何追求总体社会后果最佳。这里有些基本原则问题，但更多是实践理性的问题

当然首先要关注那些对国家统一民族团结文化融合至关重要甚至会起到纲举目张作用的法律，宪法、行政法、有关市场经济和政府宏观调控的法律。但也并非全都是那些政治意义特别显著的法律，有些乍一看技术性很强的法律，也可能对于国家统一意义深远。这一点最突出的表现为秦统一六国后的统一度量衡、统一货币、统一文字和修驰道等更具标准化意义的法律制度。在这些法律领域，兼容并蓄不可能，这非但会增加各方面的交易费用，甚至会留下严重的政治社会隐患。

对普通民商事案件或纠纷，司法执法则应更多考虑当地的民间习俗甚或直接采纳或吸纳商/行业习惯。事实上，各国此类法律或司法实践都注意吸纳各类民商事习惯。中国司法制度之外的调解和仲裁程序本身也都便于包容和吸纳民间法。但为避免在司法执法中把抽象的"民间法"概念变成一个太大的筐，也为帮助法官——中国今后会有更多法官直接从法学院走进法院——熟悉和理解相关的民间法及其道理，甚或应强调主张者举证，必要时要求其——通过律师——说清其中的道理，供法官参考决策和裁断。

但在这一领域内，在婚姻家庭法及相关问题上，我偏于保守，主张更多考虑或迁就民间法。但这个保守不是因为意识形态偏好，而是因为，与契约法、公司法或财产法不同，婚姻家庭关系更多受制于人的生物因素和自然环境演化形成的久远制度；还因为，婚姻家庭对最大数量的普通人很重要，而引发社会关注、热议乃至相关法律制度变化的却更多是名人的婚姻家庭纠纷，他们的婚姻家庭关系比普通人的婚姻家庭关系更不稳定，通常也更能获得律师代理甚或私了，也正因为其惹人关注，才不具社会代表性，婚姻家庭法必须更多关注普通人的婚姻家庭，也有理由保守一点。这类保守和迁就当然也有可能引发问题，这意味着，若更多迁就各地的习俗，婚姻法的某些实践在全国各地的差异便会增大。但这不大可能是大问题。因为在中国，婚姻家庭法一直都是法典上统一，实践中从来就没有统一过。例如，有个回民告诉我，只要生活在回民社区，离婚判决对女性就没什么意义，除非她丈夫公开宣布三声不要她了，或者是她离开社区，外出到都市打工。相反，这样的一个离婚判决反而令被判离婚的男子在国家法层面可以合法地再娶个妻子。

考虑和迁就还有一层寓意是,法院可以要求当事人以某种方式举证当地相关的婚姻家庭习俗及其情理,而不能只是当事人泛泛声称,也不能完全不予说明,任由法官自行裁量。

刑事案件(特别是重大刑事案件)、行政案件以及经济案件,国家有种种正当理由或担心,必须强调全国法制统一,违法必究,执法必严。即便原则如此,有些刑事案件的处置应对仍有必要和可能适度考虑民间习惯。本文之所以选择分析这个约会强奸私了案也有此考量。就此案男方强行与女方发生性关系而言,这涉嫌强奸,有关刑法。但从前因和后续来看,也夹杂了婚姻家庭的因素。如果只关心此案的处置,可以比较简单地处置,只要不过分严苛即可。具体说来,如果这事还在侦查阶段,甚或即便立了案,警方找个理由,放此案男子一马,未必错,尽管很容易被挑刺。如果已经立案,侦查终结后交给检察院,检察院决定免予起诉[29]、不起诉或起诉交由法院裁判,从法律上看也都不错。到了法院,法官可以判缓刑。然而,即便判了比方说6个月有期徒刑,在法律上,就一定错了?!

即便没错,但在法律理论上,这也很麻烦。这会让很多人心里不踏实,不仅是那些信仰法治的人,毕竟涉及出罪与入罪,性质上截然不同,怎么能"咋整都行"!而且,世界上有些事只能点到为止,不能说透。说透了,也确实有损法律的权威,有损司法的权威,少了一分顾忌,就会多一分肆无忌惮的可能。也有损法学家和法律人的自尊心。但这其实表明,法学从来也不是科学,法律实践需要精心但并不精密;有时看似精密,有的案子赔

---

[29] 依据1979年《刑事诉讼法》,免予起诉,是指检察机关对虽已构成犯罪,但依法不需要判处刑罚或者可以免除刑罚的被告人作出的免予向法院提起公诉追究刑事责任的决定。该制度为1996年《刑事诉讼法》废除。

偿额会精确到圆角分，那也只是为表明其精密，其实恰恰无情暴露了法律不精密，没法真的精密。[30] 换言之，就这个约会强奸案而言，公检法三家中，必须有，也一定要有哪家在一定范围内行使裁量权，不可能只是依法、走程序，还得有人有担当，还要准备有人挑刺和指责。其实，每个案件中都会有裁量，即便是人民满意，甚至当事人各方都满意的结果，也会有；有时甚至恰恰因为法官作出了裁量性决断。[31] 民众对司法执法的期待大致是天理、国法与人情的统一。这个标准既高也不高，高与不高，都因为"人人心中都有杆秤"，没法统一校准，没有统一达标。

在这种更要求严格"依法办事"，却很难甚至就没法严格，甚至严格了——只依法——就办不成事的情况下，怎么办？这是典型的实践理性的麻烦，最需要的不是知道法律和教义，也不是什么法律理念或信仰，不是任何学派，而是法律人的"拿捏"以及分寸。而且，虽然说出来不好听，其实就是一个"先定后审"的难题；与制定法的目的解释有点类似，因此与法官的个案立法也很类似。所谓"先定后审"大致是，公检法机关在处理这个约会强奸私了案时，应想到不同处理决定的不同后果。这个后果，不仅是对此案直接相关人——男女双方及其家人的影响，还有社会影响，包括当地民众对此案判决的反响，对民众长期的遵纪守法观念、对公检法机关在当地民众心目中累积的形象的影响，等等。当然不可能精确测度，但就此案作决定的任何人，都必须留意这些维度的可能后果，并未雨绸缪，不能只看制定法的

---

[30] "法律……从来不能成为，也不应努力成为，精密研究的领域之一。在这一点上法律与工程学很相似。" Richard A. Posner, *The Problems of Jurisprudence*, Harvard University Press, 1990, p. 63.

[31] 因为有时，尤其在农村熟人社会，当事人会陷入"死要面子活受罪"的尴尬境地，心里认了，却也不愿先表现出来，这时，最好就是法官为双方"做主"。

文字，也不能简单照搬先前处理过的、或外地处理过的、看上去非常类似的案件。参考类似案件之际，要注意的也不是其有多少类似之处，而更要关注那些不同之处。

就这个约会强奸私了案而言，我认为，可以默许或认可私了，或在其他程序上尽可能从轻；但如果男方是富家子弟，能够并愿意支付很多钱，女方也愿意，是否允许私了，就得打个问号。必须警惕的风险，不仅有男方用金钱脱罪，还有若允许这种金钱私了，会不会引发甚至激发更多此类不法和违法行为，使其成为一种常规，一种直接令国家法的某一条款对某一特定群体失效的习惯法，乃至影响公检法机关的权威性和人民性。类似的案件在熟人约会时发生，与在陌生人初次相见发生的场合、情况可能会略有不同。邻居间孩子打架伤了人，可能允许私了或从轻。但邻居间孩子打架死了人，即便有理由从轻，有时也很难；如果死者还有兄弟，还可能对肇事者依法从轻，但如果死者是独生子，依法从轻就很难。在这里需要的就不仅是法律意识，而且必须有社会知识/常识，也要有足够的政治敏感；或者说这里的法律意识就包括了社会知识/常识和政治敏感。但这种法律意识不来自制定法的文字，甚至也不来自国家法和民间法规则，一个法律人要保持对个案事实及其语境的敏感，对处理此个案很可能引发的实在问题的预判，对公检法机关的政治和法律职责的自觉坚守。

对约会强奸，有的允许私了，有的则不允许，肯定会有人说，这就没有坚持法律面前人人平等原则，没有法律的同等保护，没有"同案同判"。是可以这么说，但要注意我提及的那些事实。不同的家庭背景，以及其他事实差异（此案的男女双方是熟人、正约会，真心准备结婚等，而另一案，只是愿意赔钱，当然也可能表示愿意结婚），以及可能的不同社会影响，这些事实真的与或应当与公检法机关履职无关吗？我们并不生活在一个真空社会。这些事实，也包括没法回避或绕开制定法规定以及相关民间法，对于相关案件的公检法人员，都是强硬的事实，都应当甚至必须置于具体社会语境中，包括其可能的社会后果，来理解和评估。

我只是从决策者或裁判者的视角说了可以或应该从轻或从重，但许多相关问题，民间都有大致确定的说法，即便有时显得太强硬，背后也都有在社会层面上说得通的道理。与城市相比，农村邻里间孩子打架伤了人，私了和解趋于更容易，因为"冤家宜解不宜结"；在城市，即便同一个学校，却未必生活在同一个社区。但如果死了人，即便是因过失或冲动，由于"人命关天"，在农村，死者父母也更可能坚持"一命还一命"；如若是独子，更是理所当然。这既因为农村社区的环境，"抬头不见低头见"，见次面就心痛一次，也因为农民还很难接受"断子绝孙"的现实（这意味着若家中还有个男孩，可能好办些）。但农民重视儿子，也不是故意歧视女儿，而是女儿要出嫁（这也是农耕社会很有道理的民间法，有关财产继承的便利，也有关外婚制的好处，还有关本村人口的自我限制以保证人口土地比例适度）。"养儿防老"，儿子死了，这就不可能只是一条人命的事了。这些看似与案件无关的细微事实，在不同社会语境中，有时就与案件的应对处置有关，有时则无关。

我也只能简单粗暴地分析这很小的一部分，只为说明围绕法律决策和实践的那些民间法/规范及其道理。这些道理，肯定不是必须接受，有些甚至还必须拒绝，即便是逐渐拒绝。但无论接受还是拒绝，相关执法司法者以及其他法律人首先需要知道并了解其中究竟有什么道理，然后才可能在法律多元的背景下明智、有效地实践国家法，推进当代中国的法制建设。法治或法制其实真的不只是些制定法规则或语词的集合，在当代中国，国家法必须通过实践来体现人民共和国的意志，追求人民共和国的理想，成为实现这一意志和追求的一种有机力量。因此，根据案件语境，根据直接当事人之间的那些有法律意义的微小但真实的差别，设想、比较和预判不同法律应对会有什么不同后果、利弊得失以及谁的利弊和得失，然后在法律规定的限度内作出相应调整，这绝非法律的恣意，也真不是"先定后审"，而是执法司法者必不可少也是理应担当的裁量，恰恰体现了公检法机关严格依法和独立决定。机械的执法司法，即便再精准，也说不上是独立办案，独立如果有任何意味，那都少不了自己的判断，而不只是机械地执行指令。上述文字出现在屏幕上，无论对错，确实是我敲打电脑键盘的结果，更是我用心思考的结果。

五、法律规避与制度创新

由于民间法概念本身、私了案的农村背景以及由此展开的分析也多涉及农村，这就很容易强化时下中国法律法学界的一些前见和误解：民间法在中国只是农村的现象，而中国正在现代化、城市化；即便法律人努力理解、吸纳和包容民间法，说到底也只是暂时和适度迁就。言外之意是，当代中国法制建设的重要任务是改造民间法，使之现代化，最终归于国家统一的立法、执法和司法。这里隐含了一个假定，即国家法一定合理，民间法总是不利于法的统一，法律规避永远只是侵蚀和破坏法制。但这个假定不必定为真，至少不总是为真。

第三节已经说到，与历史上的农耕中国不同，近现代以来，

法律规避和法律多元

中国最重要的追求是经济社会变革、发展和现代化，以此为基础实现国家和社会的重构，而市场经济下人财物的高度流动必然导致一个更陌生化的社会，这就要求更多依赖法律，更少依赖地方习俗或民间法。随着中国国力的增强、法制的发展，哪怕在基层社会和边疆海岛，国家法的作用也会日益显著和重要。然而，法制或法治的重要特点之一是长期稳定，其功能总体而言甚至是保守的，即国家法律不得朝令夕改。因此，普通法或英美法治的核心是"遵循先例"，也就是"萧规曹随"。也因此，在当今中国，"改革开放"与"依法治国"这两个同样必要和重要的追求之间，有内在的紧张关系，这是中国这个快速变革发展的各地经济社会发展不可能均衡的大国的一个难题，甚至可以说是从各方面促成中国特色的重要变量之一。在话语层面很容易讲，只有改革开放，才能建立以社会主义市场经济为基础的法治国家；也只有社会主义法制/法治才能保证和促进社会主义的市场经济。但这些显然正确的命题在具体问题上如何贯彻落实，非常难。因为，一般命题不足以决定具体案件，那取决于比任何明确的大前提更微妙的判断或直觉。[32] 中国是如此一个大国，牵挂了多少人的身家性命，也因此政治决策还真不能大刀阔斧，因为不允许"推倒重来"，只能"摸着石头过河"，以渐进方式尝试着推进制度变革和创新。而在这场历史变革的努力中，法律规避常常成为制度创新的重要途径或工具之一。可以从这个角度来理解改革开放以来的市场导向的经济体制改革，其中有许多就是或伴随了法律制度的变革。

因为中国的市场经济体制和相应的法制不是在一片空旷土地

---

[32] Lochner v. New York, 198 U. S. 45, 76.

上开始规划建设的,也不可能完全从外国照搬或照抄,学习可以,移植可以,但即便移植也要考虑"土壤",一系列复杂的前提条件,要从中国原有的计划经济体制中蜕变出来。例如,改革就意味着要突破计划经济体制以及相应的法律制度;然而,无论多么精细小心,改革都必定会触动原有的法制,包括在我看来对于改革成功至关重要的一些抽象的法制要素,法制的统一、稳定和权威,令行禁止以及执法司法者的公信力等,因为没有了这些抽象的制度要素,就不可能有全国统一的社会主义的市场经济。在摧毁计划经济旧体制的同时,"休克疗法"一定也会摧毁伴随该体制的那些抽象的法制要素:不只是原有的不适应市场经济要求的国家法,还有整个国家的法制统一,甚至——苏联的崩溃例证的——政治统一,然后就会是其他社会基本规范和秩序的崩塌,导致普通人不得不更多而不是更少依赖更小更狭窄的社群规范,甚至只能求助于家人和朋友。换言之,支持和维系计划经济体制的一些形式要素,就其社会功能而言,是超越计划经济体制的,因为那是任何群体社会生活的基本前提。在社会变革中,必须注意保护这些往往需要很长时间社会合作才能积淀的抽象法制要素。

就过去10多年来中国改革经验来看,"法律规避"是化解或分解计划经济体制与市场经济改革之间的冲突重要手段之一。除非必要和稳妥,先不直接修改当时国家法和正式制度,中央政府逐步务实推进以市场经济为导向的改革开放,不仅默许,有时甚至鼓励个人和企业打国家政策法律的"擦边球","把政策用足",甚至"钻政策的空子",授权或鼓励各地政府尝试各种有利于当地经济社会发展的政策措施或"土政策"。这些带引号的说法,共同点是尽可能规避现行法律制度,但必须有底线,个人对党纪国法仍有所敬畏。这一改革进路的优点是充分利用直接当事人的利害关切,推动边际性变革,具体地解决最直接最迫切的难题。在既有制度和法律约束条件下的逐利行动,无论最后是否取得良好绩效,甚至包括引发的问题,都会促使改革的决策者重新审视和调整政策、修改法律;或制定急需的、更明确细致的政策法律;或重新解释相关政策法律,扩大或限制其适用边界。而且,许多政策法律制度都环环相扣,一项政策或法律的改变有可能引发相关政策法律的连锁性变更。[33] 累积起来,这些实践就可能形成一套新的规范,新的游戏规则,取代旧的规则体系。一位经济学家曾概括,中国当代的"许多实质性的经济变革,都是在正式的制度没有改、正式的'名称'没有变的情况下,人们首先在事实上采取了与正式规则相冲突的行动,改变了事实上的行为约束(behavioral constraints),创造出了各种新的经济关系,使人们得以捕捉获利的机会"[34]。

这并不仅限于经济制度和法律,而是必然延及执法、司法以及党纪政纪。从1980年代中期以后,为推动、激励甚至鞭策人们改革,中央的指导思想之一是对改革者"不求全责备","允许改革者犯错误,但不允许不改革"。[35] 只要符合"三个有利

---

[33] 对此的更为系统的分析,可参见,周振华:《政策运用中的"擦边球":制度创新行为》,《社会主义经济的制度结构》,陈昕主编,上海三联书店,1993年,第181—195页。

[34] 樊纲:《中华文化、理性化制度与经济发展》,《经济文论》,生活·读书·新知三联书店,1995年,第166—167页。

[35] 可参看,例如,钟怀:《怎样对待改革者的错误》,《人民日报》,1985年9月29日,第1版;《昆明市委旗帜鲜明地支持改革保护改革,对不负责任的匿名信控告信党组织一般不调查不受理》,《人民日报》,1986年7月25日,第4版。

于"[36]，不是谋取个人私利，即便出了问题，捅了娄子，不仅相关机关在执法或司法时，而且党政机关在党纪、政纪处理上，都会纳入考量。但随着改革经验的累积，也随着相应的规范或"界限"逐渐明确，当年那些略显粗糙的原则表达就变得更精细了，这意味着规则细化了，趋于系统化、理性化和制度化。1992年起，相关表述修正为"允许改革有失误"。"改革"替代了"改革者"，前者是中国共产党和中国政府的一项事业，不仅通常是组织行为，即使个人决策，也必须是职务行为，这就大大弱化了后者具有的强烈个人决断甚至专断的意味。相对于"错误"，"失误"也只可能是过失，通常影响也更有限。而在我修订此文之际，相关的正式表述从2017年就修改为，"建立健全改革容错纠错机制，形成允许改革有失误、但不允许不改革的鲜明导向"[37]，有了更强烈的制度化追求。

还必须指出，在改革开放初期，80%以上的人口是农民，即便在城市，甚至在北京，人们的生活圈子仍然是熟人社会——想想1980—1990年代在王朔笔下生动呈现的那种"大院文化"。当时的法律制度自然相当简单、粗糙，法律本身就粗略，依法和执法的"严格"就很难了，也还严重缺乏严格执法的财力、物力和人力；人力也不仅是知识方面，在一个熟人圈子里执法，对执

---

[36] "是否有利于发展社会主义社会的生产力、是否有利于增强社会主义国家的综合国力、是否有利于提高人民的生活水平。"《邓小平文选》卷3，人民出版社，1993年，第372页。

[37] 《要在改革开放上大胆地闯》，《人民日报》，1992年4月1日，第4版；《敢于担当善谋实干锐意进取 深入扎实推动地方改革工作》，《人民日报》，2017年7月20日，第2版。

法者素质要求也会更为苛刻。[38] 在这种法律制度供给明显不足甚或不能的条件下，为解燃眉之急，只要不是事关重大，默许人们选择民间法，规避国家法，确实也是制度的无奈。但退一步看，从维护和保持社会基本秩序的功能层面看，这也可以算是对制定法（国家法律和政策）的一种暂时替代或暂时补充。

还有一点，在改革开放初期，大家都说要改革，邓小平同志划了坚持四项基本原则这条底线，但很少有人真的清楚究竟哪些该改、能改，哪些不能，改又改到什么分寸。还没有时间一一仔细研究琢磨推敲，也不能指望争论就都能理清道理。在这种条件下，基于每个人都是理性的假定，即相对而言，每个人都更了解自己所在行当或岗位的麻烦，也更有动力，也还可能更有办法解决这些麻烦，让每个人在与之相关的各种约束条件下追逐自己的最大利益，即默许法律规避，也就是激励每个人以自己的方式参加到改革开放这个中华民族的事业中来，以他个人的智力，特别是行动，边际性地促动和改变对他影响最大的制度。尽管很弱，但汇集了众多个体的努力，就可能改革制度，或创新制度。甚至正因为个体之间利益可能冲突，才要求妥协，这种客观制约，反而能在一个注定是众多利益冲突、妥协并因此是渐进调适的过程中达成利益的兼顾和平衡，这至少有时会比那种大刀阔斧式的一揽子改革更可能避免引发激烈冲突。就此而言，这种高度分散的改革可以说是充分调动了人民群众的首创精神，是另一种形式的

---

[38] 就人力而言，1980年，邓小平同志曾多次提到"能担任司法工作的干部，包括法官、律师、审判官、检察官、专业警察，起码缺一百万。可以当律师的，当法官的，学过法律、懂得法律，而且执法公正、品德合格的专业干部很少"，但捉襟见肘，当时最现实的应对也只能是"从基本建设队伍和转业军人中挑选一批好的职工、干部和战士，经过训练，扩大和加强政法公安干警队伍"。《邓小平文选》卷2，第263、286、371—372页。

人民战争——尽管战争这个词显然不恰当。考虑到改革开放对于当时中国的重大和紧迫，也考虑到中国各地政治经济文化发展不平衡但改革却必须是全面的，以及考虑到在这种重大问题上容不得犯大错误，法律规避可以说是渐进式制度改革的有效方法之一。它不是硬杠现有的制度，而是尝试新的可能，力求通过制度竞争来完成选择（包括接受自己的失败）或多元。不说超越了传统上更多靠精英设计推进的改革，至少也多了一条可能的路，可以互补。这条路减少了启动改革的阻力，逐步推进，增加了改革成功的可能，节省了改革的"交易费用"，也便利了成本收益的制度比较，还便利了普通人接受和习惯制度创新或新的制度格局。

不可能全都是好处，只看到收益。也有问题，还不一定更小和更少。基于个人或局部利益的法律规避不只是会捅篓子，缺失整体规划或起码是方向感，就更可能失去定力，误入歧途不自觉，甚至知道错了也无法止步，可能就这么走下去了，最终成为改革成功的代价。你当然可以辩称，这就是以特定方式为改革作出了贡献，但自古以来有几人愿意以这种方式作贡献？更重要的是，既然以个体利益选择为动力，以规避正式制度和法律为主要目标，那就得肯定，会有人始终关注国家改革大局或当地或企业的利益，而不只是个人利益，但更要清楚，非但有人，甚至更多人会以此来谋私利，甚至只是个人私利。因此，在中国经济体制改革中，无需我为之正名，法律规避也会自然增多，并且谋求私利、不择手段都会增加，这就是为什么从 1980 年代末开始，就有了"腐败是改革的润滑剂"之类的说法。[39]

还有,法律规避虽然有制度创新的意义,但必须看到,只要再多走一步,就会变成"上有政策,下有对策";一旦法律规避成了习惯,即便看起来一直是依法办事,其实也变成了一直严格依法违规,甚至涉嫌犯罪,"切香肠",越来越薄。这不仅是个人在冒险,关键是并无制度创新的意义,行为人已不是心存敬畏地"规避",而更可能是心怀鄙视和侥幸地侵蚀国家法,显然不利于法制建设了。因为任何法律规避、土政策或疏通,即便有道理,也会损害国家法的权威性和统一性这类法制的形式要素。投鼠忌器,法制的形式要素也是法制不可缺少的部分。中国人常说"不能没大没小",听起来好像不讲平等,其实也有道理。西方司法传统之一是,当事人在法庭上对法官必须尊称,不听法官指令,大喊大叫,法官当庭就可能判其"蔑视法庭罪",就是要维护法律和法制的这个"大小"。此外,法律规避是通过个案实现的,因此在各地各行当通过法律规避形成的规矩或创新常常不一致,不可能一致。这就会损害法制的统一性、法律面前人人平等这些法制的形式要素。若任其发展,对市场经济发展,对形成全国统一的大市场都是不利的,因为法制的权威性和统一性,从历史经验来看,是建立全国统一的大市场的先决条件之一。

然而,本文分析的私了个案对这个问题仍有启示:在法律规避不可避免甚或必要的情况下,法律规避本身并不可怕。规避本身就表明规避者意识到国家制定法作为权威和约束的存在。当他们努力规避国家法时在一定程度上也是受制于国家法的规则(当

---

[39] "(改革与腐败)有着一个共生点——越轨。"丁水木:《一个难点:腐败与改革共生》,《社会科学》,1989年第4期,第56页;丁学良:《腐败是改革的润滑油还是改革的腐蚀剂》,《经济社会体制比较》,1994年第4期,第64—65页。

然也是在改变国家法规则的边界)。真正严重的问题是行为人在行为时心目中完全没有这样一个权威,完全没有顾忌;这时出现的就不是法律规避,更可能是对国家法律政策的无视和公开挑战。目前来说,最重要的是要防止这种状况发生,要保持中央政府的权威、法制的权威和一定的实施力度。这是保证法律规避发生、国家制定法向人们渗透、促进土政策转换进而形成全国大致统一的法律的一个不可缺少的先决条件。[40]

六、结　语

可以肯定,在中国当下的渐进式经济体制改革进程中,至少在一段时间内,法律规避会趋于增加。也可以肯定,有人会浑水摸鱼,追求私利,间接甚至直接挑战国家相关法律。但从以上分析可以看出,这在任何时期都不可能消除。最根本的原因就是本文揭示的、与时下的主流观点相反的、个别人在利害关系不大的时候还可能有的,就总体而言,民众并不因知法懂法而守法或循法,法律其实是服务人的利益,在普通人生活中,他们会因为追求利益(包括本人的和他所关心的他人的,甚至因此是社会的利益)而遵守法律,也会因为追求利益而选择主张和遵循其他

---

[40] 中国共产党和中国政府已经意识到这一点,采取了一些政策和制度措施。1994年9月中共十四届四中全会通过《关于加强党的建设几个重大问题的决定》,重新强调民主集中制,强调中央政府的权威。1993年12月25日,国务院作出《关于金融体制改革的决定》,要建立在国务院领导下、独立执行货币政策的中央银行宏观调控体系;建立政策性金融与商业性金融分离,以国有商业银行为主体、多种金融机构并存的金融组织体系;建立统一开放、有序竞争、严格管理的金融市场体系。

"民间法"而着力规避法律。因此,察知和理解各类民间法才能保证国家法的有效实践,保证"赏罚必于民心"。

但这丝毫不意味着存在或可能找到某种本质主义的"民间法",它符合所有人的利益,绝对可靠,且永恒不变。找到它,就找到安营扎寨的基地。民间法说到底是众多具体的人在他们的共同生活中,受当地的风土人情也即经济生产方式和社会环境的制约,形成并逐渐演化的。这不仅意味着民间法有合理之处,也必定有不合理之处,合理或不合理都受制于上面的风土人情,也会——通过国家法——一样受制于不同人对民间法的利用。而风土人情,所谓的一方水土,通常很难变化,或变化——相对于一个人的生命而言——往往非常缓慢。然而,近代以来,中国革命和建设,以及当下的改革开放,都在全力改造传统的农耕中国,使其成为一个现代化、工业化、城市化的国家。传统的民间法再有用,也不足以应对这一伟大变革。而且,对于诸如中国这样的多元一体的大国,有时在局部或区域看来有道理甚至合理的民间法也可能对于整个大国的发展没道理、不合理甚至很糟糕。因此,努力语境化地理解"民间法"是必要的,但非语境化地把民间法过度浪漫化,则一定是另一种教条主义。

因此,本文不只想通过分析"私了"个案让我们看到中国的法律多元,无论是历史中国的国家法、儒家纲常礼义,还是民众日常生活中的风俗习惯,看到其中的语境化合理因素,即便其中有些因素可能随着社会变迁而隐退甚或消失,更希望我们看到人们在追求各种利益时,也在通过诸如法律规避以及其他改革创新方式,创造着新的经济社会中的民间法,其非但可能置换替代传统中国的国家法和民间法,也在改造计划经济体制的相关法律制度,甚至可能重塑和调整各种形式的立法,包括某些从国外移植的法律或法条。本文分析表明，任何法律的实践，直至一国的法制建设，并不是发现真理并予以落实的过程，而是在社会层面具体地解决和平衡各种利益的冲突的进程，因此，注定是广大民众以各种方式（包括法律规避）参与的一种全面社会实践。如果看不到中国社会中实际运行的各种民间法的力量，不理解民众并不只是消极接受而永远都在以其行动塑造法律，那就一定会低估中国法制建设的艰巨性和长期性，就无法理解法制变革的真正基础是中国经济社会发展，无法理解法制建设更重要的一面，可能还真不是普法，而是经济社会变革发展本身对民众的社会预期、对他们的行为和规范的塑造。如果对中国法制建设的根本理解浅薄和简单，只看成一个了解相关法条的事，期待就很容易不着边际。而失望之余，就会变得激进，会责备民众愚昧无知或所谓的保守势力强大。[41]

如此务实地理解法律，包括国家法，也包括民间法，甚至包括老百姓说的无规矩不成方圆的种种规矩，我们就可以看出，那种简单贬斥历史中国一直是人治，没有法治传统的说法何等荒谬；那种认为只要对外开放，全面引介外国经验就能完成中国的法制变革和建设的观点何等天真；那种认为通过普法、知法、懂法到守法的法制建设想象何等脱离实际。事实上，如果本文分析的逻辑成立，一个令我沮丧却又很难否认的结论会是，除非伴随全面准确坚定有效的执法（这个条件很难满足），违法者，特别

---

[41] "政治是个解决利益冲突的过程。……当政治被错误解释为类似于一个发现真理的过程的科学时，称自己承担启蒙的人会为强制找到道德合理性。……当政治被正确解释为一个化解个人利益冲突的过程时，把个人偏好强加于他人的企图就没有道德优越感了。"布坎南：《作为"科学"的经济学与作为"科学"的政治经济学之间的联系和区别》，《自由、市场与国家——80年代的政治经济学》，平新乔、莫扶民译，上海三联书店，1989年，第60页（译文略有调整）。

是在某个领域的重复博弈者，一定会比常规守法者，同时也可能是偶尔或随机的违法者，更注意研习琢磨法律，致力于"依法犯法"，不仅打"擦边球"，而且一定会运用"切香肠"战术，目的不限于侵蚀而是重塑有利于他或他们利益的国家法。[42] 这是个更值得警惕却也很难有效应对的法制难题。

即使在纯求知或学术上，从法律规避引发的历史中国的法律多元也可以给我们以新的启发。当然有道理把中华法系看作一个整体，一个儒法两脉贯穿始终的传统。但从法律多元的角度，考虑中国的多元一体，皇权不下乡，看到州县官员的裁量，就一定会看到更为生动的存在，有许多冲突、断裂、变异。在历朝法典和儒法经典之外，我们更容易看到那些曾催生并支持各种经典实践却又被经典遮蔽或压抑的一些话语。

法律规避和法律多元自然有助于我们理解今天中国的法制状态，包括混乱和无序，也包括我们的视觉盲点。确实，如今中国人找法院解决纠纷更经常了[43]，但是不少研究或调查报告从正反两面表明，当代中国人仍趋于私下协商解决各种纠纷，无论是民事的、商事的，有时甚至是刑事的纠纷；即使有正式法律，也没有进入法律程序的重大障碍，人们也不大情愿诉诸国家法来解决纠纷。[44] 这一现象用文化上保守解释不了。自改革以来，与对市

---

[42] Marc Galanter, "Why the 'Haves' Come out Ahead: Speculations on the Limits of Legal Change," *Law and Society Review*, vol. 9/1 (1974), pp. 95–160. 又请看，Kevin T. McGuire, "Repeat Players in the Supreme Court: The Role of Experienced Lawyers in Litigation Success," *The Journal of Politics*, vol. 57/1 (1995), pp. 187-96。

[43] 参见，夏勇主编：《走向权利的时代：中国公民权利发展研究》，中国政法大学出版社，1995年。

[44] 关于农村民事和经济纠纷的解决，请看，郑永流等：《农民法律意识与农村法律发展》，武汉出版社，1993年；关于企业间的经济纠纷解决，请看，杨德清、邵金淦：《为何企业有经济纠纷不起诉》，《经济参考报》，1993年8月9日，第4版。

场经济以及其他新事物的接受程度相比,中国人可能只是对法制的接受略显保守。但这是因为他们希望固守某种抽象的"文化"或"价值"吗?除了诉讼费用太高外,这更可能因为,诉诸国家法至少眼下难以给他们的现实生活带来更大、更确定的利益。

除了执法者司法者的实践努力外,中国法学人可能起作用的方式之一是:通过学术研究努力沟通国家制定法和民间法。只是当代中国法学教育基本移植了欧陆法系的法学教育模式,法学人更多也更习惯于从国家法视角概括问题,而不是努力理解问题,看到的只是民众法治观念不强,需要普法,政府相关部门执法不严,因此要严格执法。但问题是,如果法治真的那么好,为什么人们那么不知趣,不向好,却花心思规避法律,寻求私了甚至徇私?法学人有必要以阐释学意义上的同情理解方式来研究并促成国家法和民间法的妥协和合作,否则就只会强化国家法和民间法之间的文化隔阻。当然,长远来看,真正起作用的是全社会的公共选择,但我们至少应努力生产有助于这种有利于沟通交流的"公共知识"。

如果本文关于法律规避是制度创新的一种途径的分析有道理,我在其他地方强调过的中国法治建设要利用本土资源的观点就不是一种浪漫的设计。也表明,我所谓法治本土资源真的主要不是历史典籍规章,而是社会中活生生的生活。诸如法律规避这种与"现代法治观"看似无法兼容的社会现象,其实一直以各种方式重塑着国家法。

国家法之所以无法抗拒民间法的塑造,是因为严格执法和守法如果有,也很少。那种静态的严格法制是一种理想状态,现实中不可能存在。对绝大多数人来说,选择严格守法和执法都不可能仅因为这在道义上和法律上是正确的;除了一些身体力行的

"法治教条主义者"，守法和执法在绝大多数情况下都是在特定约束条件下追求自我利益的一种选择。由于任何制定法都有多或少的弹性，法律也不可能规定一切，许多法律也有交叉，因此，**法律规避其实从来都是社会中的一种普遍现象，严格执法反倒是例外**；甚至许多严格守法和执法的行为也可能是一种"法律规避"。例如律师在为其当事人服务时，主要并不是查询法律有何规定的，而是查询遵循哪一条法律、作何解释可能为当事人获取更大利益。他们会竭力避免那些不利的法律规定或法律解释，而不是力求严格执法或守法，或是追求他们偏爱的严格执法。法庭上，除极少数案件之外，原告和被告都会寻求更有利于自己的法律规定，或者利用法律语词必然具有的弹性、涵盖性、模糊性、意义可增生性等特点来作对自己有利的解释。[45] 法官也不例外，法官，并且即使是道德品质无可挑剔的法官，也总是会利用法律规定的弹性、语词意义的增生或者法律规定的交叉力求获得一种他认为最恰当的结果，而很少机械性地适用法律。[46] 如果我们假定制定法都曾经有过一个比较确定的本义，那么所有上述这些活动都在另一个意义上是一种"法律规避"，规避不利的制定法，规避不利的制定法条文，规避不利的法律解释，而争取最佳的结果。

对于这一结论，时下已习惯于"执法必严、违法必究"的口号的人们很难接受。但只要直面社会，这就是严酷的现实。尽管如此，这一结论却并非宣告"法律死了"，因为那种机械地严

---

45 关于语言的弹性、多义性的研究国内很多。中国学者早就有所谓"易一名而含三义"之说。更周密细致的分析，请看，钱钟书：《论易之三名》，《管锥编》册1，2版，中华书局，1986年，第1页以下。
46 这一点在普通法司法实践中最为明显。可参见，波斯纳：《法理学问题》，苏力译，中国政法大学出版社，1994年。

格执行、遵守制定法的现象从来就不曾存在于现实生活,最多只出现在一些法学人的书本或话语或想象中。如果一定要说法律死了,那么死去的也仅仅是那种于国于民有害而无利的信条主义的、过于理想化的法治观,从中生长起来的是与当代中国变革相结合的、世俗但不卑俗的法律。

1993年7月15日初稿,8月27日改于北大26楼
1995年6月初稿,1996年3月二稿于北大蔚秀园
2021年2月5日改写于北大法学院陈明楼516室

转型社会中的违法犯罪

一、问 题

无论从统计数据,还是人们的日常感觉,近年来中国社会治安状况和社会秩序不好,都很难否认。不仅与经济相联系的明显危害社会和公民的违法犯罪现象[1]大量增加,其他类型的违法犯罪现象也有明显增加。从统计数据来看,1979年以后,全国法院系统处理的普通犯罪和严重犯罪案件逐年增加,甚至可以说剧增。[2] 考虑到立案标准的变化,统计数据本身也未必足以反映的社会中实际增加的普通违法犯罪现象。不仅数量增加了,犯罪情节也有严

---

[1] 我在此强调危害社会的违法犯罪,有别于那些并不一定危害社会或至少是有争议的违法犯罪。后一类违法犯罪只因刑法的禁止,如《刑法》(1979年)惩处的"投机倒把",如今实际上已鲜有惩罚;又如美国1920年生效的宪法第18修正案,禁酒,1933年又废止。即便有些行为原先社会危害性较大需要刑法介入,也可能因某些社会变量的改变危害性显著降低或社会评价改变,也无需刑法介入,以其他方式规制更有效,典型如堕胎。

[2] 如江苏省,按照调整标准后的统计数据,1991—1994年4年年均发案88475起,为1963—1966年间年均发案12814起的6.7倍;其中凶杀案从年均111起激增至年均702起,抢劫案从年均37起激增至4110起。重大案件所占比从1960年代中期12%增加到超过30%。秦杰:《江苏省刑事案件45年演变的启示》,《公安研究》,1996年第3期,第63—64页。从1979—1993年的14年间,湖北省的刑事犯(转下页)

重化倾向。1990年代以来全国各地严厉打击"车匪路霸"[3],本身就反映了问题的严重性;而此类犯罪早些年闻所未闻。各种严重的经济犯罪案件都常有报道。收受贿赂或变相收受贿赂的犯罪、违法或不轨现象侵蚀社会生活的各方面并呈上升趋势。尽管各级政府和司法机关对打击犯罪违法,改造罪犯做了大量组织领导和具体的工作,就社会整体来看,违法犯罪,特别是青少年犯罪违法、城市犯罪、流窜犯罪、团伙犯罪目前仍然趋向增多。[4]

这10多年来也是中国改革开放不断推进的时期,尽管直到中共十四大才正式提出建立社会主义市场经济的口号。人们自然会问:违法犯罪增加与市场经济究竟有没有联系?什么样的关系?在多大程度上我们可能限制违法犯罪的增加或根除犯罪?

对这样一个问题,一些人主张加快经济体制改革,强调违法犯罪的增加与市场经济的发展和经济体制改革没有"必然"联系;将违法犯罪增多归罪为极左或"文革"的影响,认为经济体制改革和市场经济最终会改变这一切。[5] 而一些思想相对陈旧的人则认为这是政治思想教育弱化的结果,期望以昔日的手段和

(接上页)罪年均递增26.8%,其中重大刑事犯罪年均增幅高达30%。杨业广等:《湖北刑事犯罪预防战略研究》,《中南政法学院学报》,1993年第2期,第67页。

[3] 据1989年,全国铁路发生旅客列车上的抢劫案件211起,比1988年上升157.3%。1990年前两个月,又发生此类案件54起,同期上升80%;还发生14起抢劫铁路运输物资的案件。《公安部铁道部交通部电话会议部署开展打击"车匪路霸"专项斗争》,《人民日报》,1990年3月21日,第2版。

[4] 最新报道,我国的青少年犯罪具有低龄化、女性犯罪率上升、流窜犯增多等特点。青少年犯罪率比1950—1960年代增加了10倍,比1980年代增长了1.26倍。《加强道德建设 预防青少年犯罪》,《光明日报》,1993年7月7日,第1版。

[5] 在1993年举行的"青少年犯罪与道德建设学术座谈会"上,有学者认为"市场经济体制的建立有利于促进等价交换、公平竞争、平等互助,不是产生犯罪的必然原因","市场经济并不导致犯罪行为必然发生",《中华第三产业报》,1993年7月15日,第2版。

方法来恢复 1950—1960 年代良好的社会秩序和风气。这两种观点非常不同，但换个角度看，所谓的保守派和改革派人士几乎相同，都先验地坚持自己社会理想，认为某种思想教育建设本身足以消除或减少犯罪。

固然不能简单地将违法犯罪同市场经济导向的改革直接联系，但也同样不能因为支持改革开放而否认社会现实，把今天的违法犯罪问题推给 10 多年前的"文革"，或以允诺未来来安慰和争取人民对改革开放建设社会主义市场经济的支持。从一定意义上讲，这种允诺几乎是欺骗，即使可能一时获得人民的信任和支持，也可能因突发事件引发社会动荡，直接危害中国的经济体制改革和人民生活的安定。经济体制改革和建设市场经济固然是中国当前社会发展的中心任务和其他发展的基础，但社会生活并不仅仅是经济。经济体制改革必须与社会生活其他方面的发展大致平衡，经济体制改革和市场经济建设说到底就是为了中国人民的生活幸福，其中至关重要的一点是，要使绝大多数人感到社会安定祥和。

有必要认真研究对待当代中国改革开放经济发展过程中出现的违法犯罪增多这一现象。这不仅不可能动摇以经济建设为中心的社会发展，也不必定导致民众质疑改革开放。相反，这应迫使我们勇于直面因经济社会发展带来的社会现实，经验地但更全面地理解昔日曾经有效的实践，在新的经济、社会和技术条件下采取必要和有效的新对策，包括借助我们的各种有益的传统。

二、社会流动是主因

违法犯罪现象增加伴随着市场经济的繁荣发展，这种现象并非我国市场经济发展和现代化过程中所独有。这曾普遍存在并至今仍存在于世界各国,尽管学者对两者相关性的研究结论不一致,却无人否认两者的共生关联。在西欧和美国19世纪下半叶工业化和现代化的进程中,社会的犯罪违法现象也曾大量增加。也正是在与各类违法犯罪的较量中,才出现了作为学科的犯罪学,乃至多个学派。[6] 当代许多第三世界国家的社会经济发展和现代化过程中,犯罪率也随之激增。[7] 由于这种经验上的紧密相关性,甚至西方有学者激烈批评和反对现代化,反对以西方经济模式为摹本的现代化道路。[8]

但也有一些经验表明,并非市场经济总是伴随了犯罪的激增。众所周知,日本和新加坡在现代化过程中犯罪也增加了,却没有出现西方国家和当代第三世界的一些国家出现的犯罪激增现象。特例显示了市场经济和现代化过程中有可能避免犯罪违法激增,但特例其实更证明了市场经济发展与违法犯罪增加高度相关。

说高度相关,是因为我不想用因果关系概念,因为因果律往

---

[6] 如涂尔干1897年提出无序(Anomie)的概念来解说犯罪和其他违法现象,Emile Durkheim, *Suicide*, trans., by John A. Spaulding and George Simpson, The Free Press, 1951;美国社会学家罗斯1896年提出社会控制的概念,Edward A. Ross, "Social Control", *American Journal of Sociology* 1896/1, pp. 515-35。19世纪末与20世纪初,围绕芝加哥都市区的犯罪,出现了美国最早的犯罪学研究,芝加哥学派,Hugh D. Barlow, *Introduction to Criminology*, 5th ed., Scott, Foresman and Company, 1990, p. 46。

[7] 请看,Marshall B. Clinard and Daniel J. Abbot, *Crime in Developing Countries: A Comparative Perspective*, Wiley, 1973。

[8] 例如,Stanley Cohen, "Western Crime Control Models in the Third World: Benign or Malignant?" *Research in Law, Deviance and Social Control* 1982/4, pp. 85-119; Martha Huggin, "Approaches to Crime and Societal Development," *Comparative Social Research* 1985/8, pp. 17-36。

往往隐含了必然性,一不小心有人还会将之上升到"历史的必然性",似乎就只能接受了。也不是完全否认因果关系,但社会问题研究中,由于变量太多,很难确认严格的因果关系。而且,任何常规犯罪(有别于法人犯罪)都必定是个人的行为,难免会有社会因素,但将个人的行为同经济制度联系起来,这太难了。这不是说经济制度不影响个人行为,但肯定不是唯一的,更难说是决定性的。因此,从这个意义上说"市场经济并不导致犯罪行为的必然发生",自然很对;但也正因如此,这种命题是毫无意义的废话。有什么经济体制会导致犯罪行为的必然发生?至今为止的历史表明,在每一种经济体制下都有些人犯罪,也有人不犯罪。既然"人的本质是社会关系的总和",那么任何个体的行为就不可能只是一种经济制度或关系的必然产物。如果是必然,又有什么理由追究个人的罪责?普通人其实不大关心那种关于犯罪必然性的所谓理论,他们更关心或还愿意关心的问题其实是,在市场经济条件下犯罪会不会增加,究竟为何增加,是否可能以及如何防范。这才是社会大多数人关心的。侈谈必然或偶然无济于事,更重要的是不会有结果,更会丧失行动力。

市场经济在形成发展中,究竟触动了哪些社会因素,可能导致犯罪违法增加呢?就总体来说,这是市场经济带来的高度社会流动性改变了原有社会结构对个体的多种支持和制约,没有功能上足以替代的新机制,导致各种机会主义行为,包括有利于社会和损害社会的行为显著增加。套用马克思主义的基本命题,就是社会的经济基础变了,要求作为上层建筑组成部分的法律和其他相关机制也必须改变。

市场经济的发展,不仅伴随着城市化,更伴随着人员、物资、资金和信息的高度流动。不仅大批农民进入城市,事实上,城市居民也处于前所未有的流动中。人员的高度的流动性和城市化使人们更多同陌生人交往,这使得犯罪违法有了可乘之机。首先,一般说来,人的许多本能天性都源自早期人类的小社群/社区生活,包括认同。为在小社区中能体面生活下去,并能在必要时获得社区成员的帮助,家庭、社会加自我规训,促使个体趋于安分守己。而且成天在一众熟人眼皮子底下,个人的言行举止很难逃脱他人的明察秋毫。任何违规言行都可能引发各种形式的众人合作的制裁,从风言风语到时时提防、互不来往,这都会对违规的个人构成有效的事后制裁。久而久之,也会成为强有力的事前约束。一旦脱离原来的社区,处于陌生环境,不仅这些约束和潜在威胁都留在了家乡,而且人们对周围的陌生人和环境都很难当即产生深厚的责任感和道义感,这就使至少其中的某些人可能为自己的便利和收益干一些在其家乡或相应群体中不会干的、可能有损他人或社会的事。很少有人偷窃自家亲人的东西,也很少见人们在家门口卖淫或嫖娼。俗话中常说"兔子不吃窝边草",其寓意之一在此。还有另一层功能性寓意,即窝边草也便于隐蔽和保护自己的老窝,更何况传统社会有"胳膊肘朝里拐"的习惯。另一方面,至少在社会流动性增加的初期,由于尚未催生社会的有效应对,高度流动性也使违法犯罪者更可能逃脱社会的制裁,包括社群的舆论制裁,也包括代表社会的国家法律惩罚。而只要易于逃脱,就一定会激励更多、更严重的违法犯罪。[9] 因此,社会转型期间,一般说来,尤其是在疆域大国,至少在较长的一段

---

[9] 也因此,贝卡利亚认为,就制止犯罪的有效性而言,重要的是惩罚及时(promptness),而不是*严厉*。Beccaria, *On Crimes and Punishment*, trans., by Henry Paocucci, Bobbs-Merrill, 1963, 特别是第 19 章。

时间内，违法犯罪总是趋于激增。例如，19世纪末，随着美国工业化、城市化的发展，犯罪违法和各种腐败现象相当严重。美国当时处于从社群/区向社会（from community to society）的转变时期，城市化以及大量欧洲移民涌入美国城市，导致大城市中违法犯罪激增。美国犯罪学家称这种现象为社会解体（social disorganization）[10]，或无序/失范（anomie）[11]。

此外，市场经济的发展、社会劳动分工的增加，也使相应的社会和职业道德日益多元，甚至常常冲突。这固然使个人有更多的职业选项，激发人们的各种创造力，其中也包括人们行为上的各种机会主义，许多行为可能对社会无害甚至有利，但也包括违法、犯罪或不轨。城市的诱惑、市场经济还更多激励了人们对自我利益的追求，传统道德和习惯，友情、亲情和爱情也难以与利益/事业的诱惑抗衡，为了经济利益铤而走险的行为到处可见。甚至，由于社会利益分化和职业分工，社会的道德规范意识也开始分化了，而分化的意味就是弱化，甚至间接或直接的对立。公众的道德趋于坦诚相告，而出于保护当事人的利益，律师职业道德——其实也是法律——则要求他在特定场合不说真话，或是说一些注定令人误解的"真话"。社会规范的多元化不但会弱化对违法犯罪的非正式社会制裁，更会催生各种形式的法律/社会规范规避，各种边际性的不法行为。久而久之，也一定会改变相关

---

10 如，Robert E. Park, "Social Change and Social Disorganization," in *Theories of Deviance*, 3rd ed. by Stuart H. Traub and Craig B. Little, F. E. Peacock, 1985, pp. 47-50; 又请看，帕克：《社区组织和未成年人犯罪》，帕克等：《城市社会学——芝加哥学派城市研究文集》，宋俊岭、吴建华、王登斌译，华夏出版社，1987年。

11 如，Robert K. Merton, "Social Structure and Anomie," in *Theories of Deviance*, 同注10，第107—138页。

行为的边界。[12]

我国目前在很大程度上就处于这样一个社会剧烈变化的时期。在市场经济大潮冲击下,无论社会组织结构还是个人的观念和心理都正经历空前的变化。据有关资料,1982年全国流动人口不过3000万人,1985年上升到4000万人,到1988年则猛增到7000万人,进入1990年代,特别是建立社会主义市场经济的战略目标确定之后,跨省流动人口一直超过8000万,还有1亿多人在省内流动。[13] 流动人口中,不仅有大量农民工涌进在沿海大中城市和其他经济发达地区[14],而且包括其他形式的城市流动人口,如大学生、经商者和公务人员。1985年之后我国实行身份证制度或许是一个最显著的证据,这既反映了市场经济需要更大程度的人员流动,也反映并促进了这种流动的程度。

然而,即便是为了适应市场经济的需要、促进了市场经济的发展,而且市场经济是我们社会的追求,仍然必须务实、必须承认,人口流动使违法犯罪有了更大更多可能。[15] 有研究表明,在

---

12 见, Emile Durkheim, *The Division of Labor in Society*, trans. by W. D. Halls, Free Press, 1984。

13 转引自张庆五:《我国流动人口发展的历程与对对策》,《人口与经济》,1991年第6期,第13页;牟新生:《改革和加强人口管理,促进社会生产力发展》,《跨世纪的工程——农村劳动力的转移和流动》,中国民主建国会中央委员会研究室编,民主与建设出版社,1994年,第20页。

14 据有关部门的调查和研究报告,城市流动人口的60%来自农村(杨金星:《中国城乡人口交流与人口控制》,《人口研究》,1992年第5期,第33页),有些城市(沈阳)的农村流动人口甚至高达90%("沈阳市流动人口问题及管理对策研究"课题组:《沈阳市暂住人口状况分析》,《人口研究》,1992年第6期,第24页)。又有报道,仅珠江三角洲就吸纳了3 400万民工,北京吸纳了100多万(游宏炳:《民工潮的呼唤:大力开拓农村就业渠道》,《瞭望周刊》,1993年2月22日,第8期,第3页)。

15 张庆五,前注13。

城市地区，流动人员、外地人犯罪占了极高的比例。[16] 更重要的是，由于受视角和关注点所限，人们往往忽视了当地人对流动人员以及外地民工之间或流动人员之间的违法犯罪。虽然也有些许研究或新闻报道[17]，但即便有，也未必准确，总体而言，更可能偏少，甚至严重低估。因为外来人口无依无靠，与定居城市的人相比，他们更缺乏时间、渠道和金钱以及其他支援诉诸法律，应对自身所受的不法侵犯，也更可能接受不公平的私了。他们相互之间发生冲突，也更可能诉诸同乡或其他熟人群体的相互援助，更少可能诉诸国家的执法或司法乃至其他法律服务。这就意味着，对流动人口的不法行为或犯罪，更少可能留下法律的记录。

三、社区控制力的弱化

流动人口急剧增加的另一面必然是社区的弱化，它令社区中原来遏制违法犯罪的一些有形或无形机制弱化了，这也为犯罪违法的发生或侵入创造了条件。

---

[16] 1994 年的一个报道，广州市的犯罪 80% 以上是外来流动人口作案。在上海，外来人口作案约占 70%（牟新生，前注 13）。北京繁华地区发生的各类案件中，70% 是外地进京人口所为。天津市公安部门统计，流动人口犯罪率为 9.33%，常住人口犯罪率为 0.36%。广州市 1986 年清查的卖淫女，外来人口占 90% 以上（何济川：《人口流动之忧》，《人口剪报》，1991 年 9 月 30 日，第 8 页）。厦门 1986—1989 年间外来流窜犯罪率日渐增高，分别占刑事案件数的 21%、28%、35%和 42%（庄求辉等：《略论厦门市外来暂住人口管理问题》，《人口研究》，1992 年第 5 期，第 44—45 页）。

[17] 关于针对外来流动人口的犯罪，未见到系统统计资料或研究，却常见个案报道。请看，"沈阳市流动人口问题及管理对策研究"课题组，前注 14，第 26—27 页；又请看，《天津洪江大都会强迫外来妹"三陪"》，《东方时空·焦点时刻》，中央电视台，1994 年 7 月 3 日。

首先是农村。但到目前为止，更多是在先前的农村，如今的城市新区和城乡结合部。由于城市扩大，由于租房的价格，外来流动人口也更可能在此地区居住，这些原先的城市郊区或农村地区很快就不再是熟人社区了。人口流动带来的城市问题这里都有，但这里往往没有城市中心地区那么多的警力，市政的基层组织也还在组建之中，人员也缺乏经验。更重要的是，这里人员流动更大，更频繁，即便行政上是一个社区，却不是一个有内在凝聚力和社区认同的社会学意义上的社区。这里无论是国家法的还是农村社区的社会控制机制都更弱，事实上，许多违法犯罪的事情更可能在这些城乡结合部，也可以说是现代法律与传统习俗接茬之处发生。

　　但在城市里，社区也在发生变化。除了街道这种社区外。在计划经济体制下，城市地区最重要的社区其实是党政军企业学校等各种"单位"。任何一个较大的单位几乎都相当于一个熟人社区。许多人的工作和生活长期甚至几乎一辈子都与他工作的单位相联系，交往的人也主要是同一单位的人。上班为同事，下班是邻居的现象相当普遍。由于"单位（学校、工厂）办社会"，单位还不仅有关工作，也有其他方方面面，包括吵架打架，也包括儿女亲家。就此而言，虽然生活在城市，人员也来自五湖四海，在完全与血缘亲缘无关的高度科层化甚至军事化的单位里，同一单位的人，就人际关系维度而言，与农耕村落居民的关系颇为相似。[18] 肇始于王朔的各类"大院文化"的作品对此都曾有生动刻

18　西方社会学者称这种社会结构为"城市村落"（urban village），如，Martin King Whyte and William L. Parish, *Urban Life in Contemporary China*, University of Chicago Press, 1984。

画。[19] 甚至不限于城市，类似的大院也出现在远离城市、建在内地或备战内迁的大厂或基地。在那里，有相对独立的稳定社区，人们的关系相当密切，即便不必然亲密。张家长，李家短，大家都了如指掌。张三若发现李四家的孩子有不轨行为，就会出面干涉，或及时——有意或无意地——告知李四。在这样的社会环境里，相互不设防，隐私很少，违法不轨或犯罪也很难。[20] 在这里，"群众的眼睛是雪亮的"。任何外人的出现都会引发众人关注，不因为警惕，只因陌生或新鲜的锋利，会将他或她当即刻入记忆。路不拾遗，夜不闭户，并非传说或美化，在当时农村是常态。在各种单位"大院"，甚至城市的市民街区，也大致如此，只是稍弱些罢了。

但随着市场经济发展，人员流动频繁，劳务市场和商品房市场发育，特别是1993年底启动了"房改"[21]，"单位"的这些先前因常态化而不被自觉、察知和理解的作用日渐削弱。即便眼下"单位办社会"的现象还看不出显著减少，却也被越来越多的人视为与现代社会发展不相适应。人们已开始并将越来越多地走出单位——即便恋恋不舍或忐忑不安——走进更大的社会，走进由更多陌生人构成的商品房小区。人们发现他不能再指望单位分房、"入托"，获得其他服务。在城市地区，单位仍然重要，却

19　王朔：《动物凶猛》，《王朔文集》，华艺出版社，1994年；《阳光灿烂的日子》，导演：姜文，1993年。

20　《动物凶猛》中，无师自通，凭着"溜撬"开锁，马小军几乎能进入大院内任何人家，他发现当时除有些干部政治品质可疑外，"贪官污吏凤毛麟角"。《动物凶猛》，前注19，第362页。

21　1993年12月，全国第三次住房制度改革工作会议提出：以出售公有住房为侧重点，售、租、建并举，政策配套，形成市场。参看，刘志峰：《加快城镇住房制度改革，促进住房建设的发展》，《人民日报》，1994年1月7日，第5版。

已不再像先前那样发挥组织构建社区生活的基本单元的作用了。单位的人员流动性也更大了，频率也更高了，同事之间相互不知底细的也增多了。人们发现自己交往的人们越来越多是暂时的、片刻的、事务性的；还发现工作交往的人与生活小区的人日益有了分别。

由于城市生活工作节奏加快，一早出门，天黑才归，即便邻居之间也很少来往，都可以改一改王勃的诗句，"比邻若天涯"；你甚至不知道你的邻居姓张姓李，什么职业，家里几口人，有何爱好或习惯——因为你也不想知道。人们在变得格外独立时也变得日益隔膜起来，在获得宁静时却获得了孤寂。塔楼里单门独户自成一统使人们偶尔会怀念——尽管是被时光距离浪漫化了的——四合院的嘈杂和亲密。劳动分工和市场服务的增加和便利也使之前的许多"关系"变得不重要了（尽管某些关系对某些人变得更重要了）。至少人们不必为获得某种商品或服务而巴结一位售货员或司机。"隐私"就这样被变革的社会逐步构建起来，变得日益丰盛、庞杂，甚至肥大。因为，尽管对普通人也很重要，但一定要记得，隐私对于犯罪违法者更重要，对于逃避法律制裁以及其他社会规范的约束更为重要。近年曾有报道，光天化日，有窃贼将住户洗劫一空，同楼住户还以为是邻居搬家。又有同楼人遇害多日，尸体发臭，才引发邻居的注意。这类事件在四合大杂院里或先前的单位住宅楼几乎不可想象。

社会主义市场经济不仅是当今中国的改革追求，如果回头看，这也是近代以来中国经济社会发展的必然和长期趋势，劳务市场、人才市场、商品房市场的发展，人们终身或长期工作生活在某一地、某一单位的情况一定会越来越少。不仅中国农村会有根本改变，城市的社会组织结构也会进一步分化和重构，而且到目前为止，看不出有其他替代社会机制可能有效履行相应的功能，因此，在中国法制发展完善的过程中，中国城市的违法犯罪现象肯定会趋于增加。经济基础决定上层建筑，但这不意味着市场经济可欲，市场经济本身足以最终消除甚或减少违法犯罪。

甚至还必须理解，社会变革一定伴随了对既有规范的突破。着重号暗示的是，即便从规范层面应当区分优劣好坏，但就实然层面而言，这一突破常常是甚至只能是鱼龙混杂、良莠难分的。革命不是请客吃饭，不可能那样雅致，从容不迫，文质彬彬，温良恭俭让；而改革也是一场革命[22]，不突破就很难有深刻的社会变革，或范式转换。即便改革者清醒意识到革命的这一特点，努力避免或减少损失，也难免。从这个意义上讲，人们的种种行为突破既有的各种社会规范，包括某些国家法律，是不可避免的。也因此，一方面，在市场经济条件下某些并不违规的行为，如吃回扣、拿佣金和某些投机行为，只要与之前的法律和社会规范冲突，就可能被习惯既有制度的人们一律视为违法甚至犯罪。另一方面，在这种社会变革情况下，由于缺乏新的且扎根于人心和习惯的规范，一旦"野性"或"自然"欲望激发起来后，很难止步，甚至会不断加码，乃至侵害他人和社会的法定利益。例如，随着市场经济的发展，金钱和物质享受在人们心目中地位显著提升，对金钱和享受的原有各种限制被打破，而新的规范很难形成，更难在社会扎根，至少一些人太容易不择手段追求金钱和物质享受，直至违法犯罪。而且，对一些新出现的市场经济活动，

---

[22] 毛泽东：《湖南农民运动考察报告》，《毛泽东选集》卷1，人民出版社，1991年，第17页；邓小平：《我们把改革当作一种革命》《改革是中国的第二次革命》，《邓小平文选》卷3，人民出版社，1993年，第81、113页。

如股市和期货市场，不仅缺乏可精细操作的法律规则，更缺乏全面深入有效的监管，追逐个人收益最大化的人，往往不择手段，直接冲击法律规则，还能逃脱惩罚。这势必激发更多违法犯罪。

四、价值多元与舆论压力弱化

市场经济的发展也给对违法犯罪者的制裁、教育和改造带来新问题。

这可以分为两个方面。首先是与市场经济发展伴随的观念多元和人的个体化对教育改造违法犯罪者带来的困难。一般说来，市场经济的发展是与社会道德价值观念的多元和分化相联系的。[23] 换句话说，是社会变得更"宽容"了。由于职业、背景和利益的不尽相同，人们对问题的看法、行为方式必然会有不同。社会对行为的评价也会不同。一些人认为是投机营利的行为，另一些人可能认为是搞活经济，思想开放。一些人的洁身自好，安分守己，会被另一些人认为是保守和无能。而在市场经济条件下，更大可能是个体主义发展，集体主义削弱，从而导致对他人的行为——只要不直接涉及本人利益——趋于漠不关心。社会不强求一致，也不追求一致。

由于社会变得更"宽容"了，许多违法犯罪也就不再承受足够的社会舆论压力，有些甚至会被人们认为可以原谅。公众对许多行为的评价不再像先前那样统一，反应也不再那么强烈和持久，甚至会因为权衡某些经济利益而予以迁就，所谓大胆使用犯

---

23 请看，涂尔干，前注12。

过错误的"能人"。[24] 也有人以改善投资环境为名主张宽容诸如"三陪"这类现象。不是完全没有道理，社会上合法和违法行为之间从来不是黑白分明，常常有很宽的一个灰色地带。但问题是如果社会对违法犯罪行为没有足够的舆论压力和坚决的排斥，这其实是降低了一些人不轨违法甚至犯罪的代价。只要代价低了，相对收益就大了，这意味着会有更多人铤而走险。一般说来，预防违法犯罪的最有效的社会条件之一其实不是事后的惩罚，而是社会对违法犯罪者普遍、持久和强烈的憎恶和排斥。潜在的不法者在准备实施不法行为前，必须准备牺牲周围人们对他的信任和认同，接收一种受孤立、少有信任、被人躲避甚至敌视的社会环境。对自身行为的成本收益的盘算，甚至不必是清醒的，就足以让人们自觉回避不法行为。[25] 如果社会缺乏明确、确定、统一和强有力的社会舆论评价标准，不仅会削弱这种更为有效的事先预防不法行为的社会机制，而且也会改变前面提及的不法行为的"灰色地带"，换言之，会有更多不法行为出现，社会的道德伦理底线会进一步降低。

在这种条件下，甚至改造违法犯罪者也变得更为艰难。如果没有相对明确、统一的标准，没有强有力的社会共识，甚至违法

---

[24] 因滥用职权徇私舞弊被开除公职、开除党籍，并被判有期徒刑 2 年的某省前省长，刑满释放半年后，受聘出任海南华夏实业发展公司总经理，4 年后再受聘青岛银滩开发总公司总经理。刘袭：《倪献策在海南》，《南风窗》，1990 年第 9 期，第 38—39 页。还并非个别现象。陈立达：《用人的主要政治标准：生产力标准》，《领导科学》，1988 年第 9 期；吕坚、黄宏海：《以经济能人为龙头，带领百万农民奔小康》，《社科与经济信息》，1994 年第 12 期；黄志伟、罗广斌：《"能人"启用后应注意的几个问题》，《中国人才》，1993 年第 5 期。

[25] 参见，Richard A. Posner, *Economic Analysis of Law*, 4th ed., Little Brown and Company, 1992, pp. 223, 226；又请参见，贝克尔：《人类行为的经济分析》，王业宇、陈琪译，上海三联书店，1993 年，第 4 章。

者被认为是"能人"或是"犯了错误的能人",他就没有压力自我改造,甚至他内心就不认为自己有罪或有错。甚至,他会认为自己是不幸"撞在枪口上了"或"被抓了典型",他更可能认定自己的行为没什么,只要有机会,他可能再次违法犯罪,而且更注意如何"依法"。这是法治的一个死结,即孔子当年尖锐指出的:"道之以政,齐之以刑,民免而无耻。"[26]

违法犯罪者的改造,至少在一段时间内,可能面临另一难题。由于经济体制变革,刑满释放者的就业就会成为一个问题。前面说到市场经济促使社会对人们的行为评价不再强求一致,不再那么排斥曾有违法犯罪记录的人。但一般而言,在市场经济引发的陌生社会中,人们更需要简单、直观但往往粗暴的标签来评判筛选交易对象,因此违法犯罪记录就更可能成为此种标签。也因此,各种雇主更有可能用违法犯罪记录来筛选劳动力,并因此客观上会歧视有违法犯罪记录的人。因此,即使社会道德伦理上可能更宽容他们先前的行为,但在就业而言,社会对这类人反而会更苛刻。换言之,除非他们自我创业和就业,否则的话,他们的就业再就业都比其他与之相当的人更难。歧视,这在任何社会都是个麻烦。只是在计划经济体制下,这些人的就业问题常常还可能通过政府协调或以行政命令的方式予以缓解。政府理论上也有义务帮助他们就业,回归社会。只是随着市场经济发展,即便国有企业事业单位的用人自主权扩大了[27],最好的情况下,也只可能是有关部门同用人单位协商解决。更多时候,只能是刑满释放人员自谋出路。然而违法犯罪记录令他们在就业问题上明显缺

---

26 杨伯峻:《论语译注》,中华书局,1980年,第12页。
27 陈好彬:《刑满释放人员就业问题》,《法学杂志》,1987年第5期;桑东坡:《谈谈释放人员就业安置的立法问题》,《河北法学》,1991年第2期。

乏竞争力。这显然不利于他们作为守法公民重返社会。尽管中央相关部门联合发文，强调加强对刑满释放、解除劳教人员安置和帮教工作[28]，但随着市场经济的进一步发展，这种工作很难推进，难度只会增大。这对犯罪改造是相当不利的社会条件。如果没有其他更有力的法制措施，有可能同前面提及的其他因素一起引发更多的累犯、更多的违法和犯罪现象。[29]

五、可能的应对

以上分析表明市场经济发展会伴随违法犯罪的增加，但这反映出经济变革引发了社会变迁，令原先防范违法犯罪的机制不再能有效回应社会变迁的需求。确实，古人说过"仓廪实则知礼节，衣食足则知荣辱"[30]，很对，但"知"与"行"不是一回事；更何况"饱暖生淫欲""人心不足"。不能指望市场可以自动解决此类问题，不能天真，更不能为支持市场经济改革而拒绝直面社会事实。当然，实行市场经济的国家或地区也有犯罪违法率较低、治安和社会风气也很不错的，如新加坡。这最多也只表明，通过努力，有可能重建良好社会秩序，有效遏制和预防犯罪违法。

---

[28] 1994年2月14日，中央社会治安综合治理委员会、公安部、司法部、劳动部、民政部、国家工商行政管理局联合发布了《关于进一步加强对刑满释放、解除劳教人员安置和帮教工作的意见》（综治委〔1994〕2号）。

[29] 补注：2004年2月6日，中央社会治安综合治理委员会、司法部、公安部、劳动和社会保障部、民政部、财政部、国家税务总局、国家工商行政管理总局联合发布《关于进一步做好刑满释放、解除劳教人员促进就业和社会保障工作的意见》，其中很重要的一点是有关这类人员的社会保障制度化和规范化。

[30] 郭沫若：《管子校注》（牧民），人民出版社，1984年，第34页。

基于前几节的分析，如果引发犯罪违法增加的最重要因素是市场经济带来的社会流动性，改变了社会组织结构以及人们的观念和行为方式，那么许多先前曾经有效的应对措施就很难继续有效了；与计划经济体系相适应的社群也很难恢复了，即使恢复了，也只会流于形式，其功能和效力都将有限。在一个熟人街区，居委会对防范违法犯罪会起点作用；一旦人口高度流动，居委会的这类作用就会急剧衰减。思想品德教育似乎曾是预防违法犯罪的有效方法（说似乎，是因为有街区/单位/村庄这类小社区的压力），但在市场经济条件下，对大多数人来说，道德远不如利益更有诱惑力；社会价值的多元，往往令思想品德教育流于说教；普法教育最多也只能令公众"知法"，却很难令公众自觉守法，因为知与行许多时候确实是两回事。而随着市场经济的发展，社会分工日益细化，尤其是在城市，家庭的功能也会相对萎缩，家庭既不是生产的基本单位，也往往不是教育后代的基本单位了，因为学校的作用加大了，社会通过电视、电影、书籍和同龄人对学生的影响加大了。事实上，随着社会流动性增加，家庭会变得不稳定，单亲或再婚家庭会增加。这些因素也都可能令青少年违法犯罪增多，尽管独生子女政策可能会有相反的作用。

如果稳定的社区组织结构是预防违法犯罪的重要变量，那么就不能排斥先前的有效做法和经验，更关键的是要在市场经济条件下努力促成社会功能替代的新机制。我指的是，在市场经济条件下产生，与市场经济相兼容，有预防违法犯罪功能的新的社区机制。

具体说来，在我国目前，在放松和逐步取消人员流动限制的同时，应注意建立缓解人员流动的社会机制和条件机制。其中最重要的或许是注意促使各地区经济发展相对平衡，缓解人员流动增加趋势,因为促使人员流动的主要是经济因素。据报道,我国目前农村的剩余劳动力高达1亿～1.5亿人,每年新增劳动力600万～700万人;到2000年,农村剩余劳动力可能超过2亿。[31] 农村剩余劳动力固然为东部沿海以及其他经济较发达地区提供了充分的劳动力,但高速发展的经济也未必能有效吸纳如此多的剩余劳动力。大量流动人口进入城市,若无足够的就业机会,极有可能加重违法犯罪问题。因此,发展乡镇工业和农村经济,不仅有经济意义,从社会学和犯罪学角度来看,也是保证社会安定、稳定转变社会结构、预防违法犯罪的最重要措施。许多社会学、经济学和人口学工作者以及各级政府如今都在探讨离土不离乡、发展乡镇工业、搞活内地经济问题[32],从法律社会学的角度看,非常重要,也非常必要。

在城市地区,则应注意建设相对稳定的新型居住生活社区,特别是普通百姓的居住区。由于市场经会促使社会高度分工,先前所谓的"单位办社会"的现象会日益减少,商品房市场发展会引发居住社区的陌生化。如何建立相对亲密的社区关系,依据什么基础,这不仅对于预防违法犯罪——包括青少年犯罪——非常重要,对于改善都市社会人们在工作之外的生活质量也有重要意义。很自然,流动人口已经成为今天城市人口的一部分,如何加强管理,培养他们的认同,也很重要。

---

31 《跨世纪的工程:农村劳动力的转移和流动》,前注13。
32 这方面的资料很多,请看,《跨世纪的工程——农村劳动力的转移和流动》,同注13;夏海勇:《现代人口转变的苏南模式及其运行机制》,《人口研究》,1992年第5期,第13—18页;吴立志:《江苏农业剩余劳动力转移的历史回顾》,1992年第1期,第38—39页;王海忠:《改革中的农村社区发展与人口控制》,《人口研究》,1992年第4期,第34—39页;黄立佳:《关于城市流动人口问题的几点思考》,《人口与经济》,1991年第2期,第16、18页。

还必须加强治安警察的建设。西方国家治安警察的出现就是与现代资本主义的发展相联系的。并随着城市的发展，警察数量增加，执法素质提高。[33] 而据1990年的一个报道，我国内地目前的警察和人口的比例只有万分之七，而在我国香港，该比例高达万分之六十七，在美国，该比例是万分之五十，在苏联，该比例是万分之四十。[34] 即使考虑到城市化程度，我国警察数量也太少，因为我国城市人口总量已大大超过美国全国人口，但警察总数仅相当于美国的2/3，更不用说警察的装备和机动性。没有相当数量、一定质量且装备精良的治安警察队伍，很难有效打击和预防犯罪违法，维护社会治安。

要注意保持一定强度的社会道德舆论压力。这种社会的压力是迫使人们不敢违法犯罪和有效改造违法者和罪犯的重要条件之一。当前，我认为尤其要注意对有违法行为或犯了罪的"能人""名人"的严格依法处置，不姑息迁就，包括舆论上不宽容。这不仅涉及法律面前人人平等的原则，更重要的是，这些人的社会影响力，令他们的违法犯罪行为对社会道德观念的冲击更为严重，他们也能通过各种关系获得关照，包括高价聘请更好的律师服务；也有人"爱才"，愿意找种种借口宽容他们[35]。这也并非对他们格外苛刻。从社会角度来看，这其实从来都是社会的竞争机制的作用，因此才有了"人怕出名猪怕壮"的说法，而你既然选择了"出人头地"，或手中有权，或影响广泛，社会有理由

---

33 Jonathan Rubinstein, *City Police*, Ballantine Books, 1973, ch. 1.
34 转引自，梅洁：《橄榄色的世界》，《人民文学》，1991年第5期，第21页。
35 诗人顾城1993年杀妻后自杀，不少人分析诗人自杀的文化意义，惋惜其才华。对此的批评，请看，俞吾金：《顾城之死及其议论》，《书城》，1994年第4期；李钧：《黑色的灵魂及其他——关于顾城杀人、自杀一事所闻所想》，《文艺理论与批评》，1994年第3期。

对你要求严格。超出法律，强调保护"能人"，除了计划经济的影子，还会成就一种社会特权。[36] 真正的"能人"一定要经得起竞争的挑剔，而不是享有法律或社会舆论的特殊保护。

　　保持社会道德舆论压力在相当程度上会是渐进改革保持社会相对稳定的结果。渐进对中国这个大国非常重要。渐进不等于缓慢，只是说，改革是头等大事，却非唯一重要，更加注意保护社会中已有的秩序，才有改革的基本前提，改革也才有保证。社会生活极为复杂，有许多社会制度及其功能我们天天受其影响却并不自觉，视而不见。究竟有哪些重要的因素催生了这些制度，我们也并不理解。例如，风言风语在法社会学上就是各种社区中普遍存在的一种社会控制机制。[37] 这意味着，我们很难仅仅依据现有的理性或知识来完全了解社会，对未来进行理性设计和周密安排。一旦破坏了这种环境，破坏了诸多因素的协调，许多理性设计和安排就可能无效。因此，建设法制的重要意义之一其实是让社会在相对稳定状态中逐步发展，让原有社会机制在新的社会条件下蜕变、转化和发展。历史经验表明，激烈、快速的社会变革，即使有细致的规划和善良的意愿，也可能陷入社会混乱，需要较长时间来重建社会秩序。安定的社会秩序和良好的道德风气，通常只有在社会相对稳定、人们预期确定的条件下才能形成和发展。此外，渐进也并不必然是不彻底的变革，化腐朽为神奇，即使起初人们认为需要变革甚至革除的机制也可能蜕变出新

---

[36] 本文发表几年后，针对褚时健案中律师为褚辩护的要点之一就是，"个人贡献与个人所得不成比例"。冯象曾就此质疑。冯象：《腐败会不会成为权利?》，《读书》，2000 年第 8 期。

[37] Robert C. Ellickson, *Order without Law: How Neighbors Settle Disputes*, Harvard University Press, 1991.

的功能，适应社会的新需要。[38]

以上看法，不可能是市场经济条件下预防和减少犯罪的全部措施，也不一定有效，有些甚至可能与某些发展建立市场经济的直接措施有冲突。但市场经济社会绝不仅有市场，只顾市场，一定涉及社会生活的其他方面，相互协调才有可能更好地发展。一味强调社会生活的其他方面服从市场经济利益，不但会使人们"端起碗来吃肉，放下筷子骂娘"，市场经济也无法真正扎根和顺利发展。

1993年7月13日初稿
1994年5月修改于北大蔚秀园寓所

---

[38] 例如在日本，儒家的家族观念和集体观念在资本主义市场经济的条件下使工人们在就业问题上基本上是"从一而终。"这种风气使日本社会的流动人口相对小，人们容易形成对周围的人们的责任感。虽然对这种"从一而终"的利弊有一些争议，但它对社会的稳定安定从而预防控制违法犯罪肯定是有正面作用的。新加坡有效地利用儒家学说来加强对违法犯罪的控制是另一个作用。当代西方社会中许多职业社团显然带有中世纪的基尔特色彩，这些社团，特别是律师和医生协会有相当严格、明确、细致和系统并可实行制裁的职业道德规范，有效地控制着这些职业工作者的违法犯罪。

市场经济对立法的启示

> 现在我所见的故事也如此。……水中的青天的底子,一切事物统在上面交错,织成一篇,永是生动,永是展开,我看不见这一篇的结束。
>
> ——鲁迅*

一、问题及其意义

在市场经济条件下,社会资源主要由市场来配置。按照经济学理论,在市场交换中社会资源的配置将趋于最有效的利用,即效用的最大化。那么应当如何立法,立法应考虑什么因素?许多学者已经正确地指出,立法应兼顾效率与公平,但怎样才是有效率的立法,却未有深入和具体的研究,效率与公平只是两个词停留在口头上。更重要的是,在论及效率和公平时,一些论文依据的往往是传统的法律理论或外国市场经济条件下的立法经验。它

---

* 《好的故事》,《野草》,人民文学出版社,1979年,第24—25页。

们认为，法律应当作为政府保护社会正常发展运转的机制干预经济活动，它们提出以法律保障社会公平，保证市场机制正常有效，反不正当竞争，保护消费者利益，实行有效和必要的国家宏观调控，打击犯罪违法，保障经济发展稳定有序。[1]

这些理由都不错，但理论上有重大弱点。首先，这种观点不是，或未能充分从市场经济运作的原理本身来讨论立法。法制似乎是外加在市场上的（自然，也就可以与市场经济分开）。虽未明说，它把法律仅仅理解为成文法，并假定通过法定程序制定的法律必然公平，足以作为市场的中立和公平裁判者来保证市场经济运行。在这些未经反思的假定和预设的指导下，"市场经济就是法制（或法治）经济"口号获得了法学界几乎一致的赞同。所谓加强法制，就是加强立法，以成文法来规范、约束、促成和发展市场。然而，这样的理论辨析不仅违背了马克思和其他思想家有关经济与法律之关系的基本理论；而且，由于法律、国家与市场经济没有内在的固有联系，实践上，就很容易出现以加强法制建设为由，为满足社会一时的要求，目光短浅地追求所谓的完善法制，结果却很可能是法制阻碍了市场经济发展。

其次，这种经济与法制相分离的理论实际上否认了立法、执法和司法等活动在特定层面上看也是经济的活动，它耗费资源同时也产生收益（无收益）。经济与法制两分的视角太容易把立法以及政府对市场经济的规制视为无需成本的活动，无法判断什么立法更适合市场经济，不关心何种立法更有效率，这就太容易对市场经济作无效或起码是不划算的法律干预。看起来以市场为中

---

[1] 这类文章很多，其中可能比较有影响的（实践上）有，肖扬：《法制建设与市场经济必须同步发展》，转载于《新华文摘》，1994年第3期，特别是第26—27页。

心，这种观点实际上还是视法律只是一种政治行为。

最后，依法律与经济分离的思路来设计市场经济的法律体系，还注定会把有关市场经济的立法与其他法律分离开来，有关法律的基本理论缺乏内在统一性和融贯性，各部门法律之间也缺乏内在关联。这种观点看似以马克思主义的经济基础与上层建筑的辩证法为指导，实际上很机械，背离了马克思主义的社会整体观。

本文从两个典型的立法决策个案切入，试图指出，在研究市场经济的立法时，除了意识到法律——"宪令著于官府"——是国家规制社会经济生活的手段外，还必须，当前则尤其应当，注意从经济的维度，即成本收益的维度，综合考察，指导立法，甚至相关的执法和司法，努力整合法律成为市场经济运作的内在和有机组成部分。

二、破产法，为什么难执行？

首先以 1986 年 12 月颁布试行的破产法为例。[2] 当时立法讨论时的概括是，"它将有利于促进竞争，做到优胜劣汰，改善企业经营管理，提高经济效益，是诊治企业吃大锅饭的对症良药"，这显然是旨在改造计划经济，使其向市场经济转变的最早立法尝试之一。[3] 从理论上讲，市场经济确实需要破产法。它追求的是

---

[2] 《企业破产法（试行）》，1986 年 12 月 2 日第六届全国人民代表大会常务委员会第十八次会议通过。

[3] 《制定企业破产法有利促进竞争》，《人民日报》，1986 年 6 月 22 日，第 1 版。又请看，袁木：《关于制定企业破产法的几点认识》，《人民日报》，1986 年 12 月 6 日，第 2 版。

在市场经济条件下对投资者、债权人、债务人的所有权可能有的更为有效的保护，也有利于市场经济的发展。这当然是当时中国高层政治决策者的核心关注点之一，事关当时中国国营企业的改革和发展，事关中国经济发展的大局。[4] 在当时中国的经济体制下，这个选择当然有道理，但很难说是最有可能推进和生效的突破口或之一。即便对债权人、债务人的所有权保护得最好，也是远远不够的，国营企业的职工怎么办？即便对中国经济的长远发展至关重要，但如果过不了眼下这一刻，其实就没有未来。[5] 若从经济学的观点来看，在其他制度法律有保障并且人们已习惯了破产制度实践的前提下，破产法的意义颇为有限，它只是依据破产法预先就大致确定了相关人的法律预期，减少了可能的争议，从而降低了保护债权人和债务人所有权的交易费用（包括破产后财产的分配）。通过确定程序，破产后的财产分割不必个案分别协商甚至诉讼处理，这就如同围棋中的定式，弈者不必每步应对都展开全盘的利弊分析；对整个市场来说，这就便利了投资者的资金流动，资金被投入潜在收益最大的企业，原则上促进了资金的有效利用，同样降低了交易费用。

但这只是在理论层面上。在直至目前的中国社会中，破产法的试行，没有减少决策人或行为人的交易费用，反而增加了交易

---

[4] 法律委员会审议该立法时认为，制定企业破产法"有利于促进我国国营企业改善经营管理，提高经济效益，保护债权人、债务人的合法权益，维护社会主义经济秩序"。《人民日报》，1986年8月28日，第4版。

[5] 立法审议时，曾有不少委员认为，经济体制改革是一个复杂的过程，单搞企业破产法恐怕难以顺利实施，还要考虑把它同相互关联的法规统筹配套，并特别提到了劳动法、社会保险法。《制定企业破产法有利促进竞争》，《人民日报》，1986年6月22日，第1版。

费用，有时几乎就是给自己添乱。以破产法主要起草人赞美的一个"成功"的破产案为例。某纺织厂提出破产后，工人们扣留了市纺织局的处长和局长，设置路障，打出"要工作，要吃饭，要生存"等横幅，以致该市市委书记和市长都不得不"到工厂与职工见面，就产业结构调整、职工生活保障、破产后的就业等职工关心的问题作了解答，给职工们讲明了企业为什么要走破产的路和政府决心按破产法办事的态度，并尽量为职工安置提供帮助，等等。经过大量的宣传、思想工作，职工们感到企业破产已是大势所趋，逐渐接受了破产的事实"。

此后，法院两次召开债权人会议，成立了由11个部门29人组成的清算组接管破产企业。又有财产评估，决定拍卖，划分不纳入破产的财产，对该厂下属单位进行安排处理，对职工（包括离退休职工）也进行了联系安排，政府还拿出钱来鼓励一些企业接收部分职工。[6]

经过各方面的工作，这个企业破产转型后取得了很好的经济效益。就这个企业来看，这个破产是成功的，但这里已显露出破产法自身以及法律制度配套等众多问题。如果不是以破产改制（一个纯政治性标准）为标准来衡量，要综合考虑法律付诸实践的成本收益，我们甚至可以说这个成功个案仍然是失败的。为完成这一交易，法院、政府、银行、工厂、职工都花费了大量人力、财力、时间，全都有机会成本。这一破产实践固然体现了当地政府贯彻破产法的决心和措施有力，但如果市委书记和市长必须如此"深入群众""真抓实干"，那么这在什么意

---

[6] 北京思源兼并与破产咨询事务所编著：《困境与出路：中国企业兼并与破产手册》，经济管理出版社，1993年，第465—469页。

义上是法律措施而不是行政措施？这样的破产法实施与以行政措施关停并转一个工厂有多大区别？难道只是为了"破产"之名吗？法律的意义或优越性究竟何在？要知道，在破产法的推动者眼中，这一破产案还是最成功的！此案还发生在1992年6月至1993年年初，在社会主义市场经济已全面推进的氛围中！也难怪，许多地方的政府、法院、银行等都不愿推进破产法实践，政府情愿以这些人力、财力和时间做些其他更有成效的事，宁可获得收益来补偿亏损企业。有的地方在可能出现社会大风险的情况下干脆退让了。[7] 简单责备政府决心不大、不坚决是不公正的。经济改革的最终目的是发展生产力，而不是为了一个改革的名号。

实行破产法之所以交易费用过高，原因很多，没有司法活动的"规模经济"（在此，规模经济指司法规范化、程序化和批量化，而不是个案处理）是原因之一；法律不配套、社会条件不成熟也是原因。但这不是要点。我不是说中国不需要破产法，我想指出的仅仅是：立法不能仅仅关注理论原则，盯着一个改革目标，不考虑操作。当然可以，甚至必须借鉴外国经验，但即便是西方一些国家通用的立法或做法，即使理论论证可以大大降低交易费用的立法，在不同国家、不同地区、不同时期也都完全可能有显著的交易费用差别（或减少不同的交易费用），甚至不必然，或在中国某一时期不必然，减少交易费用。制定法必须为人们接受，或易于为人们接受，否则的话，行为人就更可能以其他交易费用更低的方式（包括法律规避）

---

[7] 同上注，《困境与出路：中国企业兼并与破产手册》，第472—473页。

来解决纠纷。[8]

三、另一个例子——国库券市场的建立

与破产法立法至今为止的无效率（经济学上的定义，指投入大于收益，不等于完全无效）相比，建立国库券市场的决策可以说是一个效率高、成功的广义立法。

为了集中社会资金，进行社会主义现代化建设，中国政府从1981年起开始发行国库券。但直到1984年的国库券条例，都明文规定："国库券不得当作货币流通，不得自由买卖。"1988年之前，中国政府发行的国库券禁止私人之间买卖。然而，主要随着个体经济的发展及其资金需求的增加，以及物价上涨等因素，出现了国库券买卖黑市。这就迫使1985年的国库券条例作出了些许调整，规定了"国库券可以在银行抵押贷款，个人购买的，

---

[8] 江苏省建湖县的调查报告就说明了这一点。该县的经济诉讼案件在1992年以前呈上升趋势，1993年以后（邓小平同志南方讲话、市场经济全面推进之后）提起诉讼的经济案件反而急剧下降。调查发现，根据不完全的统计，该县有经济纠纷近万件。企业所以不起诉，主要是怕打官司断了业务往来，因此情愿私了；怕赔了时间，最终还是执行不了；怕交不起诉讼费，特别是诉讼标的越大，诉讼费越高；怕自身企业某些人员经济上不干净；怕揭了家底。（杨德清、邵金淦：《为何企业有经济纠纷不起诉》，《经济参考报》，1993年8月8日，第4版。）这些"怕"中，至少前四条都涉及诉讼活动未能降低确保合同执行的交易费用，尽管理论上看法律会减少交易费用。企业在理性选择、追求自身的财富最大化的过程中因此规避了法律和诉讼。这表明并非有了法律，即便是理论上促进市场经济发展的法律就必然能减少企业间的交易费用。必须考虑到（当然不能一味迁就或随机应变）人们通常的行为规范。在此基础上的法律与市场经济活动的联系更紧密和自然，由于其是最经济、成本最小而收益最大的规则，同经济活动一致，也能被自觉遵守。在此情况下，人们不是把法律当作法律来遵守，而是作为利益来追求的。

可以在银行贴现"。⁹ 但黑市行为仍然有违当时的国家法律，在名义上，甚至也可以说使一些人财产受损，少数人却从中获得巨额利润。而不能交易，这就造成了国库券发行难，只能实行计划分派。出于维护法律、保障经济秩序、保护多数人的利益等理由，当时有不少人主张公安和工商部门联手打击国库券贩子。¹⁰ 面对这种情况，在理论上，至少有三种可能的法律选择。

第一是停止发行国库券，并将已发行的国库券回收。这显然会从根本上消除倒买倒卖国库券的现象。从司法执法上看，也不需要增加新投入。就废除国库券黑市来说，这种方法可以说最有效。但这种选择虽然有效且成本很低，却使国家失去一条有效吸收社会资金投资建设、扩大再生产、加快经济发展的重要渠道。在这一意义上，国家和社会都会失去了相当大的经济收益。这是一种成本小收益也小的选择。

第二是如同不少人建议的，继续发行国库券，同时增加工商执法人员、公安民警，打击国库券贩子，严厉取缔黑市买卖。这种方法是直至目前我国在加强法制建设时最常采用的措施，因此常常是立法者、决策者的第一选择。尽管能继续获得发行国库券的收益，但这一选择有明显弊端。首先，倒买倒卖国库券的现象不可能根除。其次，如果要有效并长期取缔甚或限制黑市，必定需要长期投入大量人力物力。再次，与上一点相联系，在执法的人力物力有限的前提下，国家在此大量投入，必定会影响国家在其他方面的投入，甚至影响社会某些方面的正常运行。又次，如果国家不增加投入，司法执法机关内部就必须重新调配人力和其

9　《一九八五年国库券条例》（1984年11月27日）第9条。
10　这种选择上的争论，请看，《对国库券贩子怎么办？》，《人民日报》（海外版），1988年9月3日，第1版。

他资源,因此有可能影响其他方面的司法执法工作。最后,若不改变司法执法机关内的资源配置,要求有关执法司法人员"加担子",这笔费用实际将由司法执法人员个人承担起来。也就是说,只要这样决策,无论如何都必须增加投入,不同的只是谁来投入,是由国家、司法执法机关自身还是司法执法人员个人来投入。这是一种有收益但成本更高的方法。

第三种选择,也是中国政府实际采取的选择,先是1989年允许转让和在银行抵押贷款[11];试验两年后,于1991年指定了一些交易场所,1992年又批准了其他交易场所,建立了国库券市场,使证券交易合法化。[12] 从国家来看,当时也许只是作为一种便利的经济选择,一种行政措施,但它也是一种法律选择。(在1992年之前国库券条例都是每年颁布,虽然有法律性质,但更像是临时措施,不是,似乎也没打算形成法规,建立稳定的制度。1992年颁布了《国库券条例》,成了一部国务院法规。)它很快消灭了国库券黑市交易以及相关的一些弊端,保证甚至扩大了国家发行国库券的收益,政府基本不需要投入或至少无需长期投入大量人力物力。甚至,至少从理论上讲,国家还可以从国库券交易市场征收交易税,该交易市场还为一部分人提供了工作。再扩大一点,从今天回头来看,这一选择也有利于后来我国证券股票市场的形成和发展,有利于社会主义市场经济的形成。这种选择也许也有些弊端,要支付成本,但相比起来,这种选择成本很小,收益很大。

---

[11] 《一九八九年国库券条例》(1989年3月2日)第10条规定:"国库券可以转让,可以在银行抵押贷款,但不得作为货币流通。"

[12] 《一九九一年国库券条例》(1991年3月29日)第10条规定:"国库券可以在国家指定的交易场所办理转让"。《国库券条例》(1992年3月18日)第9条规定:"国库券可以转让,但是应当在国家批准的交易场所办理"。

四、立法效用最大化——启示之一

这两个例子比较极端。应当说,近年来我国在建设社会主义市场经济、加强法制建设的过程中,许多立法或决策并不像上面这两个例子那么简单明了,可以轻易地进行收益和成本的分析,而且各个决策人对收益和成本的估价也不同。我这里不想进入更深层次的关于成本收益的立法分析,而只想从这两个例子所具有的典型性出发,提出其对我国立法的启示。

效率原则目前已经为人们承认是我国经济建设的首要原则,立法和司法应当维护这一原则,这一点已经确定。但立法仅仅考虑到为市场经济服务就可以了吗?上面的例子表明,立法自身同样要注重效率的原则,遵循效用最大化的标准,就是要用最少的钱办最大的事。[13]

这是因为立法和与之不可分离的司法和执法,都必定要有成本,也追求成效和收益,就此维度而言,可视其为是一种经济活动。[14] 通常认为,或表面看来,只有狭义的经济生产部门的活动

---

[13] 这并不是否认或忽视了立法的公平。因为,严格说来,不公平的立法肯定不会效用最大化,甚至很难有效推行,如在此讨论的破产法(试行)。此外,我国目前确定的经济体制改革的重要原则之一是"效率优先,兼顾公平"。《中共中央关于建立社会主义市场经济体制若干问题的决定》(中国共产党第十四届中央委员会第三次全体会议 1993 年 11 月 14 日通过),《人民日报》,1993 年 11 月 17 日,第 1 版。

[14] 关于经济学的定义,可参见 Richard A. Posner, *Economic Analysis of Law*, 4th ed., Little Brown and Company, 1992, pp. 3-4。也因此,近年来,我国已经将法律称为一种服务商品,律师业已列入第三产业,需重点发展。在经济学上,立法和司法等法律活动通常也被认为是由国家生产的公共品。

市场经济对立法的启示

才是"经济的"活动,才需要顾及成本,考虑产出。事实上,在任何社会,立法以及与之相随的执法和司法,都针对了社会中必须以法律解决的难题,需要采取行动,因此一定要耗费社会中永远都有限的资源,也因此一定有在社会的包括法律在内的各部门之间如何更有效地使用这些有限资源的问题,以及同样的资源配置如何才能获得最大直接和间接收益的问题。这就是经济学研究的问题。如果社会将这笔资金用于立法、执法和司法,就不能用于经济社会建设的其他方面,这就是个机会成本问题。诸如此类的资源配置问题在广义的法律领域内也会发生。资源有限,如果将资金或人力用于立法,可用于执法和司法的资金和人力就会减少。立法耗费了大量资源时,就必然出现所谓的执法和司法的滞后,或执法不严,司法不足。如何保证稀缺社会资源的有效使用涉及一切领域,自然涉及立法、执法和司法,也涉及各部门法间的资源最佳配置。当然,如果资源充足,这些问题似乎不存在;若是学者或决策者仅在纸面上规划,写建议,也不容易察觉此类问题。但只要具体落实,这些问题就会冒出来。尤其在我们国家目前,由于集中财力搞经济建设,连军队都一直过"紧日子"[15],可供用于法制的资源自然相当有限。资源有财政的,但也包括人力,而我国法律人才、特别是经济立法人才相当缺乏,需制定的市场经济法规也相当多,不可能短期内制定齐备的市场经济法律。由于执法司法人员有限,社会要求的法律服务很多,执法司法还需要各种技术设备和装备支持,所有这些反过来也会

---

[15] 郭殿成:《军费紧缺 物价上涨 总后部长有何策 体谅分担国家困难 艰苦奋斗勤俭建军 赵南起要求全军继续开源节流》,《人民日报》,1989年1月8日,第4版;又请看,"中央军委日前发出通知……《贯彻落实江主席关于军队要过紧日子重要批示的意见》",崔耀中、张东波:《勤俭建军永葆艰苦奋斗本色》,《人民日报》,1995年9月12日,第5版。

限制甚至挤压立法的选项。成本收益的考量迫使立法者必须作出审慎且明智的选择，其实也很简单，就是在一定时间内，有所为有所不为。

立法以及与之相随的执法司法并不全是投入和花费，它会有收益，至少理论上看应当有收益。立法的收益可以说就是依法办事所省的交易费用，避免了或简化了在没有确定规则的市场交易下更可能出现的各种麻烦、扯皮和风险。[16] 对社会来说，前述两个例子相应的收益就是破产法施行所节约的资金流转的费用（这可以大致定义为以破产程序分割财产与以其他方式"讨债"的费用之别，该费用包括钱财、时间和人力）和开放国库券市场节约的资金流转费用。

这两个例子更表明，立法考虑资源配置效率最大化时，目标重要，但更应重视法律实施，尤其是执法和司法的成本收益。因为，相对而言，立法的费用通常不会很高，最大的费用支出是立法后的执法和司法。因此立法的最重要考量其实是执法司法是否可行，是否便利，是和其他替代措施相比的利弊得失。

我们首先应注意合理配置立法资源。立什么法，以及先立什么法，绝对不能依照一个先验理念模式来安排，而应以有效促进社会资源的配置以及最佳使用立法资源为标准。从这个特定意义上看，我国破产法的制定可以说是失败的。我并非认为1986年的破产法一无是处，而是认为在有关产权的法律规则、企业经济责任不明确或难以确定，在改革开放初期市场经济的雏形尚未形成，其他社会保障条件不具备，人们对失业还非常难以理解和接

---

16 参见，Posner，前注14；罗伯特·考特、托马斯·尤伦：《法和经济学》，张军等译，上海三联书店、上海人民出版社，1994年；张五常：《再论中国》，第7版，信报有限公司，1995年。

市场经济对立法的启示

受的条件下,仅仅为了加强法制或扩大改革,匆匆将破产法排在立法日程前列显然是一种立法资源上浪费。该法第一关注的是"促进全民所有制企业自主经营",但在当时条件下,破产怎么可能是促进全民所有制企业自主经营的核心制度措施之一?如果不是,如果企业自主经营是当时追求的"社会主义有计划的商品经济发展和经济体制改革"的关键,那么就应致力于其他法制变革来推动企业自主经营。将立法的人力资源投入其他更急需的立法或制度微调上,也许收益更大。至少不至于破产法在颁布试行多年后至今仍无法全面推行。若以企业生产类比,这是一种严重的产品和资金积压。这是立法上缺乏经济考量的典型标记。就此而言,尽管破产法的出台是为了适应和推动市场经济,其身上却是非常明显的计划经济胎记。

在法律领域,相对于立法的文字表述,更重要的是法律的实施,有些立法,如破产法,往往更需要专门的执法和司法人员和机制,这往往更稀缺。因此,立法追求资源最佳配置时,更要关注立法后的司法和执法的难题,甚至其中可能衍生出来的难题。立法本身花费的资源与贯彻实施该法所需的资源相比,几乎微不足道。也因此,一旦纳入立法,立法的核心考量就主要不再是主权者或立法者的追求或目标,而是实现这一目标的手段和措施,这就必须把执法和司法的琐细问题一一纳入考量,否则制定出来的法就只会是个目标宣示——好看不好吃。

我国目前在立法、执法和司法上实践的一些原则其实是符合经济学的效用最大化原理的。在立法上,优先制定市场经济迫切需要的、具有全局性意义的法律。就因为这些立法是最适合市场需要的产品,(国家、政府和社会)可以由此获得最大收益,很有效率。[17] 开始时法律（实际是特指成文法）可制定得简单些，以后再细致完善；先在一些改革先行地区制定地方性法规，然后制定全国性法律（这也为了减少立法过程中的交易费用，包括收集全国各地情况和取得来自各地、各部门的立法者的同意所需的信息费用）。这些立法思想或原则都体现了、反映了经济学的效用最大化、资源配置最优化的原则，即便没有使用这样的语言，甚或从来没有这样的清醒意识。但这并不表明相关立法者或立法机关缺乏经济学头脑，只是表明经济学的原则并不遥远，从来存在于我们日常的生活中，也会渗透到立法中。也许我们只是应注意在立法执法司法活动中更自觉清醒地贯彻效用最大化原则，避免上当受骗，不被人忽悠。

五、市场与法律的替代——启示之二

上述例子，特别是后一个例子更重要的是要表明：至少有时，市场本身就可以有效解决一些我们之前通常认为需要政府立法干预的问题。由于长期的计划经济和政府干预形成了思维定

---

[17] 西方一些经济学家反对政府干预，认为政府干预经济往往是自我利益或利益集团的结果。我认为，政府可以是市场经济的参与者，不仅仅是一个市场外的裁判，但我不同意把作为整体的政府与其他一般市场竞争者等同。至少就中国政府来看，我倾向于认为政府的最大收益可能是社会整体的富强和稳定（政府则作为全社会的代表），而不是自身的利益（但这不否定政府中某些人或某些部门、机构会这样谋取个人或本机构的自身利益）。这种观点固然可以追溯到霍布斯的国家理论（请看，霍布斯：《利维坦》，黎思复、黎廷弼译，商务印书馆，1985年），但重要是考虑到中华人民共和国的历史，以及更重要的，近代以来，中国一直面临的国际竞争。甚至许多大国政府都可能分享了这一特点。西方学者将政府视为一般的市场经济参与者的观点，低估了大国间竞争这一国际性制约因素。

式，因此在加强法制，建立社会主义市场经济体系的口号下，市场一旦出了问题，许多人（包括决策者、法学人和民众）最容易想到的常常是加强政府管制。政府规制经济秩序、打击违法犯罪、保证社会安定无疑不可或缺，但并非仅有一条路。在建立社会主义市场经济的过程中，我们始终应考虑尽可能通过市场来解决一些似乎需要通过政府规制来解决的问题。这是我们容易忽视的一个立法决策的盲点。

这一点不仅对立法者重要，对中国法学界也非常重要。不仅立法往往源自国家权力机关，法律实施最终也要依赖国家强制力，因此，法学人难免更多依存于也更看重国家机关和政府各部门。他们把法律几乎完全理解为制定法，习惯把重视法治或法制等同于增加或强化立法、执法和司法，以成文法对社会进行全面、深入、持久的干预。其实立法的作用在任何社会都不全能，过分强调立法，不仅理论上荒谬，更重要的是实践上行不通，甚至可能有害。法学/法律人强调立法、注重法制不仅要基于专业的法律知识，还必须基于对法律规制的社会现象以及相关社会科学的理解，甚至应包括对法律职业的优点、弱点乃至局限的自我理解，而不能变成一种自我服务的口号。否则法学界就会成为一种因职业利益而形成的利益集团，可能做好事，但也可能做坏事，而且好心办坏事的例子历史上也并不罕见。

国库券的例子还提出了一个问题：在一定条件下，立法的选择与经济的选择可以完全一致。建立国库券市场、允许国库券流通的决策是否是一个"立法"，许多讲求法律精确定义的法学人士对此会有疑问；我也同意，国库券条例当初更可能是作为一个经济应对措施出台的，长达11年间，几乎每年颁布，并以每年年份限定。从这个意义上，它至少在当年还不是严格意义上的立法。但如果不从法条主义出发，不把特定立法程序或机构看成是法律之成为法律的"本质"或唯一条件，而更关注法律的社会功能维度理解，那么这一决策在1981年颁布之际就已经是一个制定法，未必只有等到1992年的条例颁布。[18] 而建立国库券市场的决策，可以始于《一九八九年国库券条例》，其中第10条规定"国库券可以转让，可以在银行抵押贷款，但不得作为货币流通"，而不必等到1992年《国库券条例》规定"国库券……转让……在国家批准的交易场所办理"。对于有些事定义很重要，甚至至关重要，但对于有些事可能不那么重要：近代之前的婚姻都不领结婚证，难道古人的婚姻就都只是"同居"关系？

国库券市场的有效和成功恰恰表明，在市场经济条件下遵循市场经济原则的决策在很多时候（但不总是）就是正确的法律决策，就是正确的立法。这一选择表明经济、法律和政策的选择至少在这一问题上以及其他问题上可以一致，同一决策既可以是法律的，也可以是经济的。由此，我们可以进一步推论，世界上并不存在截然两分的法律决策和经济决策。将法律和经济、法律

---

18 一些法学界或经济学界人士可能会认为这不是一个法律的选择，只是一个经济和政策决策，他们的理由是决策者意图，即决策人（政府）作出的是一个经济决策而不是一个法律决策。但我认为它是法律的，也是经济的。它是国家机关依法作出的决定，它涉及的是对人们的某种行为合法性的认可或拒绝，有强制力。至于决策人对自身行为的界定和分类归属不具有决定性的意义。请试想法院对不知自己行为违法也没想违法的人会如何处理。按照认知不谐的原理，世界上大多数违法者甚至罪犯都能为自己的行为找到一些合法合理的理由，但这不能改变社会对其行为的法律评价。

顺便说一句，中国目前的许多重要立法实际是用政策文件确定的，这种情况在农村最为明显。1980年代初连续几年的中共中央一号文件，为农村社会的经济制度变革确定了框架，是真正有生命力的法律。

与政策分开的观点反映的也许是我们的法律观和哲学观的陈旧——将整体的现实世界人为机械地分割成政治、经济、法律,一种哲学上的实在论,一种以制定法涵盖"法律"的思维习惯。这些问题都是在思考社会主义市场经济立法时必须反对、注意克服的。

在为市场经济立法时,我们应当摆脱传统的法条主义的立法研究,注意研究市场和经济的运作规律和需求。这是中国法制建设和法学研究必须走的道路。这也对法学界提出了一个更高的知识要求。很难设想,在对市场经济和经济学缺乏基本了解,对具体经济运作缺乏细致实证分析的情况下,立法者和法学家有可能制定有效的法律。有些事,凭经验也许成功了,但由于经济运作的复杂多变,就可能犯错误。强调一般的抽象法律原则不可能避免这些错误。立法必须坚持从市场经济的实践出发。一个立法,无论它如何符合传统立法原则或定义,如何精美地符合法律教科书的描述,如何得到法律家的赞美,只要它不符合社会和市场经济的运作,那么它就是错的。

最后,这两个例子还都说明了法律选择的必要性。在立法时,一般说来,我们从来都有多种选择,不可能只有一种确定不移、绝对正确的选择。因为法律毕竟不是严格意义上的科学,而是一种实践理性。[19] 要能够明智选择,问题是我们要摆脱习惯思维定式或法律教程,让那些被思维定式遮蔽的选择呈现在我们面前,分析比较。我不否认,特殊情况下,可能会有你别无选择的境况。但这种境况一般很少;最重要的是,如果真是这种境况,我们的立法就容易多了。别无选择的选择必定是最佳选择。事实上,立

---

19 参看,波斯纳:《法理学问题》,苏力译,中国政法大学出版社,1994年,第1—3章。

法之难、之不确定,无一不因为我们有多种选择,而我们无法肯定性地、排他性地认定哪一种选择最佳。其实,人生不也如此?[20]

1994年4月初稿
1995年10月20日重写于北大蔚秀园

---

[20] "我只很确切地知道一个终点,就是:坟。然而这是大家都知道的,无须谁指引。问题是在从此到那的道路。那当然不只一条,我可正不知那(原文如此)一条好……"鲁迅:《写在〈坟〉后面》,《坟》,人民文学出版社,1980年,第277页。

市场经济需要什么样的法律？
——从韦伯视角的切入

一、引　论

当前，我国正努力建设社会主义市场经济。一些地方出现了人人竞相"下海"经商的景象，"十亿人民九亿商"，党政机关办公司，机关干部"下海"，不少公务员、教师和科研人员搞起"第二职业"，有所谓"白天上班，晚上摆摊"。[1] 然而，是否摒弃孔子开始的儒家"罕言利"传统[2]，人人经商，"向钱看"，就足以建立一种市场经济？还需要市场经济的观念。不少地方提出了"不换脑筋就换人（领导干部）"的口号。[3] 领导干部带头解

1　《第三次商潮（下）——纷纷扬扬话经商》，《人民日报》，1992年9月30日，第2版；方进玉：《该给"第二职业热"泼点冷水了吗？》，《瞭望周刊》，1992年第48期，第18—21页。其实，1980年代初，经商风曾波及了几乎广东全省的党政机关。《功劳，有纪检部门一份——广东开放地区党的工作纪实之四》，《人民日报》，1992年7月2日，第3版。
2　"子罕言利，与命与仁"，杨伯峻：《论语译注》，中华书局，1980年，第86页。
3　卢荣景：《不换脑筋就换人》，《山区开发》，1993年第1期，第10页；林江山：《如何发展社会主义市场经济突破"放权难"关键在于换脑筋》，《党政干部学刊》，1993年第3期，第29页。

放思想，发展市场经济，是有道理。但是否改变工作指导思想，鼓励经商，甚或如有新闻报道的，领导带头摆地摊，就是换脑筋？法学人提出加强与市场经济相适应的立法司法，主张以法律来规定市场经济活动参与者的权利和义务，设定行为规则，提出"市场经济就是法制经济"的命题。这表明对建立社会主义市场经济，人们的认识正在深化。然而，是否立法就足以保证市场经济的形成和稳定发展？而且，既然西方国家已有颇为系统配套的市场经济的法律，我们是否只要翻译/移植国外相应法律，就足以在中国，基于社会主义，建立市场经济？换一个说法，市场经济需要什么样的法律？

尽管为区别于计划经济，西方学者通常称市场经济为自由经济，但从韦伯区分的传统资本主义与现代资本主义（大致相当于市场经济）[4]，及其对与之配套的制度和"精神文化"（德文Geist）的相关分析讨论来看[5]，市场经济不是只要大家都"向钱看"，积极做买卖，就会"自然"形成。相应的社会正式制度，尤其是法律制度，以及可以归在"精神文化"门下的众多非正

---

[4] 与马克思用"资本主义"指一种特定的经济生产方式和社会不同，韦伯的资本主义是个分析性概念，他对此有多种表述，但他最后著作中的概括大致是：哪里有通过企业持续理性活动工业化地满足人们方方面面的需求，哪里就有资本主义；因此，资本主义从来都有，但只是到了19世纪中叶，大规模的现代资本主义才主导了西欧经济，渗透到满足人们日常所需的方方面面。其中的关键是"理性的资本核算"。Max Weber, *General Economic History*, trans. by Frank H. Knight, The Free Press, 1950, pp. 275-6. Randall Collins, "Weber´s Last Theory of Capitalism: A Systematization," *American Sociological Review* 1980, Vol. 45（December）: 925-42.

[5] 韦伯的德文原著 Die protestantische Ethik und der Geist des Kapitalismus（《新教伦理与资本主义精神》）英译本和中译版将"Geist"分别译作"spirit"和"精神"。不算错，但太容易令人误解，其实英译为"ethos"可能更好，帕森斯的英译文本中就常译为"ethos"——某个民族、文化、群体甚或某一类行为特质的抽象。

式制度,如职业伦理,社会风气,对市场经济的形成和发展有极为重要的作用。

二、经济与法律的理性化

韦伯(Max Weber)对我国学术界已不是一个生疏的名字。[6] 他的核心观点之一,即只有基督教新教伦理、理性化(rationality)——可谓文化基因——才可能发生并催生现代市场经济,面对二战后东亚国家和地区市场经济迅速发展已经受到挑战,几乎从韦伯提出之际,就是个猜想,而不是一个有经验证据的命题。[7] 但是,从另一层面看,这一命题仍具有重要的生命力和启示作用。韦伯提出的命题或可以这样概括,即市场经济不仅仅涉及商业经济活动,而且与整个社会结构的各个方面都有联系,包括宗教、文化、法律和制度。要理解和研究市场经济,不能只关注经济活动的硬要素,诸如生产或交换的规模、应用的技术、产品等,还应考察与市场经济相伴的其他要素,诸如法律制度、宗教文化、组织管理,以及体现其中的思维和行为方式等。就此而言,虽然更强调上层建筑(国家和法律),更强调意识形态(宗

---

[6] 韦伯:《新教伦理与资本主义精神》,黄晓京、彭强译,四川人民出版社,1986年。

[7] 这类著作和文章已不少,可参见,"韦伯关于中国宗教的错误论点必须予以彻底的澄清",余英时:《中国近世宗教伦理与商人精神》,联经出版公司,1987年,第69页;"韦伯对儒家和其他东亚传统阻碍现代化的看法很可能错大了",Peter L. Berger, *The Capitalist Revolution*, *Fifty Propositions about Prosperity*, *Equality*, *& Liberty*, Basic Books, 1986, p. 28, ch. 7; Chung, Chen H., Hon M. Shepard and Marc J. Dollinger, "Max Weber Revisited: Some Lessons from East Asian Capitalistic Development," *Asia Pacific Journal of Management*, 1989/2, pp. 307−21。

教、伦理、文化和风俗）对资本主义经济生产的决定性影响，韦伯却还是分享了马克思的社会整体结构观。韦伯也承认他这一代人研究的领域，在很大程度是马克思和尼采开创的，他的大部分学说，后人认为，可以视为与马克思的不断交流。[8]

具体说来，通过19—20世纪之交对东西方社会经济、法律和广义的"文化"的比较，韦伯认为"现代资本主义"——大致等于现代市场经济——很特别。其特点不在于或不仅在于追逐利润、跨地域贸易和国际市场、金融货币、大规模工业化生产，而在于企业经营者以他所谓的"理性化"思维和行为方式来获得最大的、可确定预期的利润。[9] 因为逐利的冲动在世界各地从来都有，市场经济的其他实质要素，在许多社会也有，但那里都只有原始资本主义，没有现代工业化商业化的"资本主义"。例如，在中国，虽说儒家"罕言利"，但在社会层面，经商在中国传统久远，不仅为追求暴利"奇货可居"，计较锱铢于市井，甚至延及婚姻嫁娶[10]；至少部分为便于商业贸易，还早早就开始了统一货币、统一度量衡，先在中原农耕各地（诸侯国），秦统一之后则扩展到整个农耕中国；甚至也有很典型的市场现象，如"洛阳纸贵"的记载；明清500多年间，晋商、徽商闻名全国，

---

[8] 科瑟：《社会学思想名家》，石人译，中国社会科学出版社，1990年，第274页。
[9] 这一点与经济学的前提假定几乎完全一致，即每个人都在具体的约束条件下追求利益最大化。韦伯不过是把这一点精神化了，变成了西方特有的现代的"资本主义精神"。受限于时代，甚或有感于德国工业化相对于英法等国的落后，韦伯似乎认为现代资本主义或市场经济，就是工业或商业资本的产物，因此他著作中常常把现代资本主义同企业（enterprise），甚至工业企业（industrial enterprise）直接联系起来。可参看下面正文中的引文。
[10] "近世嫁娶……计较锱铢，责多还少，市井无异。"王利器：《颜氏家训集解》（治家），中华书局，1993年，第53页。

甚至发展出了早期的金融业[11];之后,还有洋务运动,"师夷长技以制夷",却还是没能自发产生走向现代的基于工业化和城市化的市场经济。

马克思主义的解说会是,这是因为,历史中国就整体而言,其经济基础,尤其是最为重要的农耕地区一直是典型的自给自足的小农经济,甚至历代王朝总体而言一直努力维护小农经济,防止土地兼并。韦伯则认为,虽然在任何国家任何时代,人人都追逐利益,但仅此冲动不足以催生现代资本主义(现代市场经济),还需要一系列精神文化制度为前提条件。[12] 因为现代市场经济的最重要特点是理性化,韦伯指的是,市场经济的主体——他特别强调企业——必须在一定制度、习俗、情感、伦理、职业规范、意志和信念下,努力通过日益条理化的行动,系统地控制、限制一些重要社会变量,排除种种不确定性,来保证实现企业的清醒追求的目标。[13] 韦伯认定,理性化是贯穿西方现代资本主义一切活动的"精神气质"。在韦伯笔下,资产者以精细且系统的算计,以科层化专业组织行动,来保证长期持久的利润,这是他们证明自己的"天职",而不只是短期牟利、投机、碰运气甚至不择手段。尽管"新教理论""天职"可以说美化了,甚至"神圣化"了资产者,但他确实看到了现代的,尤其是工业化、城市化后,甚至可能与当时德国经济社会发展直接相关的、市场经济的一系列特点,必须有一系列制度来保证。这就是大规模的

---

11 参见,余英时,前注7;又请看,叶显恩:《明清徽州农村社会与佃仆制》,安徽人民出版社,1983年,第3章。

12 Max Weber, *The Protestant Ethic and the Spirit of Capitalism*, trans. by Talcott Parsons, Routledge, 1992, p. xxxvi.

13 可参看,苏国勋:《理性化及其限制:韦伯思想引论》,上海人民出版社,1988年。

工业商品生产，满足消费者需求；私人投资，集中资金，收回成本，获得利润，也有许多长期规划；不再是靠山吃山，靠海吃海，销售本地的土特产，而是要开发有市场的新产品，开拓新领域；生产和销售还可能是跨区域、跨国界的，要同各种陌生人甚至居心叵测的人交易，而且各地法律制度风俗习惯都会有差异；在这广大时空内，在任何环节，都可能发生不测事件，投资风险很大，弄不好会倾家荡产。因此，必须尽可能有效预测可能发生的风险并以各种正式和非正式制度应对。国家、法律和科层官僚制显然是正式制度；而无论是新教伦理、职业伦理，甚至"天职"，韦伯说是资本主义精神（Geist，或 ethos），今天看来其实就是各种混杂的非正式制度，是社会文化，也是社会规范。只有这些要素的合力，才能保证投资决策顺利实施，把风险降到最低。因此，韦伯的核心命题在我看来就是，在这样的一个风云变幻、跌宕和莫测的跨时空的空前市场上，一定要有"理性的资本主义"，有别于基于与生俱来的逐利冲动而出现在世界各地的、没有长远预测和计划、完全凭运气的"原始的资本主义"。韦伯甚至还从进化论视角论证了这一点：在激烈市场竞争中，原始资本主义都死了，活下来只能是理性的资本主义企业。[14]

在《经济与社会》中，韦伯写到：

> 现代资本主义企业主要基于算度（原作者的着重号），其前提则是有这样的一个法律和行政制度，即其运作，至少原则上，可能通过其确定的一般原则而予以理性预测，就像

---

[14] "理性化过程处处且一再产生这样的结果：那些不遵循理性化的人只能关门大吉。"Weber，前注 12，p. 30。因此，韦伯用新教伦理来解说资本主义精神，从理论解释力而言，有点多余。

机器的预期运转那样。现代资本主义企业不能接受通常所谓的"卡迪"司法,即依据法官对个案的公平感或昔日处处存在、如今东方社会仍有的其他非理性发现法律的手段来裁判。[15]

在更早的《新教伦理与资本主义精神》中,韦伯也曾写到:

> 现代理性资本主义不仅需要生产的技术性手段,还需要一个,依据形式(formal,或正式)规则的、可计算的法律体系和行政管理。没有这样一个制度,冒险和投机的交易资本主义和各种政治决定的资本主义还有可能,但不会有由个人首创引导、有固定资本和算度确定的理性企业。[16]

注意,韦伯说得很明白,不是一般法律制度,也不仅仅是司法,还有行政,即今天所说的宏观调控或经济规制(regulation),并且得是依据形式的也即正式颁布的规则。这就是韦伯认为最为理想的"形式理性"的法。

由于语词含义与语境直接相关,韦伯说的"形式"和"理性"的含义,与中国人基于中国语境对这两个词的习惯理解差别颇大。有必要细致剖析一下。

韦伯所谓"形式的法/规则"(formal law/rule),其实就是经立法付诸文字的法条。因此完全可以译为"正式的(或成文的)

---

15 Max Weber, *Economy and Society: An Outline of Interpretative Sociology*, trans. by Ephraim Fischoff [et al.], ed. by Guenther Roth and Claus Wittich, University of California Press, 1978, pp. 1394-5.
16 Weber, 前注 12, p. xxxviii。

法/规则"。这种理解的哲学渊源来自古希腊亚里士多德对形式和质料/实质（substance）的区分和理解。仅有质料不重要，只有有了形式后，这些质料才变得重要起来，有别于其他。例如，同样是铁，铁砧与铁锤的区别就取决于形式，而不是其"实质"。这就透露了韦伯对法律的理解。韦伯的观点其实是，任何社会生活中都会有实质性的法，比如风俗、习惯、惯例、政治原则、宗教信条甚至职业伦理，但只要未经立法程序，未付诸文字，那最多只是实质性的法，而不是形式的/正式的/成文的法律。

所谓"理性"，就司法或施政而言，就是严格依据一般的成文规则，针对个案的相关证据和事实，以可分享的逻辑演绎推理作出个案裁决或决定，完全拒绝裁判者个人的直觉和情感的介入，也排斥在成文法之外将被裁判人和事件的其他具体情况纳入考量。不能直接关注具体案件实质的公平合理，那是既不关心形式/正式规则，也没有展示如何从一般规则理性地推演到具体的裁判，因此非理性。因此韦伯对理性的界定与中国人的习惯理解差别太大。中国人理解的"理性"通常包含了裁决结果"合理"甚至"合情合理"，甚至最好是天理、国法和人情的统一。

形式理性的法律制度是韦伯认为的最理想的法律。因为只有这种法律是与现代资本主义市场经济的要求相一致的。在现代西方国家市场经济形成之前，韦伯认为，由于其宗教文化传统、主权国家形成、统一文字、法典化、官僚制（文官科层制）以及政府的统一施政，逐渐形成了一套形式理性的法制，不仅是司法，而且还有行政，这就为现代市场经济的形成和发展铺平了道路。反过来，市场经济活动和竞争要求的这种形式理性也要求和促进法律制度进一步形式理性化。法律和经济呈现出一种辩证互动的关系，一个不断理性化的进程。

作为对比,韦伯认为,其他非西方社会都没有形式理性的法律传统。在韦伯的理想型法律分类中,非西方社会出现的是各种"形式非理性"或"实质非理性的"的法律。[17] 前者虽然有成文法,但司法裁决和行政决定即便合理,推理和论证过程也都太简单,没有充分展示其合理性。这就是有形式,但裁决过程非理性(注意,有别于不理性)。

借用伊斯兰社会的教法执行官"卡迪"的概念,韦伯称后者为"卡迪司法"(Khadi Justice),就事论事,就案断案,引用的是"实质性的"(substantive)即未成文(informal)的宗教规范、商业规则以及粗糙的社会公平感来裁判,但即便结果是公平合乎情理的,相关各方事先也无法参考成文规则,了解其含义,预知并追求有利后果或规避不利后果,换言之,相关各方均无法通过努力来理性地追求自己的最大利益。此外,卡迪在裁决时,也主要靠自己的经验、知识甚至个人魅力,靠他对世态人情的洞悉,注重纠纷解决,不注意法律规则的抽象、概括和系统化。自然也就不大可能法典化,甚至没有必要。

在这两种法律制度下,韦伯认为,即便一个社会有资本主义的其他要素,也不可能形成现代的资本主义/市场经济。在这样的社会文化和法律制度条件下,由于缺乏明确、具体、系统、不矛盾、不依赖社会情绪化反应、可预测、可推演和算计的明确法律规则和法律后果预判,市场主体根本无法精确量化成本收益,无法比较不同的经济活动的收益,也就没有办法设计、筛选规避和应对风险的有效措施。换言之,他只能靠运气。这不是他不理

---

[17] Max Weber, *On Law in Economy and Society*, ed., by Max Rheinstein, Harvard University Press, 1954。中文的有关材料,可参见,王晨光:《韦伯的法律社会学思想》,《中外法学》,1992年第3期,第10页。

性,而是他没法理性,他没法在一个风险确定的市场上不断磨砺自己的理性,他自然也就没法有效扩大投资,扩大市场,努力创新,他只能是原始的资产者。

韦伯确实用了一些他了解的中国、印度以及伊斯兰社会的事例来支持他的这种分类,但韦伯承认,这个法律分类只是为便于学术分析而设计出来的理想型或典型化分类。[18] 有不少西方学者的研究明确或默示地指出韦伯的这种分类与事实出入颇大。[19] 韦伯也提到,历史上每个具体社会中的法律都是混合的,相互间只是程度不同而已。[20]

还必须注意的是,韦伯强调形式理性的法律,虽然是分析性的学术概念,但从时间上看,韦伯创造和使用这些概念很可能还有其他相当清醒自觉的现实考量,有他务实的追求、权衡和取舍,受到当时德国政治法律经济社会发展的影响。形式理性的法律最早出现在韦伯于1904和1905年分两次发表的《新教伦理与资本主义精神》一文,当时《德国民法典》则刚开始施行(1901年),30年前(1871年)德国刚从300多个政治实体统一

---

[18] Max Rheinstein, "Introduction" to *On Law in Economy and Society*,前注17, p. xxxi。
[19] 对中国古代法律制度的有关分析,请看,D. 布迪、C. 莫里斯:《中华帝国的法律》,朱勇译,江苏人民出版社,1993年,尤其是第三篇;Michael, Dalby, "Revenge and the Law in Traditional China," *The American Journal of Legal History*, 1981/25, pp. 267-307; David C. Buxbaum, "Some Aspects of Civil Procedure and Practice at the Trial Level in Tanshui and Hsinchu from 1789 to 1895," *The Journal of Asian Studies*, 1971/30/2, pp. 255-79。关于伊斯兰法律制度,请看,Wael B. Hallaq, "The Logic of Legal Reasoning in Religious and Non-Religious Cultures: The Case of Islamic Law and the Common Law," *Cleveland State Law Review* 1985/34, pp. 79-96;以及 John Makdisi, "Formal Rationality in Islamic Law and the Common Law," *Cleveland State Law Review* 1985/34, pp. 97-112。
[20] "也许,就没有真正精确的算度或估算,那个过程就是推测,或沿袭传统和惯例,这在今天任何形式的资本主义企业也会发生,不要求严格精确。但说这些都只影响资本获利的理性化程度(原有的着重号)。"Weber,前注12, p. xxxiii。

起来。韦伯强调法律的形式理性,针对了德国各地不同的习俗,如果允许官僚或法官适用存在于社会中"实质的"法,而不是严格依据"形式的"法条,法典就会形同虚设,全国法律就不可能统一。因此,强调形式理性的法律,对施政的官僚和裁决的法官也构成一种约束,不仅得有根有据,还必须演绎推理一清二楚,这从理论上看就会限制他们的行政裁量和司法裁量,本身就会体现施政的日益理性化。韦伯的这些基于非常地方性也非常具体的政治社会考量而设计出来的法律分类,若严格按韦伯的"理性"标准,居然是"非理性的"。这值得尊重,我也非常尊重,是理解韦伯时不能不注意的,但这仍是"私货",或一种地方性的考量或知识。

而且,如今回头来看,韦伯也还低估了实质的/非正式的/不成文的法在任何社会法律实践中的意义,高估了形式/正式/成文法规则以及他所谓"理性的"司法裁决可能带来的法律稳定性和确定性。最强有力的例证就是韦伯死后不到20年,希特勒当政时期尤其是二战时期德国法官的作为[21],以及围绕纽伦堡审判的法学论辩[22]。但这在韦伯的时代,其实是必然,无法穿越,[23]不能苛求韦伯。

尽管如此,韦伯的分析论述还是有道理的,这个道理就是:现代市场经济要求的不只是更多抽象的法律,而是更多有助于市

---

21 Ingo Muller, *Hitler's Justice: The Courts of the Third Reich*, trans. by Deborah Lucas Schneider, Harvard University Press, 1990.
22 Lon L. Fuller, *The Morality of Law*, rev. ed, Yale University Press, 1969.
23 在韦伯的时代,事实上在维特根斯坦发表《哲学研究》(Ludwig Wittgenstein, *Philosophical Investigations*, trans. by G. E. M. Anscombe, Basil Blackwell, 1953)之前,人们对语词的理解一直是图像论,有本质含义,只要界定明确,"天不变,道亦不变"。在相当程度上,18、19世纪初法国和德国的法典编撰运动,都是人类这一哲学传统的产物。

场主体有效预测其经济决策的后果,保证实现经济预期和最大收益的法律。

三、理解中国的市场和市场经济变革

尽管有种种理由为历史和当今中国的法制辩解,也有理由质疑韦伯的法律分类,但我承认,当下中国的法制与我们所追求的市场经济是不相匹配的,且不说有助于韦伯集中关注的企业或企业家。这不仅因为,传统中国一直是小农经济,高度自给自足,有市场,但最大量的是集市或本地的贸易,通常局限于方圆3—10公里以内[24],交易的通常也是本地的土产或特产,互补本地农家之需[25]。也一直有跨地域的商业,但农耕中国可供普遍交易的商品不是很多,最多是有全国性需求的地方土特产和手工艺品,除了铁器农具外,最典型的是山西的盐,徽州的纸墨笔砚茶叶,江西的瓷器、桐油和茶叶,吴越的丝绸等。由于经营的是地方土特产,加之使用方言,催生的是区域性商人集团,如晋商、徽商、江右(江西)商、吴越商。[26] 这些商业贸易活动,总体而言,一直靠近历史中国的核心农耕区,黄河中下游和长江中下游

---

[24] 杜赞奇的研究发现,1930—1940年代华北,初级交易中心辐射半径大约3公里,县城是中级交易中心,辐射半径大约是7—10公里。杜赞奇:《文化、权力与国家——1900—1942年的华北农村》,王福明译,江苏人民出版社,1995年,第15—16页。相对于华北平原,其他地区或山区或水网地带,市场辐射距离会更短。

[25] 对明清史料中各地土特产的细致梳理、分类和编纂,请看,郑昌淦:《明清农村商品经济》,中国人民大学出版社,1989年。

[26] 叶显恩:《明清徽州农村社会与佃仆制》,安徽人民出版社,1983年,第97、100—103页。

流域，靠近大运河。而由于疆域辽阔，山川纵横，交通不便，历史中国从来没有形成全国统一的大市场。例如，闽商、粤商就更多针对海外，茶马古道连接的是西南内地与青藏高原地区，而晋商驼帮则连接了中原与北方和西北。这种"×商"或"××商"现象本身意味着这是个熟人社会，只有在熟人社会，才能因交往生发出并以群体压力来维系熟人社会的商业习惯或规矩。以小农经济为本的农耕中国总体上无需、自然也就未产生全国统一的成文的市场交易规则。也不能指望熟读儒家经典科举出身的官僚能有效应对商业贸易纠纷。不能指望也不是因为他们天生不能，智力欠缺，而是因为商业纠纷稀少，没有价值去学习和系统化。各地的商人和商会甚至宁可攀附权贵，勾结官吏——所谓"红顶商人"，也不可能指望各地官吏以形式理性的法律来处理商业纠纷。"士农工商"，在传统农耕中国，商业活动在整个国家和社会治理中，还是相对边缘的。

鸦片战争后，因为西方列强的冲击，中国开始变化。典型的如"洋务运动"。但真正持续、系统且有效的现代化变革始于1950年代，从那时起，中国才算有了工业化的企业，并且是系统的。尽管是计划经济体制，完全不是资本家个人首创，还通过社会主义改造把众多私营企业经公私合营转变为全民所有制企业[27]，但至少在一些重要方面，众多国有（当时称为国营）企业其实更类似韦伯理想型的"现代资本主义"。一方面，企业，包括公私合营企业，必须严格执行计划经济或受国家政策指导。就其功能而言，这些计划几乎就是法律或规则，长期规训的效果是

---

[27] 《公私合营工业企业暂行条例》（1954年9月2日政务院第223次政务会议通过）。

企业严格按规则办事。在中国计划经济初期,如果从市场交易费用与组织交易费用交换的角度看,全国经济一盘棋,很像是一个巨型企业。[28] 另一方面,由于工业化,生产的已不是传统的农产品或土特产,这些国有/国营企业也建立了由专业技术人员科层化组织起来的制度,这与韦伯特别看重的另一理性化制度官僚制[29]也非常相似。总体而言,计划经济取得了举世公认的伟大成就,在工业建设上,最具标志性的是,"逐步建立了独立的比较完整的工业体系和国民经济体系"[30]。

但中国经济体制必须改革,种种因素,包括中国经济体系的发展本身,都使得计划经济模式不可能也不应当继续。在计划经济条件下,中国的经济体制也一直在变化,市场因素对企业的影响只是弱化了,变形了,不直接了,却不可能从经济活动中完全消除——除非否认经济活动的最基本原理:人总是在一定制度约束下追求利益最大化。这不仅是理论上的必然,也有经验的证据。最突出的就是,"社队企业"在1950年代末开始出现,在1970年代迅速发展,成就了后来生龙活虎的"乡镇企业"。虽然受制于计划经济,甚至受歧视和打压,但社队/乡镇企业要活下去,就必须盈利,必须自己开拓市场,必须自主创新,必须及时

---

[28] "从社会学角度说,现代国家就是一个'企业',就像一个工厂:这也正是它的历史特殊性。"Weber, 前注15, p. 1394。又请看, Ronald H. Coase, "The Nature of the Firm," *Economica*, Vol. 4/16, Nov. 1937, pp386-405。

[29] 在《新教伦理与资本主义精神》中,韦伯认为,西方的国家本身,事实上就是指有理性的成文宪法和理性制定的法律,由训练有素的官员管理并受理性规则或法律约束施政的一个政治联合体;他认为其他地方的国家也趋于如此。Weber, 前注12, p. xxxi。"如今,同现代资本主义发展联系紧密的是,向官僚制国家'进步',即依照以理性创立的法律规章来裁决和管理。" Weber, *Economy and Society*, 前注15, p. 1394。

[30] 《关于建国以来党的若干历史问题的决议》(1981年6月27日中共第十一届中央委员会第六次全体会议通过),(6) 五。

有效地回应市场的需求。

必须承认,长期的计划经济,统得过死,确实使国有企业和某些集体企业的决策者不习惯直接面对市场。企业大了,决策一定更加组织化和程序化,这令企业对市场信号的反应不如"船小好调头"的小企业,而私营企业决策简单直接,敏感及时。但国企或某些集体企业的毛病既非"基因",亦非"痼疾",而是对长期计划经济体制的生存适应,其实是或甚至是当时企业"理性化"的产物,是制度的塑造。有理由相信,市场经济体制发展会重塑所有企业的理性化能力,释放其潜能,即逐步适应新体制,否则就会被淘汰。肯定会有人辩称,国有企业或集体企业激励机制不足,因此竞争不过私人企业或民营企业。这个判断是成问题的。金钱无疑是重要的激励手段,但激励人的不只有金钱;而且金钱的边际效用同样会递减。孔子不就说过"富与贵,是人之所欲也"吗?[31] 所谓"贵",也就是以各种形式获得的社会承认,包括声誉、名声、尊敬和社会地位。民间因此昔日就有"富不及贵"的说法,时下也有"穷得只剩钱了"的说法。事实上,无论在哪个领域,人类社会那些最伟大的成就,很少只是为了钱。而很大程度上,这与韦伯说的新教伦理、资本主义精神以及"天职"一致。换言之,市场经济并不是"一切向钱看"。

但是,理性化并不只是企业或企业家的一种自我追求,至少部分也是对市场的回应,是市场的塑造,那就一定也会受其他市场主体的行为影响或约束。而在中国建设社会主义商品/市场经济的过程中,由于体制转换,监管无力,相应的游戏规则还在形成过程中,一直有不少人生产经营假冒伪劣商品,直接危害人民

---

31 《论语译注》,同前注2,第36页。

身心健康甚至造成伤亡,"范围之广、品种之多、数量之大、手段之狡猾、危害之甚,实属少见"。[32] 由于经济体制转型,缺乏有效的监管,个体经营者和"三资"企业(中外合资经营企业、中外合作经营企业、外商独资经营企业)偷税漏税也颇为普遍。这些逐利行为不仅扰乱正常市场秩序,滋生腐败,损害企业和群众利益,也影响到某些国有企业。1980年代前期开始,《人民日报》就不时提及国营企事业单位、国家机关和社会团体走私贩私,偷税漏税,或着力利用价格双轨制搞"官倒"。[33] 这种现象甚至愈演愈烈。这些行为在经济学层面都是理性的,但对市场经济的长期发展、对整个市场法制环境,却未必理性。在这种不断突破底线的竞争中,计划经济体制逐步培育养成的国有和集体企业的"形式理性",即守规矩,求发展,注重长远规划和产品创新,不但会受损,而且很可能完全丧失。尽管我相信,或也只能相信,市场最终还是得在竞争中,而不是靠重复伦理话语,催生规则和要求政府规制,筛选出理性的企业。

此外,就市场经济而言,韦伯尤其关注工业企业,有其道理。但必须指出,相对于今天人们理解的市场经济主体,受当时德国时空的局限,韦伯关注工业企业的理性化,这个视野显然窄了。市场经济主体还必须包括劳动者、管理者和消费者。即便今天中国农民消费能力很有限,但他们已不再自给自足,种子、化

---

[32] 段全龙:《剥下假冒者的伪装》,《人民日报》,1987年11月30日,第2版;任仲平:《建立统一开放竞争有序的大市场》,《人民日报》,1994年1月7日,第1版。

[33] 《深圳打击经济犯罪促进特区建设》,《人民日报》,1983年1月7日,第3版;《广东走私案值增加》,《人民日报》,1989年4月20日,第2版;《衡阳支行走私贩卖黄金首饰》,《人民日报》,1989年7月17日,第4版;《山东深入开展打击走私犯罪活动》,《人民日报》,1993年8月17日,第3版;张思卿:《坚决惩治贪污贿赂等经济犯罪》,《人民日报》,1993年11月1日,第5版。

肥和水电都是购买的，他们生产的粮食或其他作物也不再只是为了自己的消费，有些甚至主要不是自己消费；许多农民正源源不断作为农民工进入城市，成为市场经济的主体。自然还有其他个体消费者。他们的行为都影响着市场，进而会影响企业。

他们也是理性的，但他们的理性既塑造制度和市场，也受制度和市场的塑造，包括计划经济制度。由于计划经济体制集中投资工业，日用消费品长期短缺，因此塑造消费者对"降价"的习惯理解往往是，产品质量有问题。为减少产品积压，加速资金流动，启动市场走出经济停滞，1990年，有企业降低了商品价格以期吸引顾客。这本来是企业的理性决策，但据当时报纸报道，一些消费者对商品降价的结论是产品质量有问题，他们望而却步。这一事实表明，厂商的市场经济理性必须与消费者的市场经济理性契合，才可能实现。只有大家都自觉遵守同样的游戏规则，市场才有可能有效运作。在这个意义上看，市场经济就一定不可能只是人人经商，"向钱看"，而一定是一个系统的变革，也可以说是一种社会文化的变革，深刻，有时甚至是痛苦的。

痛苦，不全是一个修辞。因为原则上说，即便注重形式理性的市场经济和法律制度运作整体上会给全社会带来更大的经济利益和秩序，这也并不意味着社会中每个人、每个企业都会同等获益。现在几乎所有人都表示欢迎市场经济，但有多少人理解并准备接受市场经济不可避免的裁减工人，以及诸如更可能出现的对女性的歧视之类的现象呢?[34] 有多少人接受一种逻辑时也准备接受可能的、对他不利的结果呢？尽管社会主义会对市场经济的不

---

34 如同马克思，韦伯对与资本主义的市场经济相适应的"形式理性"的法律也得出了与马克思相似的批判性结论：形式平等会导致甚至掩盖着实际的不平等。见韦伯，前注15，第927—928、936、979页。

利后果有所限制,但我们(市场经济的积极倡导者)是否准备接受自己就是那个后果?表面看,这是个言行一致的问题,其实就是个"形式理性"(尊重游戏规则)的问题。

在历史中国的司法或纠纷解决上也有类似的问题。中国法学界一般都同意这样一个事实判断,即趋于重视实体正义,轻视程序正义。[35] 当事人双方习惯调解解决纠纷,法律(包括合同)的约束作用相当有限,特别是当双方均无明显道德过错的情况下。法院也习惯按照具体案件的"公平"或"合乎情理"来调解,不大注重制度化、规则化解决纠纷。[36] 不仅当事人通过托人找关系、请客送礼说情甚至贿赂等不法违法活动来争取对自己更有利的决定,至少目前,律师所起作用也常常不是专业的,而是关系的,[37] 流行的说法是"打官司就是打关系",乃至有律所居然打广告"包赢"。可以指责这是"不正之风",言外之意这是反常现象;其实,在熟人社会,即便因为人员流动和交通便利正在陌生化,找关系也是常态,不找关系反倒异常。为保持人民性,司法机关常常强调回应民众呼声,"不杀不足以平民愤"之类的言辞不时出现于司法判决书或媒体。[38] 即便只是一种客观描述,判决严格依法,此类言辞却仍可能暗示公众:舆论会影响司法判

---

[35] 关于程序的意义,请参看,季卫东:《程序比较论》,《比较法研究》,1993年第1期。

[36] 关于制度化纠纷解决方式的优点,请参看,本书中《〈秋菊打官司〉的官司、邱氏鼠药案和言论自由》一文的有关论述。

[37] 参看,张志铭:《当代中国的律师业,以民权为基本尺度》,《走向权利的时代:中国公民权利发展研究》,夏勇主编,中国政法大学出版社,1995年,第185页及其注8、第190页及其注93。

[38] 例如,《湖北各级法院判决一批刑事案件》,《人民日报》,1996年6月19日,第3版。

决,或司法判决有舆论考量。[39] 诸如此类的因素不大可能,甚至也不应彻底消除,但还是应当尽可能予以限制,尤其要避免其左右司法判决。

然而,尽管有以上分析和质疑,对建立社会主义市场经济,我还是有信心的。最基本的理由是,历史中国的法律制度文化传统,即便真的是韦伯意义上的"实质非理性的",那也是农耕经济的产物。但它也不是本质主义的,随着中国工业化、商业化和城市化或现代化的发展,这个传统一定会被再造。一些分享中国传统文化的东亚国家和地区就是例证。这倒也不是说,所有国有企业或集体企业或私营企业都一定能发展起来,都能成功。我只是说,那些不能适应市场竞争的企业,无论国企还是乡镇企业或私企,都会"死去";那些能活下来的,只要活着,也就因其活着,就足以证明其有成功转型,有足够的"形式理性"。

此外,即便有韦伯的分析在先,我也不认为"实质非理性"就没有其可取之处,或继续发展的空间。"船小好调头"确实是缺乏主见,缺乏首创,缺乏长期规划,缺乏规则意识,但有时,你首先得活下来,才能在市场和法制中培养和打磨自身的"形式理性",并以自身的存在和发展来创造和增强市场和法制的可预期性和可算计性。

还必须考虑到,与韦伯关注的德国非常不同,中国是一个疆域、人口超级大国,疆域相当于整个欧洲,人口则是其两倍以上,地形地理气候的复杂注定了各地区经济社会发展很不均衡,这就很难设想一个制度规则高度单一的市场。从1950年代起,

---

39 关于法律运作回应民情的利弊的更系统分析,请参看,苏力《法律活动专门化的法律社会学思考》(《中国社会科学》,1994年第6期)一文中的有关文字。

毛主席就关注了，后来的中国宪法也规定了中央与地方两个积极性。[40] 改革开放就是从中央向各地放权开始的，有了经济特区，有了沿海开放城市，包括授权地方立法。[41] 抽象地比较，很难说"形式理性"和"实质非理性"哪一个更好。[42] 但至少有一点，那就是建设社会主义市场经济，不仅要把经济搞活，也要注意如何搞活；不仅应注意制定法律，更要注意建设与市场经济相互促进的作为制度的法律。这是个长期的任务，对此必须有清醒认识和充分准备。

---

[40] 毛泽东：《论十大关系》，《毛泽东选集》卷5，人民出版社，1977年，第275—277页；《中华人民共和国宪法》(1982)，第3条第4款。

[41] 如，1981年11月26日，五届全国人大常委会第二十一次会议授权广东省、福建省人民代表大会及其常务委员会，根据有关的法律、法令、政策规定的原则，按照各该省经济特区的具体情况和实际需要，制定经济特区的各项单行经济法规；1988年4月13日，七届人大一次会议《关于建立海南经济特区的决议》授权海南省人民代表大会及其常务委员会，根据海南经济特区的具体情况和实际需要，遵循国家有关法律、全国人民代表大会及其常务委员会有关决定和国务院有关行政法规的原则制定法规，在海南经济特区实施；1989年4月4日，七届人大二次会议授权深圳市人民代表大会制定深圳经济特区法规和规章；1992年7月1日，七届全国人大常委会第二十六次会议授权深圳市人民代表大会及其常务委员会制定法规，在深圳经济特区实施，授权深圳市人民政府制定规章并在深圳经济特区组织实施。

[42] 韦伯明显偏爱"形式理性"，但他也承认"形式理性"的法律有时会导致非常不合理的结论（前注15，第978—980页）。当代西方许多法学家和思想家也提出形式理性的实质化问题（例如，哈贝马斯：《交往行动理论·第一卷——行动的合理性和社会合理化》，洪佩郁、蔺菁译，重庆出版社，1994年，特别是第四章）。请看，Cunther Teubner, "Substantive and Reflexive Elements in Modern Law," Law and Society Review vol. 17/2, 1983, pp. 239-85；又请看，有关非形式或非正式法律的讨论，Richard L. Abel, ed., The Politics of Informal Justice, 2 vols, Academic Press, 1982。

四、法学研究的理性化

法学人、法律人也许也可以做些什么。

我们可以也应当做的事情之一就是使我们的法律理论思维更精密、语言表达更精确、逻辑表述更严谨。从根本上看,这也是影响法学教育和训练,进而影响我们的法律制度,使之具有更多"形式理性"的重要途径之一。我在此就以"市场经济就是法制经济"这个/类命题为例,作一简单分析。

以此为例,并非因为这一命题特别典型,或有多少学术意义,几乎没有。而只因这一命题当前得到了许多法学界人士的认同。我个人认为,这个命题有一定的召唤力和针对性,有积极的社会意义。它在一定程度上反映了社会建立市场经济的迫切要求,也反映了人们对经济体制转换中出现的法制与经济间的不协调、不相适应甚至混乱状况的不满,反映了人们要求尽快解决一系列无序现象的愿望,还反映了人们对社会主义法制的信任(也有迷信)。也反映了法学界有参与意识。但这些合理性本身都不是,也代替不了法学人的冷静学术分析。不能以政治性口号——即便是政治正确的口号——来代替学术理论命题。作为理论命题,市场经济就是法制经济有歧义,令人误解,用它来指导法制建设可能产生副作用,甚至变成一种行业叫卖。

从理论上看,这个命题似乎在暗示,有些法学理论工作者则公开宣称,市场经济的本质是法制经济或法治经济;甚至宣称只有市场经济才是法制经济,而计划经济是行政经济,是人治经济。[43] 然而,无论按照马克思还是韦伯的理论,我们都可以看出,没有一种经济活动是没有相应的法制的,法律制度一定是要通过广义的政府,或政府各部门,包括立法、行政和司法机关,甚至更具体的政府机构来付诸实践。没有一种具有某种强制性的规则的制约,人们实际上无法进行有效的交往、合作,更无法进行经济活动;因此,世界上不存在所谓的纯粹的、不包含人们的认知活动和政治社会制度制约的经济活动。这是马克思的重大发现,是为韦伯及后代许多重要的思想家和众多法学流派各自独立的研究证明的。[44] 如果我们今天还承认马克思关于经济基础和上层建筑的整体观和辩证法仍然成立,那就必须承认任何社会都有法制,任何社会的经济社会生活,只要有序,就必定在与之相应的特定法制中展开。法律学人可以赋予"法制"或"法治"自己喜欢的褒义,但这类语词本身,即便加上任何其他限定,如亚里士多德说的"良法",最多也只能保证社会和平和有序,却从

---

[43] 如,董安生:《社会主义市场经济是法治经济》,《法学家》,1993 年第 1 期;吴家麟:《"法制经济"与"法治经济"的提法并不互相排斥》,《人大研究》,1994 年第 7 期;谢邦宇:《市场经济是"法治"经济——对市场经济是"法制"经济提法的质疑》,《党校科研信息》,1994 年第 10 期。

[44] 例如,涂尔干关于两种法律的论述(Émile Durkheim, *The Division of Labor in Society*, trans. by W. D. Halls, Free Press, 1984),福柯关于监狱产生的谱系学研究(Micheal Foucault, *Discipline and Punish, the Birth of the Prison*, trans. by Alan Sheridan, Vintage Books, 1979),以康芒斯为代表的制度经济学(《制度经济学》,于树生译,商务印书馆,1962 年),以科斯为代表的新制度经济学(科斯最重要的论文集《论生产的制度结构》的前书名就是《企业、市场与法律》,盛洪、陈郁译校,上海三联书店,1990 年),以及以波斯纳为代表的法律经济学分析,都从不同的角度阐述了和发挥了马克思首先提出的这一思想,尽管他们的具体结论与马克思不相同。尤其是波斯纳,苏联解体后一年多,1993 年 3 月,他在讲演中就特别提到,不能仅因马克思主义被抹黑,就一口否认一个职业的思维模式可能有其经济原因。请看,Richard A. Posner, "The Material Basis of Jurisprudence," *Indiana Law Journal* Vol. 69/ 1 , (1993), p. 3。

市场经济需要什么样的法律?

未保证每个人的快乐幸福,甚或结果合理。[45] 否则,我们该如何解说亚里士多德鼓吹"良法"时古希腊的奴隶制?又如何解说,在斯科特案和普莱西案中,基于一些中国法学人认为很了不得的司法审查,美国联邦最高法院在南北内战之前支持了南方的奴隶制,在南北内战后又确认了种族隔离?[46]

我们可以不喜欢某个法律或制度或判决,也可以废除或改革/改良,但靠剪裁定义,自己不喜欢的就拦在法制或法治概念之外,这不是明智,其实是愚昧;是望文生义,以辞害意;貌似激进,固守的却还是传统中国对"法"的狭义理解,即"法者,宪令著于官府"。[47] 但与英文"law"对应的并不只是"法"。"导之以政,齐之以刑……导之以德,齐之以礼""不以规矩,不能成方圆"说的不也都是法?[48] 而且,也别忘了——或是从来就没真正理解过——农耕中国的经济生产方式对其上层建筑的决定性影响:"皇权不下乡",不是不想下乡,怕下乡,而是那么大一个中国,交通很不便利,因此是下不了乡,也只能"重刑轻民",也算是一种"抓大放小",集中关注维护社会最基本秩序的安定,民众的生命财产安全。[49] 但历代王朝通常无力规制其经

---

45 请参看,卡夫卡的小说《审判》(《审判:卡夫卡中短篇小说选》,李文俊、曹庸译,上海译文出版社,1987年)中所描述的那种"有法可依,有法必依,执法必严"的荒诞但发人深省的故事;另一个著名例子是纽伦堡审判提出的法西斯德国的法制问题。

46 Dred Scott v. Sandford, 60 U. S. 393 (1857); Plessy v. Ferguson, 163 U. S. 537 (1896).

47 梁启雄:《韩子浅解》,中华书局,1960年,第406页。

48 《论语译注》,前注2,第12页;杨伯峻:《孟子译注》,中华书局,1960年,第162页。

49 郝铁川:《传统思维方式对当代中国立法技术的影响》,《中国法学》,1993年第4期,第37页;田承春:《"重刑轻民"的辩证思考》,《四川师范大学学报》(社科版),1995年第3期。

济生活,这并不意味着历代中国经济一直真的是"自由放任"。

另一重大错觉是,法制或法治就应当消除,且可以消除或限制个体的错误判断和自由裁量。即便是法治,也一定需要有人提出相对完善的法案并适时修改法律。"约法三章",那就得有刘邦,而不是萧何或韩信出来承诺。即便是"萧规曹随"——其实就是遵循先例,先得有萧何,之后才能有曹参。"徒法不足以自行",法律不可能真像韦伯说的那样,变成自动裁判机。[50] 一定需要执法者,行政官员、警察、检察官、法官以及其他执法者来落实。即便毫无私心私欲,执法者也会面临规则、标准或自由裁量的难题。即便有最严格、细密的规则,还有监管,也不可能彻底消除个人裁量。[51] 事实上,从法律实践来看,更多时候,赋予执法者有限裁量权,无论是从执法的效率还是执法的社会效果来看,可能更好。这不仅会增强执法者的责任感,出了问题,也便于追究其责任。这一点其实是主张法官独立依法审判的核心理由之一。

当然,一个命题的重要不在于它逻辑上是否自洽,而是其可能的后果。我认为,以这一口号指导我国市场经济法制建设可能产生一些在我看来不好的结果。首先是容易盲目搬用外来的市场经济社会的法律。这不是反对学习甚至拷贝外来法律,我只是担心,这个命题暗示着市场经济和法律都是无语境的普适制度,因此法律人不用认真细致研究中国的现实,一个疆域和人口大国,各地政治经济文化发展不平衡,经济社会正经历着重大变革,世界上没有其他任何国家在各方面与之大致相当因此可能从容拷贝其法律。如果只看现在还是作为目标的市场经济这个概念,这个

---

[50] 《孟子译注》,前注48,第162页;Weber,前注12,p. 1395。

[51] Richard A Posner, *The Problems of Jurisprudence*, Harvard University Press, 1990, pp. 42-61. 波斯纳法官讨论了在法律实践中适用规则、标准和裁量的利弊得失。

词，不注意其他变量，甚或有时无意中轻视了某个相关变量，法律移植或拷贝或学习都会出问题，甚至很危险。这种命题也很容易导致一种经济和法制上的先验论。按照某种理论来设计规划一个理想的、万能的市场经济，配套设计相应法制，然后按图索骥，建立一个看起来很严密的法制——其实只是以计划经济的方式在建设市场经济的法治。

这两种观念都更可能限制我们对中国改革开放之现实的深入细致全面的关注，也会限制我们的想象力和创造力，容易导致立法低效、无效甚至玩笑化，还可能压制在中国正在或即将出现的一些行之有效的市场经济改革措施或临时应对措施，但还需要时间才能证明其作为法律制度的必要和可能。中国的社会主义市场经济究竟会怎样，目前还只能说是刚开始施工，远未成型，还不是一个明确或可以按部就班走程序就能搞定的"东西"（我甚至不认为会有个确定模式，而更可能是一个流动形成和不断创造的过程）。还要警惕，这一命题也容易引发以加强法制为名对正在形成、自然毛病甚多的市场进行不必要或无效的干预。[52] 完全可能，有些善良的追求，会与市场经济的目标南辕北辙。

我赞同也支持借鉴国外的，我国香港、台湾地区的法律经验，也不反对用各种理论研究指导法制实践。但任何借鉴或理论研究都代替不了中国社会中形成和发展起来的市场经济及与之相应的法制实践。市场经济及相应法制的形成一定是中国社会主义市场经济的所有主体互动或反复博弈的结果。重要的其实是摸着石头过河，"战战兢兢，如临深渊，如履薄冰"。

对这一命题的分析，因此表明，我国的法学研究与我们的社

52　参看本书中《市场经济对立法的启示》一文。

会、经济和法律运作差不多，也缺乏足够的"形式理性。"这表现为法学理论研究过于注重政治性地甚至是表态式地回应当代中国社会的变革，很少注意理论命题的精密、细致、周延和系统化。我们必须改造中国法学人关注中国现实的方式，在政治的角度之外，还要创造出学术和智识的角度。最重要的，其实是了解中国，了解中国法律所规制或服务的但正在发展变化中的中国市场经济，而不只是关心抽象的法律，或是以法条表现的法律。还必须注意反省和改造我们的理论思维方式。如果能由此向前一步，这实际上就是在发展法律的"形式理性"，改造、推进或开拓中国法学传统，间接地，却可能更深刻地，促成社会主义市场经济的发展。这个工作注定琐碎且漫长。但既然选择了这个职业，不说责无旁贷，那也只能认命。

1993 年 4 月 12 日夜初稿
1993 年 5 月 4 日夜修改于北大 26 楼
2020 年 2 月 27 日修改

变法、法治及其本土资源

> 礼失而求诸野。
>
> ——孔子*

一、问题及其意义

如何建立与社会主义市场经济相适应的现代法治？对此，许多学者主张政府以国家强制力加快立法和执法，建立一个现代法律体系，保证市场经济顺利发展；进而，还主张更多并加快移植经济发达的国家和地区的法制，同所谓国际社会"接轨"。[1] 我称

---

* 班固：《汉书》（艺文志），中华书局，1962年，第1746页。

1 关于以国家强制力来建立现代法制的观点，最明显地表现为大量论文论述了"市场经济就是法制（或法治）经济"的命题；这一命题有政治意义和社会意义，但缺乏学术意义。关于法律同国际接轨的论述也很多，可参见，钟建华：《按国际标准完善我国经济立法》，《中国法学》，1993年第2期，第18—23页；张文显：《世纪之交的中国法学发展趋势》，《中国法学》，1994年第2期，第4页；范健：《法的国际化与21世纪的中国法学的历史使命》，《中国法学》，1994年（转下页）

这种建设中国经济社会法制的模式为"变法"模式。[2]

这个目标追求没错,解放思想,激励人心,实践上也会促进和加快中国的立法。但理论上有弱点,实践中则可能带来一些意想不到的麻烦。这种观点的理论基础是,法律是上升为国家意志的统治阶级的意志,国家可以大力用法律工具来塑造和规制社会。这当然符合我国法理教科书陈述的马克思主义关于法律的基本观点,现当代中国革命和建设也积累了相关的经验。但仔细推敲起来,不是首先关心现实中国的经济和社会条件,这个命题更强调法律对市场经济和社会的塑造,似乎在中国大地上,市场经济发达国家的法律自然会创造和促成中国的社会主义市场经济,这其实割断了法律与经济生产方式之间的内在联系,违背了马克思以及其他思想家关于经济基础与上层建筑(法律是其一部分)的关系的基本观点。更重要的是,这有显著的"唯意志论"倾向。[3]

历史上也有大量实践也例证了这样一点,不考虑经济社会条件的"变法"很难真正成功。相反,一些初看并不激烈甚至保守渐进的法制变革却获得了成功。激烈的法国的大革命尽管提出

(接上页)第 2 期,第 31—36 页;郭峰:《中国法学面临划时代的变革》,《中国法学》,1994 年第 2 期,第 16 页;徐崇利:《市场经济与我国的涉外经济立法导向》,《法学研究》,1994 年第 6 期,第 40—43 页。

[2] 蒋立山将之称为"政府推进型"的法制现代化,以区别于"自然演进型"的法制现代化,见《中国法制现代化建设的特征分析》,《中外法学》,1995 年第 4 期,第 11 页及其注 1。

[3] 有人会强调,唯物辩证法也认为,在一定条件下,包括法律在内的上层建筑对经济社会生活有巨大反作用。这作为原则是不错的,但它也只是指出了一个理解、研究问题的方向,这不能替代对具体的"一定条件"的分析和把握。否则,"一定条件"就只是一个词。

了《人权宣言》，也提出了一系列现代法治原则[4]，但托克维尔认为法国大革命的"成就远不如法国以外的人一般认为的那么成功，也不像法国人起初认为的那么成功。……他们不知不觉地从旧制度中继承了大部分感情、习惯、思想"[5]。相比之下，号称"一切革命中最温和的"英国的光荣革命，却是"最成功的"。[6]就法制变革而言，18世纪末至19世纪初，边沁大力抨击布莱克斯通以《英国法诠释》对英国普通法的体系化，他大力倡导功利主义，主张将英国法法典化[7]，他的努力曾影响广泛，尤其是在刑事法律上，但英国还是坚持了自12世纪以来逐渐形成的判例法传统[8]，通过遵循先例将分散决定的英国判例系统化，有效回应了英国的工业革命以及社会变革。欧洲大陆各国所以能够法典化，除了历史久远的罗马法传统外，也与欧陆哲学的唯理主义倾向有关。[9]尽管近代法学界通常认为《拿破仑法典》创建了以个人主义为标志的近代私法体系，这确实改变了等级身份决定财产分配的欧洲私法传统，但两者的共变很难说何为因何为果，甚或两者同时均为法国社会变迁的结果。新近的一个研究表明，这是后来的一些自由主义法学家虚构的神话，"法国民法典并没有

---

4 参见，由嵘主编：《外国法制史》，北京大学出版社，1992年，第228—230页。

5 托克维尔：《旧制度与大革命》，冯棠译，商务印书馆，1992年，第29页（引文根据英译本作了调整）。

6 Bertrand Russell, *A History of Western Philosophy*, A Touchstone Book, 1972, p. 604.

7 边沁：《政府片论》，沈叔平等译，商务印书馆，1995年（1776年英文第一版）；《道德与立法原理导论》，时殷弘译，商务印书馆，2000年（1781年英文第1版）。

8 参见，萨拜因：《政治学说史》（下册），刘山等译，商务印书馆，1990年，第756页。

9 关于罗马法对法国法以及唯理论对德国法法典化的影响，参看，茨威格特、克茨：《比较法总论》，潘汉典等译，贵州人民出版社，1992年，特别是第6、11章。

改变历史,而是历史改变了法国民法典"[10]。法律人当年习惯夸耀的《法国民法典》契约自由、私有产权和过错责任三大原则,在各国司法实践中,全都受到了很有道理的限定。20 世纪尤其是二战之后,几乎所有西欧国家都曾,甚至不止一次,试图移植美国的司法审查制度,但没有哪个国家复制了美国式的司法审查,相反出现的是一种欧洲式的司法审查。[11]

或有学人以日本或其他亚洲国家和地区作为法律移植或理性设计的成功范例。但成功也许只是迷惑人的表象。[12] 有不少学者曾指出,尽管日本司法组织架构西方化了,但日本法律的社会运作却一直根植于本土,日本法律是一种"没有现代的现代化"(棚濑孝雄语),是"另一种现代"(北川善太郎语)。[13]

上述例证似乎可以下结论了,本文却想进一步论证,除袭用和借鉴外来资源外,各国法治都要注重利用本土资源,关注本国法律传统和相关的社会实践。这个观点曾以各种形式为人们重复,却还是很难让人信服。甚至,例证再多也得不出确定结论。太阳天天从东方升起会令我们相信明天太阳照常升起,但哪怕

---

[10] 傅静坤:《〈法国民法典〉改变了什么》,《外国法译评》,1996 年第 1 期,第 45 页以下。

[11] 参见, Louis Favoreu, "Constitutional Review in Europe," *Constitutionalism and Rights: The Influence of the United States Constitution Abroad*, ed. by Louis Henkin and Albert J. Rosenthal, Columbia University Press, 1989。

[12] 二战之后,日本和韩国同为美军占领并在美国指导下进行了宪法和法律变革,但结果相当不同;请看, Lawrence W. Beer, "Constitutionalism and Rights in Japan and Korea," *Constitutionalism and Rights*, 前注 11。除了其他地缘政治条件外,从另一层面上看,日本和所谓亚洲四小龙还都保留了较多的儒家传统文化。日本人偏好协商而非诉讼化解纠纷的倾向,并不像一些中国学者在反思批判传统中国法律文化时认定的,阻碍了日本建成法治社会。参见, 小杉丈夫:《美国法文化对日本法律实务的影响》,《中外法学》,1995 年第 4 期,第 74—75 页。

[13] 转引自, 季卫东:《面向二十一世纪的法与社会》,《中国社会科学》,1996 年第 3 期,第 107、108 页。

100年来每天早晨醒来也没法（甚至更难）保证一个人明晨还会醒来。没有理论阐述的支撑，恒常性（regularity）不能保证人们预期确定。人们需要理论，不仅因为他需要据此来说服别人，更重要的是，有时他可能首先要说服自己。对于当代中国法学/法律界，不仅要指出一堆注重本土资源建立法治的范例，更要从理论上说清楚为什么要甚至不得不依据和利用本土资源。尽管我知道，说清楚不等于就能说服，有时你只能遵循孔子的教诲，"道不同，不相为谋"。

我还必须回答能否并能在多大程度上利用中国本土资源。许多学者所以强调"变法"，就因为他们认为传统中国的法律——由于生发于农耕社会，强调宗法熟人关系，强调"和为贵"——不符合现代市场经济社会需要，"为权利而斗争"，因此总体而言应当抛弃，最多只能借鉴某些具体、个别的做法和观点。[14] 因此，我还想论证，在当今中国，即便再注重本土资源也不可能是回到或恢复传统，一定会超越和开创传统，建立与现代中国相适应的法治，就因为正在发生的中国经济社会变革，或称现代化。

二、全面理解法律的功能

有必要从社会功能的角度来理解法律。尽管有某种程度的限制或争议，长期以来，各类法律教科书趋于把法律界定为由国家强制力保证其实现的主权者、强者、国王、统治者/阶级的意志，

---

14 参见，陈端洪：《对峙——从行政诉讼看中国的宪政出路》，《中外法学》，1995年第4期，第2、6页。

表现为国家意志。[15] 这个定义大致描述性法律的特点。但未解说国家为什么强求社会公众贯彻其意志，乃至于很容易把法律理解为一种专断和恣意。马克思的法律定义很重要的一点就是指出了统治阶级的意志是有社会根源的，即统治阶级的物质生活条件。这就要求法律人从经济社会的角度来理解法律。从这个角度切入，我们就会发现，尽管法律体现了主权者或统治者的意志，有时，尤其是在革命或变革时期，主权者也不时以法律来推动社会革命和变革，但法律最主要的功能却不在于变革，而在于建立、维系甚至确保人们在社会交往中有大致确定的预期。从这个意义上看，法律一直是社会中一种相对保守的力量，虽然有时也会用来变革，但更多强调"照章办事""萧规曹随""遵循先例"，尽管也常常

---

[15] 在柏拉图《理想国》中，色拉西马克指出，只要推理正确，就只能说，在任何地方正义/司法都是强者的利益（Plato, *The Collected Dialogues*, ed. by Edith Hamilton and Huntington Cairns, Princeton University Press, 1961, pp. 588–9）；类似的争论也发生在西塞罗记录的亚历山大大帝与海盗关于法律/正义的争论（Cicero, *De Re Publica, De Legibus*, trans. by Clinton Walker Keyes, The Loeb Classical Library, p. 203）；霍布斯认为法律就是有权管辖他人的人的发声（《利维坦》，黎思复、黎廷弼译，商务印书馆，1985年，第122页）；基于英国当时的议会民主，边沁定义法律为"主权者宣示其必须得到遵守的意志而创制、采纳的一切标志"（Jeremy Bentham, *Of Laws in General*, ed. by H. L. A. Hart, The Athlone Press, 1970, p. 1.）。马克思、恩格斯也认为法是被奉为法律的统治阶级的意志，但他们的更大理论贡献是指出，这个意志的内容并非统治阶级或主权者的恣意，而是由统治阶级的物质生活条件决定（《共产党宣言》，《马克思恩格斯选集》卷1，人民出版社，1972年，第268页）。霍姆斯更是非常经验地从普通法传统国家中普通人的视角把法律界定为"对法院实际采取的措施的预测"，是会影响一个人行为的法律决定（Oliver Wendell Holmes, Jr., "The Path of Law," *Harvard Law Review*, vol. 10, (1897), p. 458.）；波斯纳认为法律总是体现了社会中占统治地位群体的价值（Richard A. Posner, *The Problems of Jurisprudence*, Harvard University Press, 1990, p. 9）。英文"Law"与历史中国的"法"或"律"不全等，但在中国，也强调法律是统治者对民众普遍颁布要求遵守的，"法者，编著之图籍，设之于官府，而布之于百姓者也""法者，宪令著于官府，赏罚必于民心"[王先慎：《韩非子集解》（定法）（难三），中华书局，1998年，第378、394页]。

被社会变迁裹挟而不得不与时俱进,但它总体而言不是一种变革的力量。Law and Order,法律总是同秩序相联系。也因此,我们才能理解也有许多法学家会从功能的角度来界定法律[16],制度经济学家更是从这个角度把法律确定为一种能建立确定预期的正式的制度。

因为只有在比较确定的预期下,我们才能安心进行社会交往。我们存款,就因为我们知道(其实是预期)银行明天不会倒闭;此后凭着存折或其他身份信息,而不是一定要找到当初存钱时的那位银行雇员,就可以取出来;这些钱不会作废,也不会急剧贬值,等等。我们的任何社会活动都建立在众多我们认定比较确定的预期之上。法律以及其他同类功能的规则在许多领域(但不是一切领域)分别且合作保证着这个世界不会突然变脸,失去我们赋予它的意义。正因为这一点,尽管我们时而也喜欢新

---

[16] 韦伯认为,资本主义一定要求法律可理性算计(Max Weber, *On Law in Economy and Society*, ed., by Max Rheinstein, Harvard University Press, 1954);卢曼认为法律的功能是协调人们的预期,消除意外事件(Niklas Luhmann, *A Theory of Sociology of Law*, Routledge & Kegan Paul, 1985);霍姆斯认为法律是对法官会如何决定的成功预测("The Path of Law," *Harvard Law Review*, vol. 10, 1897, p. 457);卡多佐认为法律是确定的行为原则或规则,以保证预见合乎情理的确定(Benjamin Nathan Cardozo, *Selected Writings of Benjamin Nathan Cardozo*, Fallon Publication, 1947, p. 52);波斯纳认为法律规则可以减少信息费用,降低不确定性(波斯纳:《法理学问题》,苏力译,中国政法大学出版社,1994年,第58页)。也正是基于功能主义视角,霍贝尔认定,即便没有国家的初民社会也有"法律",其功能首先就是确定初民社会的各成员之间的关系,表明社会允许什么行为、禁止什么行为(霍贝尔:《初民的法律——法的动态比较研究》,周勇译,中国社会科学出版社,1993年,第309页)。恩格斯对法律的产生也有过功能性的分析,请看后注20。除强调"宪令著于官府"外,中国古人也还强调,甚至更强调"赏罚必于民心"(韩非,同上注。引者加的着重号),以及"法,……发于人间,合乎人心而已","法者,齐天下之动,至公大定之制"(许富宏:《慎子集校集释》,中华书局,2013年,第102、108页)。

鲜感，但我们同样需要，甚至更需要确定和稳定。[17] 也因此，法律的稳定性和灵活性或变异性，循法与变法，一直是东西方法学中一个永恒争论的问题。[18] 如果法律经常变化、朝令夕改，即使法律公正，条文细密完全，机构健全，执法人员毫无偏私，也等于无法，因为人们往往无所适从。

尽管今天说到法律几乎都是成文的，但保证人们预期大致确定的却并非只有付诸文字的法律。由于集体生活和交往的需要，每个社会或社群中，即便没有国家，如初民社会的部落，若远离政府，如"不知有汉无论魏晋"的村落"桃花源"，因此可以说没有国家颁布的成文法律，也总是会形成一些习惯、惯例、风俗、礼数等，并不付诸或尚未付诸文字，不能指望政治的强制，只能靠各种形式的社会互动来制裁，也能确定和协调人们预期，指引和规范各自行为，若就其功能而言，起的就是法律的作用。尽管在不同社会里，各地人们有其各自的分类和名目。[19] 由于直接针对本地的常规麻烦，诉诸了最便捷有效的社会互动，往往还

---

[17] 即便新鲜感或冒险也需要某种程度的预期来支撑，人们有时希望"乱"，那也是因为他们预期，乱了之后其状况可能有所改善，而不是确定地变糟。

[18] 中国古代这方面的论争很多。虽然变法者强调"苟可以强国，不法其故；苟可以利民，不循其礼"，但社会上广为流传的重要原则是"利不百，不变法；功不十，不易器"（转引自，高亨：《商君书注译》（更法），中华书局，1974年，第14、16页）。这是一种成本收益分析。阿奎那曾更细致地指出，即使变法有利于一般社会福利，但也应慎重，因为仅仅变法本身就会改变人们的预期，因此有害于公共幸福（《阿奎那政治著作选》，马清槐译，商务印书馆，1963年，第125页）。这其实就是遵循先例和强调守法的最重要理由。波斯纳也曾指出，许多旧法律得以保留，并不因为该法律的理由对，只因很多人都依凭这条法律而行动（参见，波斯纳，前注16）。

[19] 今天学界最常用的概念是"社会规范"，也可称其为"风俗习惯"或"民间法"。春秋时期的管仲曾明确指出，"所谓仁义礼乐者，皆出于法"，制度功能相同，只是适用领域、范围和强制力有别罢了。黎翔凤：《管子校注》（任法），中华书局，2004年，第902页。

有共同的熟人"担保",社会规范会比成文法更能便利有效地规制人们的行为,降低交易费用,保证双赢的合作。[20] 例如,在交通不便市场不发达的社会中,人们常常是易物交换,小额交易,交易双方很容易是邻村熟人,彼此熟悉,都习惯遵循当地的风土人情和行为习惯,声誉对双方的未来交往都构成一种潜在而有效的制约。在这样的条件下,交易比较容易成功。即使没有国家统一的法律,只要有当地的习惯或惯例或双方熟悉,就可以促成交易。由此,也可以从另一个角度理解历史中国为什么"重刑轻民",因为交易规则更可能地方性,无法统一,也无力统一。另一方面,如果有人不守规矩,即使很难诉诸司法,也不乏足够多样和足够有效的民间制裁,从"不再来往""嚼舌头"到其他各种形式的"报复"。

现代市场经济条件改变了人们的交往对象和社会流动空间。交换经常跨地域,甚至跨文化跨国度;潜在的买方和卖方都是复数;双方未必熟悉、甚至完全陌生,无法短期内建立足够的信任,也没有长期分享的习惯,惯例可依赖;语言和习惯的差别还可能造成误解;人员的流动令追责更难,甚至为欺诈创造了更多可能;交易额增大意味着风险也更大。原有的习惯等各类社会规范或民间法仍会规范指引人们的行为,但效力大打折扣。习惯往往是地方性的,不见之于文字,一旦各地习惯不同,就会产生误解或不便,一旦发生纠纷,更难确定该以何地习惯为准。即便有些地方性习惯很合理,假以时日,确有可能演化成被广泛接受、

---

[20] 参见恩格斯关于法律产生的论述:"在社会发展某个很早的阶段,产生了这样一种需要:把每天重复着的生产、分配和交换产品的行为用一个共同规则概括起来,设法使个人服从生产和交换的一般条件。这个规则首先表现为习惯,后来便成了法律。"《马克思恩格斯选集》卷2,人民出版社,1972年,第538—539页。

普遍适用的规则，但这需要时间。习惯更多依赖社会舆论来保证，但在跨地区的各类交易和行为中，由于利益分歧，常常很难形成统一的舆论；若有人操纵，有人偏狭，还会出现舆论对立，听起来不错的"民意""民心"非但不能起规范作用，反而可能激化冲突。由于种种其他原因，如交易额较小、交易双方地位不平等等，许多应受社会舆论制裁的交易行为有可能不被看见，因此未受到舆论制裁。交易受害人无法获得合理的救济。在这里，国家统一平等实施的制定法变得不可缺少，这是促使社会跨地域交易、流动，形成统一的大市场，同时也是国家的政治社会整合的最重要的力量。

即便如此，各地民众在各自社会生活中形成的习惯和惯例仍有重要作用，仍然是塑造和促成统一的大市场的不可缺少的规范组成部分。不仅因为成文法或制定法不可能规定一切，永远需要各种和各类习惯、惯例、社会规范才能起作用，更重要的是许多制定法往往只是对社会生活中已经通行的习惯、惯例的确认、总结、概括或升华。甚至完备的制定法，也不可能对社会生活和市场经济的所有细枝末节都予以规定，不仅要给当事人的自由选择留下充分空间，而且要为社会生活方方面面的创新发展留下足够空间，也要给执法司法者的酌情裁量——以便使裁决结果合乎情理，增强执法司法者的权威——留下适度空间。从这个角度来看，制定法的出现，特别是近现代以来的全面增多，正如马克思所言，只是因社会经济生活方式的变化引发的政治法律经济社会制度变迁的结果之一。[21] 由于有国家强制力作后盾，制定法更容易在更大区域内贯彻，但能得以更有效贯彻执行的法律，往往是

---

21 参看，诺斯：《制度、制度变迁与经济绩效》，刘守英译，上海三联书店，1994年。

那些与通行的习惯、惯例相一致或相近的规定。一个只靠国家强制力才能贯彻的法律，即便理论上再公正，也难免失败。在一个传统和惯例令人们行为可预期程度更高的社会中，则可以大大降低国家执法的强制力。[22]

三、中国现代法治建设的难点

从上述观点出发，在中国从计划经济向市场经济转换、建立全国性统一大市场的过程中，必定要求和引起法律和习惯的变化，最终要求形成与市场经济相适应的法治。尽管目标已经明确，但中国法治却不能仅仅按照理论上论证的那种与市场经济相适应的法律制度，或者外国行之有效的法律制度来建立。这是因为市场经济所需要的并不是一种抽象的法治，而是一种从总体上最大限度地减少交易费用、促进交换发生和发展、促进财富配置最优化的规则和制度，其中包括正式的法律和大量的习惯惯例。变法引出的制度变化并不必然符合市场经济需要，它不能替代社会生活中所需要的大量习惯惯例；法律移植也不可能完成这一点。特别是由于中国的市场经济的建立与西方的历史发展不同，当代中国的改革在很大程度上是——尽管不完全是——一种自上而下推进的改革。这就必然带来了中国法治之路的不同。

在西方国家中，法治传统或相当一部分法律制度是在市场经济"自然"发生过程中逐渐演化变革形成的，例如合同法、财

---

[22] 哈耶克：《个人主义：真与伪》，《个人主义与经济秩序》，贾湛等译，北京经济学院出版社，1991年，第23页及其注2。

产法、公司法、侵权法、票据法、银行法等。在长期的实践中，原先西方社会中一些不适应现代市场经济的法律制度由于经济人追求财富最大化的动力而不知不觉地被改造了、废除了。因此，即使当西方国家政府颁布有关的法律规则或进行法典化的时候，其法典内容中的很大部分是对已经通行于市民社会中的习惯性制度的认可（这类法律在大陆法系因此被称为私法），而不是或主要不是法学家或政治家的创造，作为制度的法律与作为制度的习惯差距并不大。[23] 正如《拿破仑法典》起草委员会主席波特利斯公开宣称的，"历史告诉我们，几个世纪以来，没有制定过几部好的法律"，因此，"与其改变法律，不如给公民提供一个热爱旧法的新理由"。[24] 这类法律，即使是国家颁布的，由于有比较深刻的社会基础，因此无须太多强制就可以为社会所接受。这种法律制度的变迁，实际上是渐进的，水到渠成的。在英美法国家，由于遵循前例的根本原则和法院的作用，其法律和制度的变化也基本是演进的。

但"变法"，即由于立法活动而引起的制度变革效果却不那么理想。例如20世纪特别是30年代以来许多国家都对经济和社会实施了更多的干预，对这类法律制度的评价往往有很大分歧。一些经济学家的研究结果表明，即使是出于善良动机的立法，也常常引出不好的、缺乏效率的结果。例如，为保证消费者有支付能力的需求而长期限制某种产品的物价，结果是这种产品数量更少，

---

[23] 例如，法国《拿破仑法典》对法国习惯的吸纳，参见《比较法总论》，前注9，第7章。又请参见，伯尔曼：《法律与革命——西方法律传统的形成》，贺卫方等译，中国大百科全书出版社，1993年。

[24] 转引自，傅静坤，前注10，第46页。

消费者更难以得到满足,甚至会出现有价无市的现象。[25] 正因为此,美国法律经济学家们总是赞美习惯法和普通法,而对政府颁布的成文法持怀疑或否定态度。[26] 究其原因就在于,普通法——由于其遵循前例的原则——是经过长期实践检验、不断改进并为人们所接受的行为规则,而大多数成文法,特别是干预经济的法律,即使是在周密的计划、算度后颁布的,却由于利益集团的压力以及其他太多的难以预测的因素,而未必获得好的结果。同样,1960年代初,为促进不发达国家的现代化和经济发展,曾有一些西方学者主张这些国家实行法律移植,一度声势颇为壮观;但仅仅10年之后,这些学者就开始怀疑这一现代化战略,他们认为强制性的法律移植实际是不可能的,并对法律移植运动进行了反思和批判。[27]

西方法律的这一历史经验对我国社会主义市场经济变革中的法治设计和建立应当有警醒作用。我国历史上的市场经济不够发达,从来没有形成过统一的大市场,因此,商业习惯全国并不统一;长期的计划经济,使原来就不健全不完整的商业习惯更加零落。可以说当代中国绝大多数人都是在几乎完全没有规矩的条件下,一下子进入或被抛入了市场的。同时在立法上,由于近代以来的西方中心主义,以西方的法律形式、分类和模式为标准进行立法,对我国的传统的商业习惯、民间习惯研究重视非常不够,

---

[25] 弗里德曼:《有害的法令》,《弗里德曼文萃》,高榕、范恒山译,北京经济学院出版社,1991年,第159—161页。

[26] 波斯纳,前注15;诺斯,前注21,特别是11章;又请看,科斯:《社会成本问题》,《论生产的制度结构》,盛洪、陈郁译校,上海三联书店,1994年。

[27] 请看,David Trubek and Marc Galanter, "Scholars in Self-Estrangement: Some Reflections on the Crisis in Law and Development Studies in the United States", *Wisconsin Law Review*, 1974;又请看,杜鲁贝克:《论当代美国的法律与发展运动》,《比较法研究》,1990年第2—3期;奥·凯恩-弗伦德:《比较法与法律移植》,《比较法研究》,1990年第3期。

总倾向于视其为封建的旧习惯，甚至视而不见，因此我们在立法时往往是借鉴所谓的现代外国法律多于考察本土的习惯、惯例。自清末以来，中国法律制度的变迁大多数都是"变法"，一种强制性的制度变迁。这样的法律制定颁布后，由于与中国人的习惯背离较大或没有系统的习惯、惯例的辅助，不易甚至根本不为人们所接受，不能成为他们的行动规范（因此这也许可以部分地说明中国近代以来法律现代化的努力为什么不很成功）。[28] 这样的法律往往——至少在实施的初期——并不能便利人们的行为（即不能有效地减少交易费用），相反可能会使人们感到是在添麻烦。人们为了追求交易费用的减少往往会规避法律，而借助于一些习惯的纠纷解决方式，结果是国家制定法的普遍无效和无力。[29] 当然这并不是说不应当变法，而在于指出"变法"型制度变革和法治建设的一些弱点：即使是西方一些国家通用的法律或做法，即使理论上符合市场经济减少交易费用的法律和制度，如果与本土的传统习惯不协调，就需要更多的强制力才能推行下去。这说明了要在我国建立一个运行有效力并有效率的社会主义法治，依据、借助和利用本土的传统和惯例的重要性。

四、在市场经济建设过程中形成新的习惯和传统

　　利用本土资源，还有几个问题必须回答。第一，从哪儿去寻

---

[28] 费孝通1936年调查发现，尽管1929年宣告生效的民法以保障男女平等为由，改变了中国社会中传统的继承制，但7年后，就费氏调查的那个村子而言，"没有任何实际变化的迹象"。请看，《江村经济》，江苏人民出版社，1986年，第56—57页。

[29] 参见，苏力：《法律规避和法律多元》，《中外法学》1993年第6期。

找本土的资源？第二，这些本土的资源是否能与我们的目标模式和现代法治兼容？如果不能，我们又何以进行一种"创造性的转化"？

寻求本土资源、注重本国的传统，往往易被理解为从历史中去寻找，特别是从历史典籍规章中去寻找。这种资源固然是重要的，但更重要的是要从社会生活中的各种非正式法律制度中去寻找。研究历史只是借助本土资源的一种方式，而且本土资源并非只存在于历史中，当代人的社会实践中已经形成或正在萌芽发展的各种非正式的制度是更重要的本土资源。传统并不是形成文字的历史文献，甚至也不是当代学者的重新阐述，而是活生生地流动着的，在亿万中国人的生活中实际影响他们的行为的一些观念；或者从行为主义角度来说，是他们的行为中体现出来的模式。这种东西，无论中国当代法律制度在其他方面是如何西方化了，都仍然在对中国社会起很大作用。经济学家樊纲的研究发现，中国传统的宗法关系深深地影响了当代华人企业（包括中国大陆和其他国家和地区的华人企业）的组织结构和运作，实际上成为华人企业组织结构的一个重要因素。[30] 这种借助于宗法关系建立的华人企业制度，尽管在理论上和实践上都与理想型的现代市场经济的运作并不协调、并可能造成一些问题，但樊纲的研究实际指出，这种借助于宗法关系的企业制度之所以存在，是因为这种历史传统在一定程度上、在一定时间内有利于减少交易费用、建立比较稳定的预期，因此无论对内对外都有利于企业的稳定和市场经济的形成和发展。我并不想过分赞美中国传统的宗法

---

[30] 樊纲：《中华文化、理性化制度与经济发展》，《经济文论》，生活·读书·新知三联书店，1995年；又请看，费孝通：《晋商的理财文化》，《读书》1995年第5期；李亦园：《乔家大院的大红灯笼》，《读书》1995年第5期。

制度对现代的影响。但问题是，我们无法通过宣传和教育、或以法律禁止而彻底清除这种传统的"消极"影响，我们有必要借助这种传统的"积极"影响来逐渐形成发展出一些适合中国社会的制度。必须指出，这个例子所要说明的并不是中国应当依据或借助传统的宗法关系来建立法治，而在于说明即使是宗法关系这种几乎为所有当代学者批判的文化传统，也可能对制度的形成和转变产生一种积极的作用。[31]

更多的人会担心，借助中国本土资源和传统形成的制度也许很便利，但从长期来看，仍然不符合理想的现代法治。例如，借助宗法文化的影响可能强化宗法关系。这种担心是有理由的。但随生产方式的变革，人口的流动，应当说宗法关系或变相的宗法关系得以强化的经济制度基础将不断削弱。我之所以强调借助中国的本土资源建立现代法治，正是在经济体制变革这一根本前提下，借助本土资源并不必然也不可能恢复昔日的全部做法。

法治建设借助本土资源的重要性还在于这是法律制度在变迁的同时获得人们的接受和认可，进而能有效运作的一条便利的途径，是获得合法性——即人们下意识的认同——的一条有效途径。实际上，随着社会的发展，由于各种力量的合力或互动，任何法律和制度总是不断发生变迁，而保留下来的仅仅是形式。[32]而这种形式的保留，不仅有利于制度和社会的稳定，而且这种变革会使一种制度产生出当初的创制者难以设想的、几乎是化腐朽

---

[31] 请看，弗雷泽：《魔鬼的律师》，阎云祥、龚小夏译，东方出版社，1988年；该书论述了被某些人们认为是迷信的一些仪式和制度在另一些社会中其实起到了维持统治秩序、保护私有财产、确立婚姻制度和保障人身权利的作用。

[32] 请看梅因对法律拟制的分析，《古代法》，沈景一译，商务印书馆，1959年，第15—17页。

为神奇的功用。[33]

可以以近十几年的中国经济体制改革——实际上也是法律的变革——为例。这一变革的成就是巨大的，但在这一变革中最成功、似乎也最容易的无疑是农村的改革。仅仅数年间，中国的农业生产就发生了一个突变，取得了极大的进步。初看起来，中国农村的改革仅仅是由于中央政府政策的改变，因此在这个意义上看，似乎是一种"变法"的结果；但是若将这一变革放到中国农村经济法律制度的历史长河中，我们发现从中国农村改革中出现的家庭联产承包责任制与中国历史上长期存在的一家一户的农业经济制度有很多相似之处。在这个意义上，我们可以说，中国农村改革的制度创新是在这种传统本土资源下产生的，其之所以成功和"容易"恰恰不是因为其打断了传统，而是因为这一改革在很大程度上回归了传统。

另一个中国经济变革的成功范例是中国乡镇企业的持续高速发展。然而，我们看到乡镇企业发展最迅速的却不是最先进行农业改革的四川省和安徽省，而是苏南地区。而苏南地区之所以能够迅速发展起来，除了其他地缘和文化因素之外，一个公认的、很重要的因素是先前公社制下就已经出现的社办企业。[34] 尽管后来人民公社制度被抛弃了，其中的一些结果却成为有用的资源在

---

[33] 最佳例证之一是霍姆斯对海商法中"对物诉讼"（deodand）演进的谱系分析（O. W. Holmes, *The Common Law*, Little Brown and Company, 1948, pp. 25 ff.）。又请看，韦伯对西方程序法得以发展的分析（M. Weber, 前注 16, p. 60）。

[34] 费孝通先生曾以为苏南地区经济兴盛的原因是中共十一届三中全会以后农村的农副业商品生产的发展，但"后来经过实地调查，才发现苏南地区的兴盛的主要和直接原因是社队工业的迅速发展"；请看，《行行重行行：乡镇发展论述》，宁夏人民出版社，1992 年，特别是第 22—27 页以及其他文章中论及乡镇发展的段落。又见，周尔鎏、张雨林主编：《城乡协调发展研究》，江苏人民出版社，1991 年，特别是第 41—42 页，以及费孝通的"后记"，第 318—319 页。

发挥着作用。社队企业从其诞生之日起便更迫近市场,因而从中已经引出并仍然可能引出许多根植于我国传统社会的制度创新,这种制度创新可以避开目前城市改革中极难医治的福利病,因此对后来经济和制度的变革有重大影响。正如一位经济学家所指出的,乡镇企业的诞生,最重要的意义也许不在于其增长的实绩,而在于它为我国现代企业制度的孕育提供了许多制度上的试验和示范。[35]

相比之下,自1984年开始的中国城市的经济改革,尽管发生在思想更为解放、准备更为充分、计划更为周密的条件下,但我们至今仍在"摸着石头过河"。这并不仅仅因为这一改革更复杂、范围更广这样一些限制,而在于在中国建立社会主义市场经济,这是一个前无古人的事业。所谓"前无古人",就是说我们缺乏经验和传统、缺乏足够的制度资源和理论资源。我们不得不在改革中逐步积累经验,实际是积累资源,逐步建立起一种"传统",使个人、企业以及政府机构都能逐渐接受或习惯市场经济的运作。

中国的经济改革和法治建设都因此必然显示出一种渐进的模式。

五、另一种论证: 地方性知识和有限理性

现代的作为一种制度的法治之所以不可能靠"变法"或移

---

[35] 陈剑波:《乡镇企业的产权结构及其对资源配置效率的影响》,《经济研究》1995年第9期,第31—32页。

植来建立，而必须从中国的本土资源中演化创造出来，还有另外一个理由，即知识的地方性和有限理性。具体的、适合一个国家的法治并不是一套抽象的、无背景的（decontextual）原则和规则，它涉及一个知识体系。一个活生生的有效运作的法治社会需要大量的、不断变化的具体的知识。假如我们可以确定我们关于建立现代中国法治的知识是完全的，或者假定外国的法治经验已经穷尽，或者假定建立法治所需要的所有具体的信息可以以某种方式汇合到一个大脑或一个中央权威机构的话，那么我们可以先说建立现代法治并非难事，只需按图索骥，演绎成章。

然而，所有这些假定都是不能成立的。如同计划不可能穷尽关于一个社会中经济活动的一切信息或知识，不能获得关于人们偏好的一切知识一样[36]，任何法治建设的规划也不可能穷尽关于一个社会中法律活动的全部信息或知识，无法对社会中变动不居的现象作出有效的反应。因此，我们不可能仅仅依据我们心目中的理想模式或现有的理论来规划建立出一个能有效运作的现代法治。

外国的法治经验的确可能为我们提供启示和帮助，同时在对外交流日益频繁的今天，也正在影响着我们的社会，有的已经融进了我们的传统。但由于如下原因，这种启示和帮助将是有限的，不可抱过高的希望。首先，社会活动中所需要的知识至少有很大一部分是具体的，因此一定是各地方的。[37] 这些地方性的知

---

[36] 参看，哈耶克：《知识在社会中的作用》，《个人主义与经济秩序》，前注 22。

[37] 参见，Clifford Geertz, *Local Knowledge, Further Essays in Interpretive Anthropology*, Basic Books, 1983；哈耶克，前注 36，第 76—78 页；休谟则曾以古希腊、古罗马和英国的三个政治规则为例，强调"确定普遍的政治准则，应慎之又慎；（因为）在精神领域和物质世界中频繁发现不规律和特别的现象"（David Hume, *Political Essays*, Cambridge University Press, 1994, p. 179）。吉尔兹认为所有知识都是地方性的、具体的，休谟和哈耶克认为至少有一部分知识是地方性的，甚至是个人性的。

识不仅不可能"放之四海而皆准",甚至除非身临其境,否则很难有效传递。因此,可以也应当学习和借鉴外国的经验,尤其是那些可以借助现代手段高效交流的知识和经验,却不可能替代中国人在其具体时空中积累的经验。此外,由于文化和语言的原因,哪怕试图客观交流传达的外国法治经验也不可避免地被扭曲,或被误解。"书不尽言,言不尽意"实在是人类社会中普遍且无法彻底消除的问题。[38] 无论我们如何细致描述、界定、概括外国的法治,翻译外国学人的著述,都必须切记,这都不等于外国法治经验本身。指出这一点并不拒绝借鉴,而恰恰是为了更有效地借鉴。

正是由于任何社会的法治形成和运作需要大量的、近乎无限的知识,包括具体的、地方性知识,还必须预先想到无数人基于各自利益对法律和制度的各种利用、挪用甚至滥用,靠立法者理性来成功规划构造或移植这样一个以全然甚或主要依据制定法的制度体系几乎没有现实可能。主要以国家制定法为制度主干的现代法治的发生和有效运转仍然需要利用本土的法治资源。

潜藏于我们社会与制定法共栖、互补的各类"民间法"或社会规范在现代法治中仍然可以扮演重要角色。

哈耶克在论证市场经济所以有效时曾指出,市场经济运作需要大量信息,不可能全都通过计划汇总起来并作出有效率的反应,只能通过市场体系才能最有效地运用。[39] 任何社会的法治实践在一定程度上也是如此,甚至必定如此。一个多世纪前霍姆斯

---

[38] Cf. Michel Foucault, The Order of Things, An Archaeology of the Human Sciences, Vintage Books, 1994, 特别是第 3 章。
[39] 哈耶克,前注 36。

就曾指出，美国"普通法体现了一个民族多少个世纪来的发展历史，因此不能像研读一本充斥着定理和公式的数学教科书那样来研究法律"[40]。现代中国的法治不可能只是一套细密的文字法规加一套严格的司法体系，如果"赏罚必于民心"是值得甚或必须追求的，那么法律就一定与亿万中国人的价值、观念、心态以及行为相联系。从特定维度看，建立法治就是，在当代社会生活中，建立普通中国人对其他行动者（个人、法人和政府机构）行为的确定预期。也因此，中国的法治之路必须依靠中国人民的实践，而不只是几位熟悉法律理论和外国法律的专家学者的设计规划，也不只是各级立法机关制定的立法规划。中国人将在社会生活中运用各自的理性，寻求能够实现其利益最大化的解决纠纷和冲突的各种办法，相互调整和适应，逐渐形成一套与当代中国发展变革的社会生活大致适应的法律和社会规范体系。

这也是对人民的创造力的尊崇。尊崇人民的创造性，不是因为抽象的民主或关于人民的神话，只因为每个人（包括历史上的个人——因此要珍重传统）都可能拥有一些别人无法拥有的具体知识，其中有些甚至可能对他人甚至对更大的社会都有意义。基于各自具体的知识，众多个体之间并非统一规划的行为、有些看来甚至可能是异想天开的努力相互作用、相互限制、相互碰撞，有时也相互冲突，才发生了一系列至今仍在发挥作用的重要制度——包括市场经济、国家（state）、法治乃至日常的语言。所有

---

[40] Holmes，前注 33，第 1 页。

这些制度都只是人类行动而非设计的结果。[41] 用中国人更熟悉的话来说，那就是人类其实一直都是在"摸着石头过河"。如果说中国的经济体制改革给予当代中国法治建设有什么最重要的启示的话，这应当是最重要的之一。

六、结　语

与上述论证一致，本文就不可能，也不打算规划勾勒一条中国法治之路。事实上不可能有先验确定的中国法治之路。尽管如此，本文还是隐含了一些对中国当下法治建设和法律实践或许有些意义的命题或观点。例如，长期以来，我们更倾向于视法律为

---

[41] 这就是斯密在《国富论》中论述市场经济的"看不见的手"。但这一点并不限于市场。还有各国的社会组织形式，其"源起既模糊也遥远，比哲学可早多了，它们都源自人的本能而非思辨"，"各国偶然建立的机构，其实都是人类行动的结果，而非有意为之"（Adam Ferguson, *An Essay on the History of Civil Society*, ed. F. Oz-Salzberger, Cambridge University Press, 1996, p. 119）。"政府的起源是相当偶然且相当不完善的"（David Hume: *Political Essays*, Cambridge University Press, 1994, p. 22）。霍姆斯（以及卡多佐）也是这样看待法律的，霍姆斯最重要的法律命题就是"法律的生命从来也不是逻辑，而是经验"，前注提及的他"对物诉讼"的谱系学展示就是这一命题的典型例证（见前注40）。霍姆斯之后两年（1883年），德国经济学家门格尔以一章的篇幅讨论了诸如法律、语言、国家、货币、市场，所有这些社会的构件（social structures）就其各种经验的形式和不断变化而言，很大程度上"都不是协议的或主动立法的产物，而是不曾意想的历史发展的结果"（Carl Menger, *Investigations into the Method of the Social Sciences with Special Reference to Economics*, trans. by Francis J. Nock, New York University Press, 1985, p. 147）。与弗格森和休谟等人观点相反的似乎是被严重误解的霍布斯、洛克的国家观和法律观，霍布斯认为国家是武力征服的产物或协议（社会契约）的产物，法律也是，洛克则认为两者都是社会契约的产物。但上述两类观点并不矛盾。弗格森、休谟和霍姆斯，以及至少半个霍布斯，关注的是国家和法律实际是如何发生的，另半个霍布斯，但尤其被西方学者夸大的洛克讨论的是国家和法律的正当性。许多学者混淆了这两者。

社会变革的工具，而忽视法律最重要的特点是保持稳定，是一种保守的社会力量；因此，当我们为建设法治而频繁"修改完善法律法规"的努力反倒有可能打破了法律所要维护的稳定社会预期。当人们发现"计划没有变化快"时，他们就更可能选择无视法律。又如，改革开放的年代法律移植难免也必要，但如果规则与中国社会脱节，遵循法律只是一种负担，就一定会出现频繁甚至普遍的法律规避现象。就要求法律和法学人更关注中国社会中既有的和改革开放以来开始形成的一些社会规范，而不是简单地比照西方国家的法律或西方学者的表述。我们切不可在抽象赞美民主的同时却轻视甚至鄙视中国民众以他们的实践而体现出来的创造力，在高歌平等的同时却把中国人（包括中国古人）的实践智慧和理性视为糟粕。昔日曾有过这类现象，是激烈的社会革命和变革所不可避免的，甚至是必要的，但不能成为思维定式，意蒂牢结，那就会成为当代中国法治建设的障碍。

法治的建立需要时间，因为任何制度、规则、习惯和惯例在社会生活的确立都需要时间。孔子说过，"七十而从心所欲，不逾矩"，这是法治对人的规训。萨维尼曾说过，"一切所有权都是因时效而成熟的他主占有"[42]，这是时间对产权的意义。而在萨维尼之前，伯克还曾将"时效"这个罗马法中的私法原则改造成宪法原则之一，即现代法治的原则之一。[43] 这些哲人、学者之所以强调时间，就因为持续稳定的法律实践会塑造人们的观念和行为模式，并赋予规则、规范和制度的合法性。时间是"上帝"的事业。事实上，时间本身不可能有什么神力，它只是一种

---

42 转引自，梅因，前注 32，第 144 页。
43 参见，列奥·施特劳斯、约瑟夫·克罗波西主编，《政治哲学史》，李天然等译，河北人民出版社，1993 年，第 835—838 页。

简便的标记,标记的是资源的累积、传统的承接或转换、人们的习以为常和天经地义——或称合法性的确立。我们的责任只是,在当代中国经济社会改革的大背景下,研究和回应法律实践的一个个具休问题,这就是在创造、累积中国法治的资源。套用中国人的一句老话:"尽人事,听天命。"调子不高,理却未必错。

第二编

司法制度研究

论法律活动的专门化

> 不在其位,不谋其政。
>
> ——孔子*

一、问　题

从国内外的历史经验来看,随着社会分工的发展,尤其在市场经济条件下分工日益细致,法律机构会有一种趋势性变化——法律专业化。法律专业化在此可以有三种不必然分离的含义:首先是社会中有了专职从事法律事务的人员,即法律职业化;其次,与之相伴随,逐渐会设置专门的法律机构;第三,法律机构形成相对独立的运作。

目前中国市场经济的发展肯定会使法律在上述三个方面都进一步专业化。本文不打算讨论法律机构设置的专业化,随着市场经济的发展,法律机构设置肯定会发生变化。例如,除依法设立

---

*　杨伯峻:《论语译注》,中华书局,1980年,第82页。

的军事法院、铁路运输法院、水上运输法院、森林法院等专门法院外，改革开放以来，依据《人民法院组织法》（1979），各地法院又先后设立了经济审判庭、行政审判庭[1]；主要在一些大中城市的法院建立了少年法庭。还有些地方设立了专门的知识产权法庭、房地产法庭和金融巡回法庭。[2] 这些机构设置变化本身就体现了法律活动专业化。但在我看来，考察还需要深入。因为经验告诉我们，关于法律机构的法律文字，或法律机构的制度设置，即便相似，其运作方式和程序也可能不很相同，甚至很不相同。我更关心市场经济条件下相对独立的法律机构专业运作，以及与此相关的某些问题。中国法学界也曾就法律从业人员的专业化即职业化问题有不少讨论，但其关注点往往是在法律机构中从业的那些人，本文则力求将人的问题与法律机构专业运作的问题勾连起来。

通过这一研究视角，我们可以对法理学应然命题"司法独立"或"司法机关依法独立行使职权"有新的理解。不是强调任职法官或从事法律的那些人的自身特点或职业身份，而是从社会劳动分工和知识技能积累分化来理解法律/司法专业化和职业

---

1 《人民法院组织法》（1979 年 7 月 1 日第五届全国人民代表大会第二次会议通过）第 24 条第 3 款规定"直辖市的中级人民法院和省、自治区辖的市中级人民法院应设经济审判庭"；第 27 条第 2 款规定"高级人民法院设刑事审判庭、民事审判庭、经济审判庭，根据需要可以设其他审判庭"。《人民日报》1986 年首次报道"武汉市中级人民法院等一些人民法院相继设立了行政审判庭"（《人民日报》，1986 年 11 月 15 日，第 4 版）；1990 年正式报道我国已建立 862 个少年法庭（《人民日报》，1990 年 11 月 4 日，第 3 版）。

2 依据《人民法院组织法》的规定，"根据需要"而自行设定的其他审判庭，目前已知的有：1986 年 8 月武汉江汉区成立的房地产法庭（《人民日报》，1986 年 8 月 14 日，第 4 版）；1993 年外交部发言人首次提及的"中国法院成立了专门的知识产权法庭"（《人民日报》，1993 年 12 月 3 日，第 4 版）；以及 1995 年报道的山东淄博法院在周村区、淄川区、张店区设立了金融巡回法庭，专门受理银行的贷款案件纠纷（《人民日报》，1995 年 2 月 19 日，第 2 版）。

化的所谓"历史必然性",将一个应然命题转变为一个实然命题。这一视角还可能令我们早早对法律/司法活动专业化/职业化的利弊得失有所理解,在制度安排选择时,在借鉴外国法律制度时,能更清醒、自觉和自主,避免"有了××就可以××"的基础主义倾向,减少对中国法制建设可能造成的负面影响。

二、社会分工与法律活动专业化

我国目前对司法独立或司法机关依法独立行使职权的法学理论阐述基本是从政治学角度出发的。如在论述中国之所以要实行审判独立时,理由是维护国家法制统一;正确发挥司法机关的职能;防止特权和抵制不正之风。[3] 谈及西方司法独立时,也侧重于这是资产阶级革命的要求。但仅从或主要从政治上解说不了司法独立作为制度在西方国家的确立,但各国又很不相同[4],也说不清中国确立司法机关依法独立行使职权的周折。仅以政治目的论来解释,很容易走向观念决定论,强调领导人的意志决定一切。

这种解释也无法解释历史上存在的反例,或是将历史上特别

---

[3] 例见,沈宗灵主编:《法学基础理论》,北京大学出版社,1988年,第384—385页。其他有关著述也大同小异,着眼于应然。

[4] 例如,孟德斯鸠的解说"如果司法权不同立法权和行政权分立,自由也就不存在了。如果司法权同立法权合而为一,则将对公民的生命和自由施行专断的权力,因为法官就是立法者。如果司法权同行政权合而为一,法官便将握有压迫者的力量"(《论法的精神》,张雁深译,商务印书馆,1961年,第156页),从逻辑上看,并不成立。而且,他的观点被美国人采纳了,三权分立,而在英国,最早的普通法法官其实就是国王派到各地的亲信大臣,英国的最高法院至今是英国上议院(2009年英国建立了独立的最高法院。——补注),是英国立法机关的组成部分。

是资本主义社会以前的法制（司法独立被认为是资产阶级革命的产物）视为一片漆黑。事实未必如此。中国历史上的确司法行政不分，但那些得到人民长久赞美的清官如包拯，虽然是行政官员，其实是独立的。考虑到历史中国也曾有过长期的繁荣和安定，很难想象，司法不独立，人民任官吏宰割；也很难想象，如有学人说的，冤案错案的发生主要因为司法不独立。如果不是枉自尊大，菲薄历史，就应当承认，在中国历史上，即便在各地行政司法长期合一或混杂，即便有贪官污吏，即便有冤案错案，但在当时的社会特别是技术条件下，整体而言，相关的法律/司法决定大致公平并有效率。

如果这个推断还有点道理，就会有两个问题，更多与历史中国有关。没有独立的司法，为什么当时行政司法合一的制度在一定时期也能大致有效发挥其稳定社会、保持社会大体公正的作用？但更重要的是，如果一种已确定的法律制度起到过这种作用，那为什么又会变迁，出现专职的司法部门、司法独立或依法独立行使职权的制度实践？社会某个阶级、团体或个别思想家、领袖人物的善良意愿或远见卓识显然无法回答这些问题，即便当时某人确实曾提出了这种观点。[5] 不否认，我甚至愿意承认其可能作用重大。但人只是在特定历史条件下创造历史[6]，创造也未必总是人们清醒自觉追求的结果，而是诸多社会历史条件催生，逐步形成的。

---

[5] 孟德斯鸠说自己的三权分立的根据是英国经验，但孟德斯鸠非但不曾去过英国，而且英国也不是三权分立。世界各主要国家中，真正采用孟氏三权分立的，只有美国联邦政府；换言之，甚至不包括美国各州政府，以及孟氏的故乡法国的政府。

[6] 参见，马克思：《路易·波拿巴的雾月十八日》，《马克思恩格斯选集》卷1，人民出版社，1972年，第603页；又见《恩格斯致约·布洛赫》，同上，卷4，第477—478页。

论法律活动的专门化

我认为法律/司法活动专业化/职业化是一个过程，与社会劳动分工增加、社会生活复杂化相联系。

可以首先考察一下法律人员的变化。专业、职业法律人员是如今法律机构的重要构成因素[7]，从历史上看，作为制度的法律机构也一定出现在专门的法律人员之后。或者说，最早在社会中扮演法律机构角色、履行其功能的就是一些个人。裁断解决纠纷者之所以无须接受专门训练[8]，究其原因，概括说来，就是社会生活比较简单，案件或纠纷也比较简单。设想，在历史中国的小农经济熟人社会中，很少流窜作案，也很少陌生人介入的纠纷，纠纷涉及的人和物基本都在当地社区，最多是村落之间的纠纷，容易为社会大多数人理解，也很少需要复杂技术来调查取证，遵循当时社会约定俗成的通行规则，必要时，为解决冲突，简单演绎甚至创造了一些新的规则，大致可以作出八九不离十的判断。稳定的熟人社会意味着人们低头不见抬头见，重复博弈，不知道哪一天相互有求，这都趋于促使争议各方"和为贵"。因此，无论我们是否将这些民间通行的规则及其演绎适用定义为法律，仅就功能而言，它们实际起到的就是法律规范人们行为的作用。由于适用的大多是与当地日常社会生活联系紧密的，甚至是祖上传

---

7 因此，韦伯对法律的定义把执法司法人员也即官僚视为法律的基本要素之一，以区别于其他类型的社会规范。韦伯还进一步将专业化司法人员视为与资本主义市场经济相适应的现代法制与其他法制类型的重要区别之一。Max Weber, *On Law in Economy and Society*, ed., by Max Rheinstein, Harvard University Press, 1954, p. 5.

8 这在中国相当普遍，广受民间称赞的包拯、海瑞等人都不是专职法官；在地方，这种情况直到清代仍然相当普遍。瞿同祖的研究表明，清代州县两级官员最主要的职责之一就是审判，但这一职责不限于今天的司法裁判，而是包揽了从法医、警察总长、检察长到法官的全部职责；他们中大多数都只受过很少、甚至完全没有受过法律教育。参见，T'ung-Tsu Chu, *Local Government in China Under the Ch'ing*, Harvard University Press, 1962, 特别是第 7 章。

下来的习惯或惯例，只要对案件事实判断不出差错，未有法律职业训练，也可以作出大致合理的裁决，或至少双方可能接受的结果（调解），有时甚至未必需要强制执行，社区的舆论压力就足够了。从这个意义上看，人类历史上曾普遍且长期存在的立法行政司法的不分[9]，并非愚昧，相反可能是人们面对相对简单的农耕社会治理的实践智慧。[10] 其后果并不像同洛克、孟德斯鸠等早期主张三权分立、司法独立的思想家所演绎的那样一定是十分糟糕的。[11]

但不需要法律职业训练不意味着执法者不需要专门的知识甚至智慧。事实上，在任何社会里，可能尤其是在近代之前的社会中（因为没有其他专业人士的支援），优秀的执法司法裁断者，无论是职业的还是非职业的，总是，也一定得是，那些深刻理解人情世故的人，有深厚社会生活经验的人。事实上，古今中外，

---

[9] 西方社会的著名例证就是苏格拉底审判。公元前 399 年，古雅典执政官初审立案后，以民主抽签方式选出 501 人组成陪审团审判苏格拉底，判其有罪，以服毒自杀方式执行死刑。请看，I. F. Stone, *The Trial of Socrates*, Anchor Books, 1989。这种状况在欧洲大陆和英国至少持续到 10 世纪和 11 世纪，据记载，当时的纠纷经常以调解告终，调解者被称为"朋友和邻人"。在这个意义上，"当时还没有一个欧洲民族拥有一种法律体系"。见伯尔曼：《法律与革命》，贺卫方等译，中国大百科全书出版社，1993 年，第 90、92 页；又可参见，E. A. 霍贝尔：《初民的法律——法的动态比较研究》，周勇译，中国社会科学出版社，1993 年。

[10] 在瞿同祖先生研究的清代 10 个县中，每个县全部公职人员均不超过 50 人，最少的只有 15 人，管理的却是全县的税收、财政、狱政、司法、衙门管理和其他事务。此外，州县长官往往有私人司法顾问（师爷），并雇佣一些临时当差人员。参见，T'ung-Tsu Chu, 前注 8, 第 57—59 页。这种小政府在今天不可思议。如果传统的农耕中国要建立独立于立法、行政的司法机关，确实更可能是大而无当。从法律经济学视角看，行政司法权力不分或不独立在当时更节约成本，是当时社会能够支撑的，因而也是最有效率的。

[11] 一般人都引洛克（《政府论》下篇，叶启芳、瞿菊农译，商务印书馆，1964 年，第 12 章）和孟德斯鸠的论述作为法律专业化的理由。他们的功绩在于正确感觉到欧洲社会的变化对司法专业化的需求，但他们对这一趋势的解说值得怀疑。他们主张司法独立是想以分权来制约王权，但其社会背景是当时他们各自的国家是统一的。霍布斯在《利维坦》中拒绝分权说，最重要的时代背景就是英国当时的内战。

论法律活动的专门化

人情世故的人,有深厚社会生活经验的人。事实上,古今中外,历史上的法官或在社会中扮演裁判者角色的人,总是年长者[12],只有近代以来,才有了相对年轻的法官。有别于自然科学或某些人文学科,法学领域特别是法律实践领域,至今,几乎没有年轻天才成为领袖。[13] 主要原因并非社会盲目遵循崇拜传统[14],而在于饱经沧桑,一些年长者对人生和社会有更多更深的理解,能更好利用他们的经验和智慧来解决各类社会纠纷。

但随着社会生活的日益复杂,为了便利和高效,社会分工日益细化,法律活动专业化和职业化不可避免。首先出现的是各类法律人员——执法的和司法的,为提高效率,就有组织分工的必要,就会催生各种专门的法律机构,政府行政执法机构,也包括检控机关和裁判机关即法院。[15] 在现代社会,法律人的分工也进

---

[12] 在英国以及某些普通法国家和地区,作为制度,法官审判时至今仍戴假发,白发苍苍。这是古代的痕迹。从智识上看,戴假发并不增加法官思考和判决的能力,最多增加了仪式感以及也许与之相伴的权威。

[13] 美国学者统计分析发现,至1979年,担任联邦最高法院大法官的101人受任时大都在50至55岁之间;请看,Henry J. Abraham, *Judicial Process, An Introductory Analysis of the Courts of the United States, England, and France*, 6th ed. Oxford University Press, 1993, pp. 64-5 及其注所引文献。

[14] 传统是重要的。我们如习惯于将传统同理性对立,认为传统非理性。其实传统之所以成为传统,并非人们盲目遵从古训,而是人们理性选择的结果,传统可谓是理性的积累。在尊重法律传统的额外意义是维系法律的稳定性和普遍性,隐含了人在时空上的平等,尽管这在社会变革时期不适用。参见,伯尔曼:《法律与宗教》,梁治平译,商务印书馆,1991年,第49—50页。

[15] 在历史中国,在州县这一级,司法和行政长期没有什么职能区分(却也出现了负责教育的"学政"),但在省这一级,先后出现了类似负责司法或政法的专职官员。最早的是汉代负责监察的刺史,他们要考察州县官员的工作业绩,自然也要考察刑狱。唐初效仿汉代刺史设立了按察使,赴各道(省)巡察考核吏治。宋代则设立了功能类似的提点刑狱。金代,改提刑使为按察使,主管一路的司法刑狱和官吏考核。明代在省这一级则出现了职能分工的"三司",即布政使,负责一省的行政、民政和财政;按察使,负责一省的司法和监察,掌刑名按劾;都指挥使,负责相关军事。

一步细化，职业化和职业细分已成为现代社会的必然。社会的细致分工使得隔行如隔山，加之处于城市生活和陌生人社会中，今天生活在同一时空的众人常常不再分享生活世界，不像在农业社会，那里的生活是普遍的和一律的（uniformity）。即便现代传媒提供了便利的渠道和有关他人生活世界的大量信息，自己也未必需要或只能择要，且若无亲身经验，也很难对自己职业和生活之外的世界有真切、深刻的了解。人们不得不日益倚赖各种权威、专家和学者。现代人的境遇和需求也催生了愈来愈多的各类权威、专家和学者。

法律活动的专业化和职业化与这个历史经济文化背景的变迁分不开。由于社会分工，市场经济带来了社会生活的错综复杂，矛盾冲突的数量和规模都增加了，因此社会对有能力解决这些冲突的法律人的需求增大，对其专业能力的要求也随之提高。尽管还是无法脱离个人的实践，但仅靠个人的社会阅历来培养"法律"人显然已不能满足社会的需要。而且，国家的政治统一也要求法律统一，这也需要打造更多、更为标准化的法律人。英国可以说是早期的一个例证。13世纪，英国普通法的职业辩护人就是一些比较精明的普通人；从14世纪开始，英国出现了个人化的师徒制，15世纪则有了如今中文翻译为"学院"（Inn，原意是客栈）的机构，仍然师徒制，训练年轻的法律人。[16]

也是在这一过程中，除了始终保持与法律实践的紧密联系外，通过文字的法律传承也变得日益重要了。文字会促成更深入细致的思考，更广泛的传播和相互交流，这都会促使法律走出更

---

16 可参看，赫恩等：《英国律师制度和律师法》，陈庚生等译，中国政法大学出版社，1992年。

多靠"私相授受"的传统[17],促成专职化的法律人培养,进一步推动法律事务分工和专业化。美国法律职业的发展是一个典型。美国1776年建国前一直采用英国的学徒制培养法律人。建国后,一些律师事务所中开设了最早的"法学校",称其为校而不是院;除学徒制,还几乎全是夜校外,教授均为律师或法官兼职;对法学生入学也没有学历要求。当时北美各大学也不设法学院,理由是这不是门学问。[18] 后来,法律教育逐渐进入大学,但课程还是职业导向,研读案例,教师基本不作学术研究,对入学法学院的学生也长期无学历要求。绝大多数律师从业的主要渠道仍然是学徒制,1910年美国全国的从业律师中,有本科学历的仅8%。[19] 南北内战后,美国开始工业化进程。法学教育从此时开始定型,标志是1870年从业15年的华尔街律师兰道尔(Christopher Columbus Langdell)出任哈佛法学院院长,他引入了问答式案例教学,随后被几乎所有法学院先后采纳(耶鲁除外)。[20] 伴随了工业

---

17 这在世界各地均如此。在欧洲大陆,最早的罗马法学家训练采取学徒制,西方近代法律传统形成时,欧洲法学家首先关注的也不是《法学阶梯》之类的专著,而是《学说汇纂》这样包含了大量实际案件裁决的汇编;请看,伯尔曼:《法律与革命》,前注9,第163、152页以下。在中国,与律师功能有所类似的是辅助州县官裁决纠纷打理公务的幕僚,几乎全都出自某狭小的地域,著名如明清两代的"绍兴师爷"。有证据支持的一个可能解说是家传,与师徒制一致。龚未斋说在绍兴以此为业者"不啻万家"(《答蕴芳六弟》,《雪鸿轩尺牍》,余军校注,湖南文艺出版社,1987年,第360页)。

18 美国最早设立法学校(院)的是1693年建校的威廉玛丽学院(1779年),之后依次建立法学校(院)的名校有1636年建校的哈佛(1817年),1701建校的耶鲁(1843年),1740年建校的宾大(1850年),1754年建校的哥大(1858年)等。

19 参看,Lawrence M. Friedman, *A History of American Law*, Touchstone, 1973, pp. 278-82; Jerold S. Auerbach, *Unequal Justice: Lawyers and Social Change in Modern America*, Oxford University Press, 1976, p. 95。

20 William P. LaPiana, *Logic and Experience: The Origin of Modern American Legal Education*, Oxford University Press, 1994.

化和统一市场，有了美国法律史学者所谓的法律教育"大跃进"。法学院数量从内战前1860年的21所激增至1900年的102所，仅最后10年就增加了41所。1870年，全美仅1849名在校法学生，1900年数量激增至13000人。[21] 此外，为提高毕业生质量，各法学院也开始关注申请入学学生的学历，被录取的学生中有本科学历的比例不断提高[22]，直至成为法学院入学的普遍要求。尽管如此，直至今日，总体而言，美国法学院还属于职业院校（professional school），对教师学历要求一直不高，不特别看重学术成果发表，尽管这种情况从1960年代开始已有重大改观。[23] 美国还有些顶尖名校如普林斯顿、麻省理工，至今一直拒设法学院，却一直设有众多人文（如文、史、哲、语言等）以及包括经济学、政治学、人类学等社科院系。

我国目前正建设社会主义市场经济，劳动分工和专业化也日益增强。法律分化日益细密，法律从业者也日益职业化。通过种种渠道，法律职业市场的需求已明显影响了法学院的专业设置。[24]

---

[21] Friedman，前注19，第526—527页；Auerbach，前注19，第94页。

[22] 美国南北内战时期，哈佛法学院入学生有本科学历的约占75%，其后，哥大不到50%，耶鲁为31%，密歇根则为17%。到1905年，法学生有本科学历的，在哈佛升至99%，哥大82%，芝加哥60%，耶鲁和宾大均为35%。Bruce a. Kimball, *The Inception of Modern Professional Education: C. Langdell*, 1826-1906, University of North Carolina Press, p. 214-5, no. 105.

[23] 这种变化，可参看，Richard A. Posner, "The Decline of Law as an Autonomous Discipline, 1962-1987," *Harvard Law Review*, vol. 100, (1987); "The Deprofessionalization of Legal Teaching and Scholarship," *Michigan Law Review*, vol. 91, (1993)。

[24] 这种情况在法律教育中已经有所反映。以北京大学法律系为例，为适应市场的专业急需，1978年之后本科教育从单一的法律专业发展为1994年的四个专业（法律、经济法、国际法和民商法）；随着研究生教育的发展，1995年后，为强化基础，本科教育不再分专业。

这里说的法律人，包括法官、检察官、律师等直接参与司法的人，也有警察以及其他各行各业的执法者，甚至制定法律、政策和法规的国家公务员。在专业化问题上，他们之间的关系是互动的，即便是相互制约也在另一种意义上相互促成和相互强化。法律专业化发展是一个系统发展，依赖所有法律职业人甚至参与者的专业水平的普遍和共同提高。整个系统的水平提高必然带来法律活动——尤为显著的可能是司法活动——在中国社会生活中的日益凸显，也是相对独立。除了社会分工的背景外，这种相对独立还在于其他一些可能的因素：如，法律职业活动已形成了某些独有或专有的知识或技能，非经专业训练和一定时间的从业人们很难进入，更难深入；法律人的职业利益，包括为保证法律服务质量，可能引发事实上的，甚或要求（例如律师代理）的专业垄断；以及，当公众对一些案件意见有分歧时，需要相应的法律机关代表全社会公正执法和决断。而司法独立，或司法机关依法独立行使职权，在这样一个经济社会大背景下，就不再如同先前法学界所侧重的，只是一个政治问题，是制度安排的应然，而是现代社会劳动分工的体现，是法律活动专业化和职业化的特定延伸。

三、法律活动专业化的利弊

就我国历史以及近代以来的社会变革来看，我们无疑欢迎伴随市场经济发展的法律人的专业化和职业化，以及行政和司法机构的分工和专业化。这一点在法学界异口同声，也是近年来中国法制建设现代化努力追求的。但对法律专业化和职业化可能带来的社会后果（不带贬义）至今少有人论及，似乎只要法律专业化职业化后，所有问题就会消失了。少量论述也都是正当化，即从逻辑上论证其可欲的结果，不过是演绎出符合其欲求的逻辑结论，选择那些支持其理念的证据。例如，论说司法机关依法独立行使审判权会更有效保护公民权利，制止破坏法制现象和行为的发生；又说法律职业化专业化会更有效加强法制，高质量地完成司法工作，等等。这些追求当然很好，仅从逻辑上看也算成立，但社会生活并不总是符合逻辑演绎，其他社会变量一定会修改逻辑。仅就论证方式而言，这与先前很长时间里的种种论述是一致的，即把观念上的完善当作现实中的完善。而且，如果法律活动的专业化注定会伴随市场经济劳动分工的发展到来，那么，有别于普法宣传部门，法学人几乎没有太多必要，甚至就不应继续重复孟德斯鸠或洛克关于司法独立的分析和叙述。真正还有点意思的，可能有助于行动或预案的，是切实研究或预测一下法律活动专业化后，可能会给我们的法制带来什么"正面"和"负面"的影响或后果，其合理性如何，如何权衡甚至如何应对其利弊。

我给正面和负面都加了引号，因为我并不认为法律活动专业化职业化有什么确定不变的、固有的正面（积极）影响和负面（消极）影响，只是以此来代表眼下法学界多数人对其具体影响持赞同或不赞同的态度；甚至，即便有些影响受到当今法学界多数人赞同和欢迎，对于中国社会的长远和整体发展也未必正确。在后面的分析中，我们会看到一些"负面"影响其实正是其"正面"影响的结果或扩展。这两种影响有时就是没法搞得清清楚楚，不仅对不同的人是这样，有时甚至对同一个人也是这样。

正面影响之一，法律运作与直接的道德和政治因素日益疏离。这主要是由于专业化程度提高，法律越来越多地体现为一种专门的职业技术知识。法律的职业技术知识一旦形成，除非影响该职业的重要变量因社会技术进步有重大变化，受职业群体的实践和话语制约，社会生活变动或波动对法律职业的影响就会大大降低。现有的法律职业的知识传统和实践传承也会使法律和法律实践保持更多连续性。换一个角度看，这就是法律实践的稳定性和自主性。稳定性和自主性会使法律显得中立，是社会公正、正义的象征，而不代表个人、社会集团、社会阶层甚至某一特定时刻社会大多数人的直接愿望。这样的法律实践，其体现的原则和价值容易获得神圣感，似乎是一种客观的实在。法律人似乎只是为这种抽象的法律制度、条文、原则和价值服务。[25]

这并不意味，法律活动会、能或应当完全脱离政治社会因素。首先，法官和执法人员总是生活在社会中，有一定有时甚至是深厚的党派联系，因此社会、政治、伦理因素是无法从法律实践中排除出去的，必然在法律实践中体现出来。例如，美国的司法审查历史上形成了政治问题不审理的原则。[26]但著名法国社会学家托克维尔早就敏锐观察到并指出，由于有权宣布法律违宪，美国法官借此不断介入政治事件；因此几乎所有政治问题迟早会

---

[25] 这在美国法院发展史上表现得非常明显。美国的司法制度有一些历史形成的惯例，如最高法院不对"政治问题"进行裁决；不对准备采取的立法和行政措施作法律上的评论等；对法官除政治忠实、专业精通和品行端正等普遍的要求外，还有一系列其他要求，如脱离社会、不出头露面、不能有强烈党派性和社会偏见，对案件判决尽量少以至不考虑社会的、非法律的因素。随着法律专业化的形成，美国法官也的确形成了一种深居简出，不公开谈论政治问题的风格。在许多案件的判决上，也的确有不少法官力排众议、坚持法律，甚至与社会的多数人唱反调。其他西方国家中的法官也大都有这样的经验。这些制度的形成固然有制度安排的因素，但更多是由于历史上专业化的出现而逐步形成的。

[26] Abraham, 前注 13, pp. 357-61。

转化为法律问题提交法院决定。[27] 后来所有研究美国法律制度的法学、政治学和社会学家也确认了这一点。许多案件的司法意见，包括反对意见和并发意见，都反映了法官的政治文化信念和党派观念，有时甚至就是其判决的出发点。法官还时常主动触及一些政治的、社会的问题，引发了社会的强烈反响。[28]

为什么会出现这种看似矛盾的现象？在相应社会和时代背景中予以考察，就会看出这有稳定社会的功能，值得借鉴。一方面，法官外观保持中立，非政治化、非道德化，总体上会增进法律的权威。法律无疑集中反映了社会主流群体的价值，但不被视为哪个个人或群体的偏好，这样法律就会被视为超越了特定个体或群体的具体政治道德的"正义"。这会强化国家政治法律制度的合法性，获得人们下意识的认同。当发生社会危机时，法院裁决不可避免是政治性的（无论法官有无政治动机或理由），但只要不直接损害其重大利益，也容易为广大公众视为非政治性的。就此而言，以法律方式处理——尤其是那些具有分裂性的——政治难题，会淡化政治色彩，弱化当时高调的社会情绪，为和缓、软化、应对并解决争议激烈甚至冲突的政治问题提供了一个更为稳妥的途径，可能成为危机的紧急出口。

这里特别应强调由于法律专业化带来的法律技术运用对法律实践的影响。前面提及，托克维尔观察到美国法院会不时介入美国社会的重大政治和社会问题，但他更强调了，这些政治问题要转化为法律问题，才交由法院解决。这种转化要求发展出这样一

27　Alexis de Tocqueville, *Democracy in America*, trans. by Henry Reeve, Little and Brown, 1841, pp. 305-6.
28　因此，在美国有司法能动和司法谦抑之争，请看，Christopher Wolfe, *Judicial Activism*, Brooks/Cole Publishing Company, 1991。

套法律技能，以及擅长于此的法律职业人。这些知识和技能是法律人专业和职业实践的产物，凭此不仅有理由也有手段排除某些不当干扰，维护法律实践的相对自主性，为以法律方式和程序应对、化解社会重大政治难题、道德难题创造了可能。可以说是法律进可攻（干预甚至积极干预）退可守（谢绝干预）的要塞，不仅保证了法律干预有效，也有助于维护决断机构的相对独立。典型例证之一是，1954年美国联邦最高法院判决布朗案，当时所有美国人都意识到种族隔离是美国社会的深刻政治和道德难题之一，但受制于当时白人的民意，民选议员不可能以立法也即政治方式来一揽子解决。美国联邦最高法院只能先从司法切入，这就必须回避"人受造平等"这类普遍性的政治命题或伦理命题，集中关注相对边缘的学校教育的种族隔离，将之包装成为一个法律同等保护的问题，尽量不涉及社会中更一般也更严重的种族隔离和歧视问题。专业化的法律分析论证是唯一可行之道，让一个政治性决定看起来几乎就是个法律的必然结论。[29]

许多法律职业技术都会影响法律活动的长期有效性。例如，通过各种程序措施而有意推后或拖长审判期，弱化一时高涨的社会情绪，防止民心民意的波动对司法判决的不适当压力；以技术和程序手段来实现可欲的实质性法律结果。诸如此类的技术运用与法律人专业化职业化不可分割，因为"熟能生巧"。

法律专业化从理论上看也会促成法律运行程序化，进而可能促使法律机构运转的效率更高。在现代社会中，陌生人之间的交往急剧增加，误解、差错和机会主义道德风险自然激增；若全都

---

[29] 托克维尔评论说美国的各政党都使用法律术语，公务人员都是律师出身，见前注27，第306页。

按"实事求是"的原则操作,除了耗费巨大外,技术上也无法保证,法律也就无法运行。为节省成本,迅速、大量且基本公正地处理案件,并促使相关当事人承担必要责任,法律机构就会努力以各种规范方式避免纠纷,同时使纠纷的处理有相对稳定的格式,将问题分解成各个要素,便于纠纷处理的程序化、规格化。法律活动专业化和职业化为程序化处理各类纠纷创造了条件。由于规则日益细致,也由于法律人分享的职业背景,绝大多数案件几乎从一开始就被分解为一些基本要素,无论是程序问题还是实质问题皆如此。案件输赢常常取决于基本形式要素是否完备。尽管这也会引发其他问题,下面会谈及,但一定程度上,确实体现了"法律面前人人平等"。

专业化职业化对法律运行也有"负面"影响。影响之一是法律判决可能日益形式化。形式化在此指法官判决时,至少有时,其明确表述的理由未必是他们内心确信的真实理由,而只是法律上的最好理由,是上得了台面的理由。[30] 形式化也还指,有时从法律程序上看如此裁决合法合理,结果未必合情;或结果是可欲的,但法律根据却很牵强,甚至坏了遵循先例的规矩。前面提及,美国1954年废除学校种族隔离的布朗案,那显然是一个政治选择和决断,联邦最高法院是通过法律推理和解释废除学校种族隔离的,但这些推理和解说在当时许多美国法学家看来太牵强,判决倚重的心理实验后来也被证明有误。[31] 而且,这样一来,社会法律问题处理是一个逻辑,而文字论证表述其实是另一

---

[30] David Kairys, "Legal Reasoning", *The Politics of Law: A Progressive Critique*, Random House, 1982.

[31] 参看, Richard A. Posner, *The Problems of Jurisprudence*, Harvard University Press, 1990, pp. 302-4。

逻辑，两者往往分岔，法律也就成了个幌子。仅仅阅读法官、律师或学者的法律论述，人们很难真正理解相关问题的重大社会和政治意义。而且这种情况在任何有细致分工的官僚（非贬义）政治中都会出现[32]：每个人似乎按规定行事，无可指摘，但结果不仅对你不利，而且不合情理。

　　法律专业化对法律的另一"负面"影响是繁文缛节，细节湮灭了核心和关键问题；谨小慎微于程序，却不关心实质争议；注意法律规则的所谓普遍指导意义，忽视具体是非对于当事人的意义。高度职业化、程序化的司法将一个重大案件分解为无数细小的规则问题，规则上有出入可能导致机构无法依法继续运行。对一个罪案的法律处理涉及证据是否充分，证据是否在法律上可靠，证据获得的程序和手段是否合法，还可以分解为实质合法和程序合法，每个嫌疑人的一系列个人特点及其在法律上有无意义，等等。任何环节上都可能出岔子，引发法律运行的正当性问题。因此，专业化为法律功能实现设置了大量技术性和程序性的障碍。一些纠纷可能因此无法进入法律过程，或雇佣出色律师团队利用法律程序，事实上的罪犯就可能脱罪，典型如著名的辛普森杀妻案。辛普森花费近千万美元，聘请了哈佛最大牌刑诉教授，还有科学家参与，辛普森成功脱罪；而脱罪的关键是，主要由非裔美国人组成的陪审团认定此案证据存疑，负责调查搜集证据的警官先前曾有言辞涉嫌种族歧视，而辛普森是非裔。由于职业技术和程序障碍，无法通过法律程序解决纠纷，人们就可能利用其他形式，包括复仇、自力救济或私了来解决纠纷，催生法律

32　Weber，前注7。

多元。[33] 另一选择是，耗费大量金钱人力来克服专业技术和程序障碍。对社会来说，极少情况下，这类努力可能会有制度或规则创新，绝大多数情况尤其是在抗辩制下只是智力的相互抵消，社会的GDP会因为金钱转手而增加了，但社会财富或福利没有增加，甚至下降了，因为法律人对自己的工作感觉更枯燥了。[34] 而从另一视角看，由于依赖人力财力，这实际上为金钱权势合法影响法律结果开了道，势必加剧了社会的不平等。

法律活动的专业化和职业化还可能导致——在一些发达国家中则已经导致——法律行业的垄断（monopoly）。法律本来是世俗的，解决人们日常纠纷，与社会生活紧密联系，随着法律专业化、职业化，大量法律术语、耗费时间和财力的程序产生出来，随着法律逻辑与社会生活逻辑的分别，法律变成一个除依赖专业法律人外普通人无法也没有时间涉足的领域，而一旦远离生活常识，法制"完善"的结果其实是创造了更多"法盲"。[35] 法律运作因此成为法律人的事，对普通民众来说，只有最后的结果是真实可触的，这个结果发生的过程和理由则不可知、不可控。这必然使大多数人对法律望而生畏。

以上分析只是初步的，没打算穷尽可能的利弊，也不可能，只是不相信世界上有百利而无一弊的好事。即便为以后少一点失落，也更希望早点想清楚法律专业化职业化后可能有的新麻烦。事实上，这些预测还都是基于对过去经验的总结。但我也承认，未来并不只是昔日和今天的逻辑演绎，正在或将要发生的众多因

33　苏力：《法律规避和法律多元》，《中外法学》，1993年第6期。
34　Richard A. Posner, *Federal Courts: Challenge and Reform*, Harvard University Press, 1996, p. 249.
35　冯象：《秋菊的困惑》，《读书》，1997年第11期。

素都可能改变这里的分析和预测。

而且,指出法律专业化职业化可能的弊端也不等于反对司法专业化和法律人的职业化。事实上,我国目前司法的最急迫的问题之一是专业化程度不够,司法活动独立性不够。法学人当然要有轻重缓急之区分,但也不应当只是个未能远谋的"肉食者"。要想在中国建立与社会主义市场经济相适应的法制,我们有必要细密思考市场经济条件下法律变革的各种现实可能,从长计议,不能止步于有关法律的政治性号召或宣传。而且,我在上一节已经分析了,在现代社会,随着市场经济的发展,法律的劳动分工或专业化职业化已不可避免[36],在我看来,法学界更应集中关注这之后可能出现的实践和理论难题,注意中国法制的长远设计安排。否则,不仅有趋易避难之实,而且有招摇过市之嫌,至少也是人力资源的浪费。

四、法律机构与社会的必要隔阻

说到法律专业化,我不能不讨论与法律机构独立性有关的另外一个问题:法律活动与社会生活相互影响的程度。目前法学界讨论法律机构独立性常常局限于讨论执法司法机构与党的领导和

---

[36] 事实上,在我国这种专业化的倾向已经显著。除了前注 1、2 提及的专业法庭外,《人民日报》还报道过,"上海静安区成立老年法庭"(《人民日报》,1991 年 12 月 18 日,第 4 版);海南省海口市 1993 年建立了"税务法庭","海南迈向新体制"(《人民日报》,1993 年 9 月 12 日,第 1 版);以及,全国几十个法院设立了"消费者权益保护法庭","运用法律武器,保护消费者权益"(《人民日报》,1995 年 3 月 15 日,第 9 版)。

政府活动的关系，法律与领导人的关系，所谓法律与权力的关系。[37] 这些问题的讨论有解放思想的效果，但无论从法学理论思辨还是从法学经验研究的维度来看都过于狭窄，一些前提假设不够坚实，讨论不够充分，在理论上甚至自相矛盾。从更经验的法律社会学层面看，法律活动独立问题指的是，法律与社会生活其他方面的分界、重叠、交叉、融合和渗透的复杂问题。它不可能仅指社会政治生活对法律活动的"干预"，还必定包括社会生活的其他方面对法律活动的"干预"，也应包括法律对社会生活非法律事务的干预。因此，法律机构独立问题仍然是法律活动专业化问题。

从这个角度看，法律活动专业化的意义之一是要求执法司法机关在社会中不仅要有所为，还要有所不为。相应的执法司法机构不应总是积极主动地介入一切社会生活。当执法司法机构积极且深入参与社会生活时，它代表的法律就会与其他社会力量碰撞甚至冲突。社会生活本身并不存在法律与政治、道德、经济的明确界限[38]；在许多方面，被贴着这些标签的社会生活领域是交叉、重叠、相互嵌合的。订一个销售合同，这个行为是法律行为，同时又是经济行为、文化行为（以合同形式交易并非自然和普遍的，而是有一定非正式制度或社会文化支持保证的）。法律要求权威性（不论基于惯例还是政治安排），即法律决定原则上是最后说了算的。但在不少领域，某些案件，当涉及道德、社会舆论、政治或国际关系时，社会不可能，甚至不应当允许某个法

---

[37] 例如，郭道晖：《权威、权力还是权利——对党与人大关系的法理思考》，《法学研究》，1994 年第 1 期。
[38] 正因为此，所以法律社会学研究总是伴随着法学的发展，尽管有学者试图创建"纯粹法学"，但作为整体的法学从来也没有纯粹过。可参见，波斯纳，前注 31，第 532—544 页；伯尔曼：《法律与宗教》，前注 14，第 33—34 页。

律部门独享权威。当涉及其权威受限的领域，干预结果无法落实，其权威性就会逐渐丧失。

法律主动广泛干预社会，表面看来似乎显示了法律无所不在，体现了其力量，却也是为其他社会力量干涉法律、干涉司法开了道。如果某个社会许可法律机构过度干预社会，这实际反映了该社会尚未形成一个边界相对明确的法律领域，这就为其他社会生活干预法律保留了空间。就此而言，法律机构对社会干涉越深，其他社会力量干预法律机构的空间也越大。这是一柄双刃剑。除政府部门执法有分工外，西方国家对审判机关的传统要求一直是消极性（passivity），除了社会通过个人、团体和政府职能机关将相关争议以案件形式提交法院，法院无权、也没有义务主动干预。即便显然属于法律问题，如果没有其他有职权、诉权或请求权（standing）的个人、团体和政府机构主张，审判机构也不能主动介入或评论。有时，法院甚至有——也会使用——专业技术手段来回避、拖延或搁置那些看来政治性过强或社会舆论反响强烈甚或就是法院无法处理的案件，名之为司法的自我限制。[39]

我国司法其实一直有"不告不理"的传统。但中国近代以来，革命和变革一直是社会关注的焦点，也因政治、国家治理与法律的关系历来密切，因此，虽然近现代以来，在各级政府，广义的司法（法院和检察院）已从行政中分离出来，成为独立机构，但从社会政治法律实践来看，一直提倡司法机关直接服务党和国家的中心工作，不太理解和重视法律独立活动为社会服务的

---

[39] 普通法上最重要的规则之一就是"无救济则无权利"，即如果不可能找出务实可行合理的救济，那么法院就不认为请求人有请求权。美国最高法院的诸多自我约束规则，请看，Abraham, "The Sixteen Great Maxims of Judicial Self-Restraint"，前注13，第348—370页。

功能。即使改革开放以来强调加强社会主义法制,也常常打上了传统的印记。

时下流行的,就是强调法律为改革开放和社会主义市场经济服务。这当然也没错,改革开放确实是个有关整个中国的大事业。但怎么做才合适?如何考察和计算利弊得失?有法院主动"送法上门",表彰甚至要求司法执法机关深入企业,主动为企业排忧解难,表彰法院为企事业培训法律人才,宣传和表彰审判人员对违法犯罪分子做思想道德教育和感化工作,等等。也并不全是各地党政机关的主动,至少从一些报道来看,也有法院自己主动,或上级法院要求。[40] 这些工作无疑曾起过积极作用,有些工作也总得有人做;司法执法工作当然也有探索创新的必要。恰当的边界在何处,不可能从概念中演绎出来,也不能仅凭道听途说来"移植"外国经验,而且外国多了去了,哪个是"真正的外国"?需要探索。但探索不只是先干起来再说,还必须包括预先分析判断以及事后总结现代市场经济高度分工历史条件下执法司法机构的活动方式,尤其是其利弊得失。

法律对社会生活的这种深入,一时看来可能增强法律的有效和权威;但长远来看,特别考虑到我国目前在相当程度上还是个

---

[40] 如,坚持审判工作为经济建设服务,潍坊中院"主动出击,帮助3 462个企业解决各种纠纷15 800余件,完善企业经济合同34 300余件,同时举办法律培训班238期,培训厂长、经理、财会人员4 420余人次,法律走向了生活的各个角落。……两年来,他们共帮助企业收回欠债1.6亿元,挽救了一批濒临倒闭的企业";还"一改过去'就案审案、书面驳回'的老做法,深入到劳改场所,集中进行有针对性的法律教育,使罪犯在明理明法的基础上,认罪服判。几年来,他们走遍了全省各个劳改队,集中讲法128场次,……还主动建议并配合党政机关、劳改部门,组织犯人家属开展到劳改队送温暖活动"。吴昊:《安定一方》,《人民日报》,1991年2月5日,第3版。至少部分因此,1992年12月"潍坊中院荣立集体一等功"(《人民日报》,1992年12月12日,第4版)。

"熟人社会",由此可能对中国法律的影响,如熟人关系普遍,会侵蚀法律的神圣性,起码目前适当画地为牢,隔阻法律机构和人员与社会,似乎更有必要。毕竟"近之则不孙,远之则怨"[41],毕竟"亲人眼里无伟人"。这都说明了一种普遍的社会心理,距离能创造神圣感和庄严感;密切或亲密在一些情况下会造成权威的减损〔这也可以解释西方国家为什么要求法官和法院与社会保持距离,以及法官的着装(法袍)不仅有宗教色彩,而且显著强化了与其他出庭人之间的隔阂〕。法律权威性并不等于法律有效性,更不等于判决公正,但两者显然有联系。在公正程度相当的情况下,一个神圣庄严的法律决定更可能得到有效的贯彻执行,甚至自觉服从。如果当事人看见某法官在酒馆里与人(即便是他多年未见的老同学)猜拳行令,即便他一向清廉公正明智,也可以想象当事人对该法官代表法院作出并宣读的判决心理感觉如何,还可以想象该判决对他的心理效力。

法律过于延伸,如表扬法官教育感化违法青少年,不仅会增加相关法律机构和人员的额外负担,耗时耗力,也可能影响其履行专业职能;但至少目前,最重要的是,会为各种社会影响干预甚至侵蚀法律活动开口子。例如,先前,为加强企业税收监管,各地税务机关曾向企业派驻税收专管员。当时来看,这加强了税收监管执法;但时间一长,派驻企业的税务人员同企业会有各种交往,联系太多,不仅有些事拉不下情面,甚至有可能腐化堕落到与企业联手偷漏税收。1993年海南省税收制度改革,措施之一是纳税人直接纳税或通过社会中介机构代理;把驻厂和企业的

---

41 杨伯峻:《论语译注》,中华书局,1980年,第191页。参见,"仆人眼中无英雄",黑格尔:《精神现象学》(下),贺麟、王玖兴译,商务印书馆,1979年,第172页。

税收专管员全部撤回,建设国税地税合用的纳税服务大厅,集中公开收缴。[42] 除企业纳税意识增强,税收增加,税务机关的各种成本减轻外[43],从本文关注的专业化维度看,这一改革就是拉大执法机构和人员与社会的距离,减少日常交往,便于税务机关照章办事,公事公办,维护税务机构的权威。同样的逻辑,也就可以理解,山东省高级人民法院1995年主动改变了曾获得全国表彰的做法,决定当年6月底前,撤回全省各地法院向行政机关、企事业单位派驻的巡回法庭、执行室共647个。[44]

值得注意的是,一直有人有主张加强对司法的舆论监督,防止错案或判决不当,防止法官腐败,徇私舞弊。[45] 看起来是对症下药,但我认为这更可能是一种政治上短视、法律制度上不可能有效的主张。关键是,舆论其实很难监督日常生活中执法司法的徇私,因为那通常会是边际性的,因为没几个法官会拿自己的职业饭碗甚至自由开玩笑。而且真能激发舆论关注的涉法案件,往往甚至更多涉及道德。但道德与法律是交叉的,一则谎言就可能

---

42 "海南迈向新体制",前注36。

43 海口的工商税收比改革前翻了一番多,还省下了国家税务总局批准海南增加的200多个税务干部编制以及5000万—6000万元的人力开支。鲍洪俊:《海南税收征管改革实践 征税成本降低 纳税意识提高》,《人民日报》,1997年4月3日,第1版。

44 《山东法制报》,1995年4月21日。值得注意的是,山东高院决定的理由主要是"形式的":即这种设置缺乏法律依据;司法权与行政权严重混淆。但从相关文字中,可以看出,决策更多是基于实质性考虑:"随着时间的推移,(这种设置)弊端日益明显,……影响了人民法院的形象,影响了严肃执法,影响了行政审判工作的开展。"

45 最早的争议,请看,《是干扰司法审判,还是阻碍舆论监督?》,《法学》,1989年第2期;沈沉:《新闻对审判的评议会影响司法独立吗?》,《新闻记者》,1989年第4期。又请看,"要实现司法公平,还必须具完善的司法监督……包括权力机关监督、政府监督、人民群众监督、社会舆论监督",刘作翔、雷贵章:《试论司法公平的实现》,《政法论坛》,1995年第3期,第9页。

把人气炸，但除非造成了重大伤害，法律几乎不惩罚说谎。历史上，农耕中国除了犯罪，国家法其实很少直接介入社会，更多诉诸道德舆论来调整各种社会关系，而在今天中国现代化的过程中，这个传统肯定会变化，即国家法会更多介入日常社会生活，强调舆论监督。这太容易混淆法律与道德，反而不利于法制，甚至会导致执法和司法的畸轻畸重。据此，我认为，司法执法机关更应注意与社会舆论保持距离，不轻言社会舆论对司法的监督。

这并非否认司法执法就总体而言与社会舆论评判大体一致。执法司法机关的活动，从根本上看，就是为保证社会纠纷冲突的合理处置或解决，自然也包括通过社会舆论反映出来的民心民意。这一点在中国社会中历来更为显著。[46] 执法司法活动也一定是在特定时空发生和进行的，标准也必定是特定社会的，不可能有超越具体社会文化的永恒且普遍的标准。法律活动的所有参与者也都是生活在具体社会文化中的人。

但也正因此，社会舆论才不一定可靠。社会舆论其实更多是意见和看法，即便真诚，却未必真实，因为真实不是以舆论为标准的。就目前研究来看，民主（人多票决）可能是最佳决策方式，但政治学研究的重要发现之一就是，即便民主得出的、舆论反映的观点也不必然公正。中国民间更是自古一直有"三人成虎""众口铄金，积毁销骨""人言可畏"的告诫。如果还承认

---

[46] 明显有别于西方自古以来的主流法律界定——更强调统治者的意志（请看，《共产党宣言》，《马克思恩格斯选集》卷1，人民出版社，1972年，第268页；类似的界定，请看，Jeremy Bentham, *Of Laws in General*, ed. by H. L. A. Hart, The Athlone Press, 1970, p. 1; John Austin, *The Province of Jurisprudence Determined*, Cambridge University Press, 1995, p. 18; H. L. A. Hart, *The Concept of Law*, 2nd ed., Clarendon Press, 1994)，中国人对法律的理解，即便是最重威权的韩非，在指出"宪令著于官府"的同时，也强调"赏罚必于民心"。梁启雄：《韩子浅解》，中华书局，1960年，第406页。

法律是一门专业，需要专业知识，更需要了解大量具体甚至琐碎的事实，而公众通常没有那么多时间和能力来了解众多琐碎事实的法律意义，就算舆论代表了民意，在一定意义上，这也可能是"外行领导内行"。

还必须看到，作为特定社会、特定历史时期的民意民心之表现的社会舆论在趋于不确定。"民意如流水"，如果抛弃这其中可能有的对民意或社会舆论的轻视，从历史的高度来考察，这个说法还是反映了舆论的不稳定。如果以这种不确定、流变的东西作为监督司法判决的准则，法律运行就必然会伴随舆论的显著波动。只要回想一下就可以发现，我们曾确信正确、公正的社会舆论，其实常常偏颇。这就是"不识庐山真面目，只缘身在此山中"的告诫。这就是为什么孟子也早就告诫过，即便"国人皆曰可杀"，也要亲自察之，见了过硬证据，方可决策。[47]

会有人反驳，你最多只论证了社会舆论不是衡量执法司法机关作为是否公正的可靠标准，你却没有、也没法证明执法司法机关的独立判断和决策更公正，更可靠。确实如此。我们没有这样一个基础：在其之上我们足以保证法律运行甚或一个决定永远公正可靠，毋庸置疑。生活在具体社会的任何人都无法立于社会之外，对法律运行作上帝式的全知全能的思考和判断。法律机构的活动和决策也不例外。也有理由相信世界上"好人"和"坏人"在哪里的分布都大体均衡。那么就可以指望，法律机构专业化和法律人职业化，法律知识的积累和对人生经验的积累，职业规则的要求以及内部的组织纪律，乃至执法司法者的个人良知和尊严，会趋于令执法司法机构更为冷静。它们更少可能为社会舆论

---

[47] 杨伯峻：《孟子译注》（梁惠王下），中华书局，1960年，第41页。

左右。而且长期在一个行当中,也会趋于令人们遵循先例,"萧规曹随",保持法律运行大致稳定、连续,对类似的人和事作类似处理应对。它们的决定不必定更明智,却趋于保持法律的一些形式特征,如普遍性、稳定性、连续性,以及由此带来的历时性平等,不限于共时性平等。社会舆论太容易因社会关注点的转移甚或其他偶发因素而激烈波动。

还必须认识到,容易引起社会舆论关注的案件通常涉及政治和道德。对这些案件当然应当有舆论评价,但舆论的评价通常只能基于粗略的事实,也偏重于政治和道德评价,除非造谣,否则即便存在差错也无人负责,不应也很难苛刻要求负责。执法司法机构则不同,它必须进一步,不仅有责任了解更多证据,也有更强专业技术能力分清真伪,其职责就是力求分清法律问题与政治问题或道德问题,避免以政治和道德评价来替代法律评价,而所谓职责就是对自己的决定承担最后的法律责任。这意味着两者分歧非但正常,甚至必然。在这种格局下,一般说说舆论监督这个词不是问题,只是一旦真的引发了社会舆论,成了一种社会现象,就一定会给具体执法司法的法律人造成压力,因为,他们不得不把社会舆论作为一个相关事实纳入其考量,这也就是把法律问题道德化、政治化了,法律的运行已经混杂了政治和道德。甚至即便最后他们拒绝了这些政治和道德考量,这个拒绝本身也需要他们花费时间和精力,如果还要解说为什么拒绝,则还需要额外的时间和精力。

还要说明两点。第一,我并不反对舆论监督执法司法者的个人行为操守,也不反对批评执法司法机关工作作风,但这都不是对法律机关活动的舆论监督。问题的关键在于舆论对执法司法机关可能监督些什么,如何监督。现实生活中,如果涉及司法案件，舆论界目前大都依据新闻报道，依据社会的一般道德，最多也只是一些实体法常识来评价执法司法机关的决定，更多关心最终的结果。而执法司法者必须依据现存的法律，依据法律上可能认可的（因此有些事实可以见报，但不能进入法律卷宗）本案的（相关当事人先前的行为或历史最多只能作为执法司法者决策的参考，甚至被视为无关而不允许提及）事实；不仅要考虑实体法，而且要考虑程序法；不仅要考虑直接当事人，有时还不得不考虑他/她的其他相关者的情境。有时，执法和司法的决定，因其合情合理，才无法令舆论甚至公众满意；有时令舆论和公众满意的决定，对于案件中的某直接当事人未必合理，甚至就是不合理，不公正。这类悲剧不仅发生在过去，也曾发生在改革开放后开始强调社会主义民主与法制之际。[48]

此外，尽管舆论界很重要，却没有什么理由假定舆论界就一定更公正，更可以信赖；或是比法律界更崇高，更无私。还是先前的假定，从统计学上看，"好人"和"坏人"在社会中的分布是均衡的。近年来，难说新闻界腐败就比其他部门少，至少有偿新闻、虚假报道不是新闻。[49] 只是未引起社会的强烈反应，或因其行为一般说来没有直接或不会直接伤害普通个体，而且不能排

---

[48] 典型例证之一是"文革"期间造反起家、经营计划外小煤窑、加价出售原煤、机构私设"黑金库"、财务混乱的王守信。1979年10月她被以贪污罪判处死刑，次年2月被执行死刑。此案始于《人民日报》1979年4月23日第2版的一篇报道，配发了评论员文章。但引发全国舆论轰动乃至国人皆曰杀的关键文本，是一篇以王守信为传主、明显有虚构的报告文学作品（刘宾雁：《人妖之间》，《人民文学》，1979年9期）。王蒙对该文本的叙事以及对读者的心理暗示曾有精细分析，他认为"至少这篇作品里的传主绝无死罪，甚至不像坏人"。请看，《王蒙自传II：大块文章》，花城出版社，2007年，第136页。

[49] 请看，《严格纪律 纠正新闻队伍中不正之风》，《人民日报》，1987年9月11日，第1版；《新闻界应率先纠正行业不正之风》，《人民日报》，1993年8月5日，第4版。

除新闻界同样会有"兔子不吃窝边草"的规矩。如果历史还曾告诉了我们什么的话，那就是世界上没有一个机构、行当永远正确，足以永恒支撑整个社会。

执法司法活动的专业化和独立性仍然是相对的。不只是嵌入社会的机构不可能不受社会思潮和社会舆论的影响；我还想说，一味坚持遗世独立的法律注定无法持久。在民主日益深入人心的时代，法律活动的结果必须一定程度地反映公众呼声，满足社会多数人在特定时期的某些具体要求，即使有时过分了，或太情绪化。否则的话，法律机构会失去存在的合法性，最终失去其独立性。换言之，法律活动其实一直以部分妥协才获得了更多独立性。这是个深刻悖论，无法以某个抽象原则一劳永逸地解决。执法司法机关必须注重对社会具体问题进行具体分析，斟酌权衡情势而行动，与此同时，社会也要充分理解和宽容法律活动的种种难题，甚至两难。即便如此，也不可能保证法律运行的结果长远合理和正确。换言之，只要社会不是对一切问题都达成共识，执法司法机关的活动或决定就不可能令所有人总是满意，甚至无法使所有人一时满意；更何况，假定公众意见不是判断真假对错的标准，那么令所有人满意的结果也仍可能是错的。作为实践理性的法律应当永远避免用某个口号或原则来简约和概括。

关于抗辩制改革[*]

一、问　题

中国自清末从欧洲引入了"讯问制"（inquisitorial system）审判方式[1]，到1988年第十四次全国法院工作会议提出抓公开审判，提出了庭审方式改革问题。[2] 目前这一改革还集中于民事和经济案件审理。1991年4月颁布实施的《民事诉讼法》第64条规定了当事人举证责任，提出了"谁主张，谁举证"的原则。一些地方进行了"抗辩制"（adversarial system）的司法审判改革试点。不久前，中央电视台《东方时空》《焦点访谈》栏目播报了大连市法院采用抗辩制审理的一起案件，在社会上和法学界引

---

[*] 北京大学法律系张文教授、湖北省政法委政策研究室的邹斌为本文的写作提供了一些有价值的资料和材料，在此致谢。
[1] 1906年中国第一次模仿欧制草拟了《诉讼律草案》，但民刑不分。1910年有了独立的《民事诉讼律草案》，主要参照了德国民事诉讼法。两草案均未公布施行。1907年清政府颁行《各级审判厅试办章程》，民事刑事诉讼混在一起。请看，刘家兴：《民事诉讼教程》，北京大学出版社，1982年，第17页；《中国大百科全书·法学》，中国大百科全书出版社，1984年，第666页。
[2] 《法院改革的重心——王怀安谈公开审判》，《人民日报》，1988年8月13日，第4版。

起不少反响。[3]

抗辩制和讯问制是两种不同的在法庭上出示证据的方式。在抗辩制（也称对抗制，辩论主义或当事人主义诉讼方式）下，各方自行负责调查取证。在民事法律中，原告和被告各自准备证据，通常通过各自的律师进行。在有陪审团参加的抗辩制诉讼中，法官只是作为法律问题的仲裁人和公断人，很少直接参与讯问，除非他认为有某些重要的法律或事实问题必须当即澄清。在无陪审团参加的庭审中，法官不仅就法律问题下结论，还就事实、当需要赔偿时还就损害赔偿数额下结论。在刑事案件中，依据讯问制（也称职权主义或混合式诉讼方式），为提出一项可能的起诉，通常由一位法官主持审前讯问，其职责包括对案件当事人所有有利和不利的方面展开调查。在审判中，法官会直接主持讯问证人，根据预审档案材料提出问题。[4] 概括说来，在讯问制中，理论上，法官的角色是发现案件真相和依法作出决定；抗辩制，美国大法官杰克逊的说法就是，"让双方打仗"[5]，法官的职责不是发现案件事实真相，只是竞争的裁断者，法官仅处理或集中处理相关的法律问题。

这两种审判方式各有什么优点？中国应当采取何种，在多大程度上采取，可能采取哪种审判方式？本文不打算抽象地、无背

---

[3] 王亚新：《论民事、经济审判方式的改革》，《中国社会科学》，1994年第1期；况继明：《三大诉讼审判方式的改革：问题与对策》，《法学研究动态》，总第192期，1994年10月8日；王怀安：《充分发挥庭审功能，展现法院裁决的公正与权威》，《人民法院报》，1995年2月10日，第3版。

[4] "adversarial system" and "inquisitorial system", *Britannic*, 15th ed., Chicago, Encyclopedia Britannic, Inc., 1993. 目前关于抗辩制的中文系统研究很少，参考材料泛见一般的比较法著作和关于英美法制度和法哲学的著作。

[5] 转引自，Henry J. Abraham, *The Judicial Process*, 4th ed., Oxford University Press, 1980, p. 104。

景地讨论抗辩制与讯问制之优劣,而是把抗辩制改革试点放到中国社会的大背景下作一些初步分析,并预测可能引发的司法和制度变化、其中隐含的实践难题或麻烦,供学人参考。

二、审事实,或审证据?

司法审判中引入抗辩制,可能也应当引发对中国目前法学的一些基本原则的再思考。

首先可能会挑战"以事实为根据,以法律为准绳"这一普遍的司法原则。在先前的讯问制审判中,事实是司法机关调查确认的。确认事实永远牵涉证据的可靠性和可信性问题,但在讯问式审判中,这只涉及审理过程中法官本人的内心确信或合议庭法官之间的互动,相关法律事实是否完整、确实和可靠,不会在庭审过程中展开、争论和质疑。而且,人们的常识,以及相对简单的唯物主义一般也认为,事实就是事实,只要认真仔细全面调查,是可以查清的。因此,法学界在理论上通常认为汇总相关事实就能揭示案件真相,以事实为根据就是要让法官的认知完全符合事实真相。[6]

基于这一信念追求发现真相当然对,可以作为司法的理想之

---

6 这种观点在我国法学界甚为普遍。例如,"坚持以事实为根据,就是……使认定的事实完全符合案件的客观真相"(《中国大百科全书·法学》,中国大百科全书出版社,1984年,第697页);"以事实为根据,就是指司法机关审理一切案件,都只能以客观事实作为唯一根据……,必须绝对真实可靠"(沈宗灵主编:《法学基础理论》,北京大学出版社,1988年,第380—381页);"以事实为根据,就是对案件作出处理决定,只能以客观事实作基础……,尊重客观事实,按照客观世界的本来面目来认识世界,改造世界"(吴磊主编:《中国司法制度》,中国人民大学出版社,1988年,第99页)。

关于抗辩制改革

一。但司法是实践的,需要非常具体的操作,而操作并不都能实现理想。以事实为根据的原则,无法保证司法调查搜集的证据就一定能再现真实。实践中,受制于种种条件,司法用作判决依据的仅仅是法律上可确认的一些事实,只是案件事实的一部分,甚至是一小部分,即便是最重要的一部分。由于司法诉讼时限和其他科学技术、资金和人力的限制,在许多复杂的案件,如涉及多人、标的额很大的经济案件中,许多事实很难在法定时限中发现,有的完全可能是无法发现的,无论是因为证据失落还是被故意毁灭或隐藏。[7] 因此,在绝大多数案件中,司法实际上依据的是在法定范围内认可的,有一定证据支持的,因而被法官认定的事实,即法律事实。正如吉尔兹所说的,"法律事实并不是自然生成的,而是人为造就的,……根据证据法规则、法庭规则、判例汇编传统、辩护技巧、法官雄辩能力以及法律教育成规等诸如此类的事物而构设的,总之是社会的产物"[8]。法律事实与客观事实可能近似,但不总是相等,事实上很可能经常不重合。其中有些分歧对于法官作出正确判决可能不重要,不会引出这个社会无论是以立法、司法解释还是判例明确表示无法接受的司法错误;但有些则颇为重要。这就是为什么刑事案件和民商事案件适用的证据标准有重大区别,前者要求确实充分(在英美则要求不存在合乎情理的怀疑),而后者通常只要求优势证据。而且何为确实充分,何为优势,对于不同的人,实践上也会有些许差别,

---

[7] 大连市法院以抗辩制审理的案件事实比较简单。况继明在前引著作中分析的云南泰华房地产开发公司诉刘晓庆侵犯名誉权案的事实也相当简单。现实中的民事、经济案件要复杂多了。解剖"麻雀"有助于却不足以理解鸽子或喜鹊。抗辩制在这些案件中未遭遇挑战不意味着在其他案件中也不会遭遇。

[8] Clifford Geertz, *Local Knowledge*, Basic Books, 1983;中文转引自梁治平编:《法律的文化解释》,生活·读书·新知三联书店,1994年,第80页。

乃至不论是否明确规定，事实上都只能由法官"自由心证"。这就意味着，即使每个法官以及其他相关的法律人都尽职尽力，也难免有一些案件事实认定有偏差或错误，导致法院的司法判决有偏差，甚至错误。

混淆了客观事实和法律事实，这个问题一直存在，也一直困扰着许多细心、敏感的法学/法律人。但在我国先前的司法实践中，这个问题容易被遮蔽，因为过于简单的唯物主义认识论，也因为讯问制审判方式。依据讯问制的制度设置，发现事实、确认事实会有律师部分参与，但最终由检察官或法官决断，事实上是自由心证。这种职责配置其实很有道理。其基本逻辑预设是，检察官和法官不是案件当事人，与案件没有直接的个人利害关系（若有关系则必须回避），加之法官、检察官长期执业，总体而言，他们更可能公正无偏颇地调查取证，至少没理由偏私。[9] 这一制度安排也与人民共和国的政治法律意识形态一致，即只要坚持政府、法院和检察院的人民性，就发现和确证事实而言，它就比其他人或机构更可靠也更可信。因此，在我国法律和法学教科书的相关部分中，一直把"以事实为根据，以法律为准绳"视为毫无疑问的一般司法原则。举证责任也是在这一原则下展开的。

但在抗辩制诉讼中，这个涉及哲学认识论的法学问题将制度化地凸显出来。抗辩制发现事实的逻辑预设大致是，真理越辩越明，以一种类似市场竞争的方式来发现和确认证据。在这一过程中，法官听信谁的证据，听信多少，就如同是一位顾客，而诉讼双方或他们的律师，因为都想赢，至少不愿输得太大，就如同产

---

[9] 我国法学著作没有讨论这种制度设置的理由，但西方的一些比较法著作一般都这样分析讯问制的优点。参见，Abraham，前注 5。

品推销员，会在法庭这个"市场"上向预期顾客（法官）竭力推销其产品；竞争被假定会产生最好的结果。我不敢也不愿掠美，这是英美法学家最经常使用的、并引以为傲的一个比喻（市场经济观念可谓深入人心，或者说人们的社会存在决定人们的意识？）。[10]

会有人，比如我，对这个比喻本能反感。也有道理反感。可以坚信真理终将战胜谎言或虚假，但这还只是坚信，"坚信不等于确实"[11]；你还得等到"终将"，而在这之前该咋办？更何况，若都是不实，都有虚假，甚或都是谎言，那么竞争怎么会产生真实？抗辩竞争的常规结果甚或最好结果，那也是由此发现和确认的只是某些事实、部分事实、部分事实和部分非事实（有一定证据或论证支持的个人感觉和意见）的混合。[12] 显然，司法决定以如此发现的"事实"为基础，至少有些案件的结果会与"法律公正"的理想或预期相抵牾。

只要实行了抗辩制，就会对我国司法的"以事实为根据，以法律为准绳"原则提出难题。抗辩制诉讼中，法官消极听取证

---

[10] 请看，Richard A. Posner, *Economic Analysis of Law*, 4th ed., Little Brown and Company, 1992, pp. 519-20; 又请看，富勒：《相对制度》，《美国法律讲话》，哈罗德·伯曼编，陈若桓译，生活·读书·新知三联书店，1988年。

[11] "确信没法验证确实。我们确信无疑的许多事，其实都不确实。" Oliver Wendell Holmes, Jr., "Natural Law," *The Mind and Faith of Justice Holmes*, ed. by Max Lerner, Transaction Publishers, 1989, p. 395.

[12] 在普通法国家中，这一难题是通过陪审团制度来排除的。陪审团在听取双方举证之后，就事实问题作出他们的决断，尽管有一定的规则指导，但最终是依据他们的确信和裁量来决断的。这种制度并没有解决这一难题，但它卸除了法官对事实问题上的过于沉重的道德和司法责任。在波斯纳看来，这是一种合法的推托责任的机制。参见波斯纳对事实问题的讨论，《法理学问题》，苏力译，中国政法大学出版社，1994年，第259—278页。而我国的司法机构没有这样的制度配置，采用抗辩制，中国的法官在决定事实问题上将承担起过于沉重的道义责任。

据，诉讼双方或各方均会提出自己的证据，反驳对方的证据，要求法官确认各自主张的事实。在法官面前，会出现两个甚至多个事实，法官只能依据各方提出的证据数量和质量以及其他相关因素来认定"事实"，并作出判决。在举证过程中，各方必定会，职业伦理也要求律师有义务，提出对自己有利的证据，回避甚至压制对自己不利的证据，甚至只要可能，且只要不可确证地违反法律，还一定会歪曲、曲解甚至捏造某些证据。[13]

尽管事实是确定的，但抗辩制司法中所提出的事实势必更多借助语言。中国古人早就指出了："道可道，非常道，名可名，非常名"；"书不尽言，言不尽意"。[14] 西方现代哲学研究也已表明事实与语词之间不存在精确对应。[15] 举证人选择的语词，这些语词在法官心中重构的事实以及与之相伴随的感情色彩都不可能统一和确定，不同法官对同样的言辞和证据会有不同印象，对事实则可能进行不同的重构。尤其值得注意的是，抗辩制免除了先前中国法官身临其境调查取证的责任，坐堂办案，只能主要依据法庭上的举证，相对于先前中国的司法审判，抗辩制大大强化了言词或书证对于法官事实认定的意义。无论如何，法官在法庭上，通过双方举证、质证，了解和确认的"事实"都会有别于作为"物自体"的那个事实真相。法官只能依据相关法律、基于他认定的事实判决。

---

[13] 这是英美法学家和比较法学家公认的事实，并为大量的实证研究所证明。参见，Posner，同上；茨威格特、克茨：《比较法总论》，潘汉典等译，贵州人民出版社，1992年，第478—484页。

[14] 高亨：《老子注译》，河南人民出版社，1980年，第21页；周振甫：《周易译注》，中华书局，1991年，第250页。

[15] 最著名的是后期维特根斯坦在《哲学研究》（汤潮、范光棣译，生活·读书·新知三联书店，1992年）中雄辩地论述了这一点。西方也有大量法庭心理学实证研究证明了这一点。

关于抗辩制改革

语词、系统表述和各种解读在抗辩制中起了更大作用,这也就意味着律师,其实是律师的经验和手段,对法官的决定会起更大作用。我不会指控律师必定会玩弄技巧,欺骗世人和法官;不仅相信律师有个人良知,会分享社会基本价值,我更相信职业伦理(其实就是法律)、法律(不能有意作伪证,不能欺骗法庭等)、职业声誉以及重复博弈的威慑和制约,即使玩弄语词,律师也会有所顾忌。但也必须看到,除了打赢官司的个人利益(不仅是金钱的,也是职业声誉的),抗辩制也要求律师尽其所能发挥"辩"才。律师的辩才注定不同,甚至努力也无法"修齐治平",案件结果因此就可能因律师而不同。一个案件中,一个在本体意义上的事实不利方,由于律师出色,就更可能赢得案件,包括"少输就是赢";而在本体意义上的事实有利方,如果缺乏好律师,就可能输,包括赢面更小。这在经济案件和民商事案件中将尤为突出。与刑事案件有较大不同,民商事或经济案件一方全赢或全输很少,常常是各方有赢有输,因此是赢多赢少或输多输少的问题。这意味着,通过律师以言词表述或概括的事实对案件判决会有更多影响。

理解了抗辩制的上述问题后,可否以制度设计来避免和减少呢?理论上,通过法官、律师以及其他诉讼参与人的努力,可以。但我不认为会根本解决上面提出的问题,以及与之相伴的其他问题,如收集证据取决于财力,聘用出色律师也取决于财力,因此抗辩制总体而言会更有利于富有的诉讼方。这是制度的局限,除非放弃这种制度。

因此,抗辩制改革带来的变化之一就是,无论相关法律对"以事实为根据"原则的表述是否修改,也无论法律教科书对这一原则是否重新阐释,抗辩制的实践都将改变这一原则的操作定义。换言之，会以"以证据为根据"，或以各方法庭呈现的证据为根据，取代或置换理论层面的"以事实为根据"。[16] 在不同类型案件中，还会演化出不同的证据决断原则。

三、"有错必究"与两审终审

与这一变更相联系，还会触及其他诉讼制度或原则。直接涉及的是诉讼法明确规定的"两审终审"和"一事不二理"，以及通过审判监督程序体现的"实事求是，有错必纠"。[17] 甚至还不仅是民事诉讼，鉴于刑事审理也很可能实行抗辩制，那么在自诉案件中，也会有这个问题。

前面的分析已表明，抗辩制审判中依据的是"法律事实"，有别于所谓的"客观事实"；在相当程度上，法律事实取决于诉讼各方在庭审过程提供的证据多寡和强弱，至少部分取决于当事人的能力和财力，取决于当事人聘用的律师。这意味着，就常识意义上理解的事实认定，有出入、瑕疵甚或更大差错的案件不可避免。如果没有新证据出现，特别是如果相关利益不是很大，经过法定程序后，案件也只能如此判决终结，也可以期望相关当事人接受判决。但不仅会有人个性较真，所谓"不蒸包子争口

---

[16] 已有不少法官注意到这一变化，他们的精辟概括是：抗辩制是"审证据"，而不是"审事实"。

[17] 严格说来，现行《刑事诉讼法》（1979年）和《民事诉讼法》（1991）都没有规定"实事求是，有错必纠"。现行的法学理论却还是认为这是一个执法的原则，请看，《法学基础理论》（新编本），北京大学出版社，1984年，第421—422页；孙飞：《判决审查阶段的实事求是、有错必纠原则》，《法学研究》，1986年第4期，第68页。

气",而且一定要注意到,纠纷争议涉及的利益分量并非恒定,永远都相对于争议方的经济生活状况而言的,因此一定有人就是无法接受对自己不利的判决,只要法院判决依据的事实与其认定的事实有细微出入,即便说不上是法律瑕疵。两审终结后,当事人可能会找到或发现其他证据,如被对方有意无意压制的对其不利的证据[18],可能影响事实认定和案件判决。按照现行民事诉讼法的审判监督程序,当有新的证据足以推翻原判决、裁定的,或原判决、裁定认定事实的主要证据不足的,法院就应当再审。[19]甚至人民检察院也可能被卷进来,要求介入。[20]如果抗辩制改革拓展到刑事案件,那么至少在刑事自诉案件中,也会出现类似的麻烦。

在讯问制审判方式中,由于证据的收集和认定都是由法庭或法官代表国家进行的,一旦法院事实认定有出入,从理论上讲,还可以说是法院的失误。当事人如果有新的证据,诉诸审判监督程序,要求"有错必纠",让法院纠正,多少还有点道理,至少可以说是人民法院履行了道义责任。中国民众长期以来大致都有这种期待,政治性表达就是"实事求是,有错必纠"。在抗辩制下,由于举证责任由诉讼当事人承担,法官至少或更多坐堂办案,如果当事人举证不足或有误,或无法有效反驳对方的不完整、有瑕疵甚至误导性举证,若导致事实认定有出入,法官判决对其不利,这并非法官的错误,而是诉讼人自身的欠缺、疏忽或错误。为落实两审终审,一事不二审,节省司法资源,这就要求重新界

---

18 在抗辩制中,这不可避免。不仅法律上许可,无法禁止,甚至是法律的要求,否则律师会违背其职业道德。
19 《民事诉讼法》(1991年)第179条,第1、2款;
20 《民事诉讼法》(1991年)第185条,第1、2款。

定"有错必纠",司法机关仅对因自身原因造成的错误承担责任。

但重要的还不是界定,甚至主要也不是立法决策者或法律学者的观点,而是中国社会的普通民众目前的行为习惯。历来重视实质正义的中国普通民众能接受这一原则的变化,接受其中隐含的对他们的全新的制度和规范要求吗?我不是说中国老百姓一定不能接受。他们可能接受,甚至最终不得不接受,但显然需要时间。因为这触动了中国民众长期形成的法律预期,他们理解的司法公正。所需的时间还会比较长,但不是因为法律知识不足,而是至少目前看来,甚至在一段时间内,普通民众都还不大可能聘请律师来处理个人或家庭的法律纠纷,他们日常生活中并没准备随时应对诉讼证据问题。如果纠纷还像以往那样,几乎完全限于街坊邻里大院,大家都不请律师,问题不大。但如今的纠纷越来越多发生在陌生人之间,发生在不请律师的民众与一直有专职律师的——比方说——房地产开发商之间,发生在既不害人也不防人的多数人与一开始就居心叵测甚至千方百计利用法律"漏洞"的少数人之间,抗辩制的司法就容易偏颇。

坚持两审终审,一事不二理,不再理会因当事人未能承担举证责任而发生的"错案"判决,从理论上看,有种种好处:会促使当事人更谨慎、审慎,注重自我保护,这是一种法制教育,也是重要的规训。不是希望他们只是被动接受"程序正义",从积极方面上看,这也有助于他们适应中国正在发生的社会。也有助于理解司法/法官的苦衷和局限,只是"最后一道防线"。甚或,民事案件中,各国都普遍采用优势证据规则,标准不高,这本身或许也意味着各国立法者当初就认定了,这种差错属于社会可以接受的"瑕疵",因为利大于弊,其实反倒是优点。此外,

关于抗辩制改革

在商事或经济案件中,抗辩制的"谁主张谁举证",一定会促使更多厂商聘请专业律师代理,这也利于中国律师业发展,促使律师进一步专业化。哪怕在刑事自诉案件中可能会问题多点,但这类案件一直不多,即便有,也可以通过推广法律援助或法院指定代理来解决。但我这是在说服谁?我似乎只是在说服自己!因为我不能相信,普通民众一旦涉及诉讼,败诉一方是否愿意接受,多大程度上能够接受抗辩制改革可能带来的后果。这里涉及一个长期纠缠法理学的问题,法律是保守的,他努力维护人们的预期,避免造成失落感。有些重要的制度变革,即使从纯技术角度看完全合理,从社会发展趋势看也属必然,却还是可能有悖这一法治原则。[21]

注意,即便坚持"两审终审""一事不二理",法院甚至整个社会还是可能遭遇另一种麻烦。普通百姓不请律师除了可能请不起,也还可能因为,他们有更多时间以其他方式同对方"耗",同法院"耗"。他们一定是更关心自己的实在利益,而不是像我在这里——出于智识的愉悦——关心抗辩制对于法院或整个社会的长期好处:节省成本,程序正义。他们很可能会以其他

---

[21] 西方法学传统更多视法律为保守稳定力量,而不是变革的力量,以法律为人们的社会生活提供一个可测度的预期。即使通过合法程序改变人们预期,也可能有损法治。阿奎那认为,任何违反惯例的行动,即使行为无足轻重,也比较严重。《托马斯·阿奎那政治著作选》,马清槐译,商务印书馆,1963年,第125—126页。韦伯之所以看重形式理性的法律也就因为"现代理性资本主义不仅需要生产的技术性手段,还需要一个,依据形式(formal,或正式)规则的、可计算的法律体系和行政管理"。Max Weber, *The Protestant Ethic and the Spirit of Capitalism*, trans. by Talcott Parsons, Routledge, 1992, p. xxxviii. 在美国,围绕废除种族隔离的布朗案争论的核心法学问题之一就是,在社会尚未形成社会共识之际,法官决定推翻了先例,改变了人们的预期。请看,Richard A. Posner, *The Problems of Jurisprudence*, Harvard University Press, 1990, pp. 302ff.。

方式，如时下增多的上访[22]，来坚持和主张他们习惯的"有错必纠"，以行动冲击"两审终审""一事不再理"原则，努力启动再审。很难设想，通过试点，总结经验，加上宣传教育和普法，抗辩制改革能在一个不太长的时间内改变中国社会普通公众的这种想事和行为的方式。

四、节省成本，或是成本再分配？

抗辩制改革涉及的另一个必须考虑的问题是纠纷解决的社会成本。[23] 在讯问制审判方式中，相应的国家机关履行收集、调查、确认证据的职责，费用则主要由国家承担。抗辩制把举证责任转移给诉讼各方，由其律师来收集证据，先前由国家承担的费用，除了目前由法院承担的，以及当抗辩制拓展到公诉案件时由检方承担的成本外，其余部分都转移到涉诉的其他各方。若仅从司法制度角度来看，抗辩制几乎没增加司法机关的成本；相反，

---

[22] "山东省法院进京上访人数在全国一直名列前茅……其中上访老户占一半以上……是摆在各级法院领导和干警们面前的一道难题……"张豪：《法院上访老户的成因、特点及解决对策》，《山东审判》，1995年第5期，第25—27页；闫金山：《招远市法院靠"三三二接访法"告申工作实现大跨跃》，《山东审判》，1995年第1期。

[23] 我所使用的社会成本是制度经济学的概念，一般说来，它指的是全社会为某一种产品支付的成本，有别于产品生产者支付的私人成本。关于社会成本和私人成本的详细讨论，见，科斯：《社会成本问题》，《论生产的制度结构》，盛洪、陈郁译校，上海三联书店，1994年。顾培东在《社会冲突与诉讼机制》（四川人民出版社，1991年，特别是第104—106页）也讨论诉讼社会成本，但他讨论的实际是国家司法机关的成本，若从制度经济学的视角看，这仍然是私人成本。

关于抗辩制改革

大大节省了法院的人力和财力支出,这会很有利于法院集中关注司法审判,有利于审判专业化、法官职业化和法院的权威性。这是相关决策者和法学人支持抗辩制改革的最重要的理由。[24]

虽然目前的抗辩制改革只涉及法院,但仅从法院视角来看成本收益还不够。从整个社会来看,抗辩制改革很可能没有减少,而只是转移了或重新分配了诉讼成本。甚至,似乎还有理由说,可能导致诉讼的社会成本增加。[25] 首先,为承担起举证责任,说服法官,支持自己的主张,诉讼各方都必须尽可能收集证据;当然首先会集中收集有利于自己、不利于对方的证据,但为预防庭审过程中对方的反诘和质证,任何一方都不得不注意收集于己方不利而于对方有利的证据,并要准备应对这类证据。实际上,诉讼各方都不得不独立收集对己方有利和不利证据。换言之,在一个仅涉及两方的案件中,在理论上,总共可能得耗费大致两倍的人力、财力,各自收集可能重叠甚至相同的证据,即便针对同样的证据,也要尽可能提出对自己更有利至少要避免对自己不利的解说。在一个有多方诉讼的案件中,发现、搜集和解说这些证据的费用在理论上将以几何级数增长。若仅就纠纷解决而言,这会是社会成本更高的纠纷解决办法。

这只是理论的分析,实际上未必如此。首先因为各方总是侧重收集对己有利的证据,而不会以与对方同等的人力、财力和热

---

[24] 据王怀安(前注3)的概括,抗辩制的审判方式"第一减轻了法官的劳动强度,第二减少了经费开支;第三缩短了办案周期;第四提高了办案人员的办案定额;第五减少了法官同当事人的对立,增强了当事人对法官的信任程度"。但这都是法院的成本和收益。又请看,王亚新,前注3。

[25] 顾培东在前引著作中注意到诉讼成本的转移,他概括为此消彼长。但诉讼成本并非一个定量,而是个变量,从制度经济学或法律经济学的视角看,不同的制度安排会引发产品的成本收益的变化。

情收集对己不利的证据。其次，由于证据与己方的利益直接相关，因此诉讼双方通常比司法机关更有动力收集和使用证据，从理论上看，会比司法机关更有效率。[26] 为节省双方的费用，便于法庭辩论时聚焦争议，还可以设计证据交换制度。因此，在两个诉讼方的案件中，平均而言，抗辩制的诉讼成本不会达到讯问制诉讼的两倍。

即便如此，从以上分析还是可以看出，仅就解决纠纷而言，抗辩制诉讼的社会成本会比讯问制更高。这就有了一个问题，英美法国家为什么会而且能长期坚持这种抗辩制，并有法学家声称普通法是有效率的？[27] 固然，这可能有我前面提到的关于市场的意识形态问题，有制度的路径依赖问题；但最主要的原因也许是，流行于英美的抗辩制与其分享的普通法传统，即遵循先例制度的关系。在普通法体制中，法官针对一个具体纠纷作出的判决就是一个先例，不仅对本法院和下级法院此后判决同类案件有法律的拘束力，即必须遵循，而且对其他同级法院的法官，事实上对上级法院的法官也具有司法参考价值。最高法院的判决则具有普遍的法律效力。这意味着，一个抗辩制的司法判决，其社会收益不限于本案纠纷的解决，而且具有创设规则的意义。事实上，由于完全相同的案件很少，因此针对类似的法律案件，不同法院的法官也完全可能有不同的分析和思考，并因此会修改甚至提出竞争性的规则，并接受法律实践的检验。在英美的普通法领域，前前后后、大大小小的判例构建了许多部门法的整个体系，无需立法机关立法和修改。也因此，从社会层面看抗辩制，个案纠纷

---

[26] Posner, 前注 10, p. 520.
[27] Posner, 前注 21, pp. 362-74.

解决的成本很高，但考虑到其副产品——法官立法——带来立法和社会规制的收益，可以说，抗辩制节省了立法以及其他与之相关活动的（例如，发现现有法律存在的问题的实证研究和对策研究）成本。[28] 由于遵循先例的原则，抗辩制也趋于迫使法官和律师以多学科知识、现实主义态度来应对法律争议，不停留于处理眼前的纠纷。

综合看待普通法系和大陆法系的立法和司法活动，我们面前可以说有这样两幅草图：在普通法系中，抗辩制增加了司法活动的社会成本，但节约了立法活动的社会成本；在采取讯问制的大陆法系中，讯问制节省了司法活动的社会成本，但要求、实际上也增加了立法的社会成本。例如大陆法系的民商法基本都是立法机关颁布和修订的，而在英美这些法律大都由法官在司法过程中逐步创造出来。这种勾勒当然过于粗略，有许多细节只能省略了。例如在大陆法系中，司法判决也有参考作用[29]；但可以肯定的是，大陆法系的判例不具有英美法前例的立法效果。在英美法国家，也有日益增多的立法，但至少在美国，任何立法（包括宪法）都要经过法官解释，真正的法律其实是经典判例中法官的解释，对后续案件有持久的法律约束力。[30]

这一番远游之后，再回头看中国引入抗辩制，如果仅从社会成本层面看，我认为，这一制度变革对中国社会可能是不经济的。因为中国的立法制度属于欧洲大陆法系，而在司法制度上，

---

28 Posner, 前注 21, p. 451。
29 参见，勒内·达维德：《当代主要法律体系》，漆竹生译，上海译文出版社，1984年，第 3 章。
30 在美国，这一原则是联邦最高法院首席大法官马歇尔在 Marbury v. Madison（1 Cranch 137, 1803）判决中宣布的："解说法律是什么，这断然是司法的本分和职责。出于必需，就具体案件适用规则的人一定要解说和解释规则。"

目前还仅仅在民商事和经济案件中,将来有可能推广到刑事案件中,采用类似普通法的抗辩制,可以说是将两种"高消费"结合在一起了。这两者的结合,很可能无法收获这两种制度的好处。

五、抗辩制改革的社会源起

会有人问,如果真如同你分析的那样,那么中国实行这种改革有何必要?没有必要,又何以发生?确实,许多人,包括笔者本人,一度认为中国的抗辩制改革主要是美国法律制度影响的产物,是人类学上一种文化传播现象;在激进文化批判者看来,则是一种英美法律文化霸权的产物。不仅改革开放以来,出国、出境留学和访问的法学人中去普通法系的国家和地区的人数最多,而且,抗辩制庭审,就英美或我国香港地区与欧洲的相关影视作品而言,确实比讯问制庭审更戏剧化,也更有感染力。

这当然会是个因素,但我很难相信,抗辩制改革的发生主要源自外部文化影响。许多学者往往首先强调的是,庭审公开被确定为司法改革的目标之一,并被普通民众广泛接受。[31] 但这最多只是一种正当化(justification),用来对读书人打个马虎眼还行,却解释不了一个制度的发生,说到底,正当化不是动因(复数)。抗辩制固然有利于公开审判,但公开审判不必然等于抗辩制,否则,我们怎么解释一直采用讯问制的西欧各国的庭审实践?不能停留于审判公开这个目标或理念,历史唯物主义和辩证

---

31 前注21。

关于抗辩制改革

唯物主义，都要求我更关注中国社会自身的变化，凝视那些看起来很具体也很卑微的社会互动。

自 1978 年中国改革开放以来，市场经济主体和市场交易都大大增加，交易的空间距离也增大了，交易各方也更陌生化，这意味着，民事和经济冲突纠纷必然随之激增。与此同时，由于市场经济导向，曾承担过规划、管理和协调职责因此能以各种方式解决或化解纠纷的诸多国家行政部门，如今也逐渐弱化了。这一增一减，导致纠纷各方更多诉诸法院，司法解决纠纷的需求急剧增加。从 1970 年代后期到 1990 年代初十几年间，在法院立案审理的民事的财产和经济纠纷增长了几十倍。[32] 但法院的专业人员和经费一直严重不足，早就无法满足迅速增长的社会需要了。在一些地方，由于经费严重不足，有相当数量的案件无法调查，无法裁判，乃至法院只能停止受案立案。[33] 缺钱，引发了严重的制度稀缺。

但也正由于这种稀缺，在开始抗辩制试点之前，1980 年代后半期，中国法院系统在民事和经济审判方式进行改革时，在正式改革的背后，还出现了一些非正式的制度变革，尽管我们未必能认可或会认可这些变革。这种非正式变革就是，在某些地区，当司法系统经费紧张，无法调查审理特别是那些涉案金额较大、

---

[32] 参见，《中国法律年鉴》编辑部编：《中国法律年鉴》（1992），法律出版社，1992 年，第 855 页；《中国法律年鉴》编辑部编：《中国法律年鉴》（1990），法律出版社，1990 年，第 994 页。

[33] "经济案件一般都比较复杂，涉及的面很广。许多案件要到许多单位和许多地方去调查取证，所需费用往往很多。各级人民法院办案经费普遍不足，尤其是基层人民法院更为突出。以至有些案件因经费不足，办到中途，办不下去；有的基层人民法院因经费不足，不得不被迫停止收案"。《最高人民法院关于加强经济审判工作的通知》（1985 年 12 月 9 日），《中国法律年鉴》编辑部编：《中国法律年鉴》（1987），法律出版社，1987 年，第 585 页。

涉及地域广泛的经济案件时，急于通过司法解决纠纷的当事人往往主动以某种方式提供一定甚至主要的办案经费，用来支付收集证据、案件调查的差旅费以及其他费用，弥补检察院和法院经费的严重不足。

这其中已经有了抗辩制的影子。在一定层面上看，它与英美法中的当事人雇律师为自己打官司已有类似；在一定程度上，谁的资产多，谁收集的证据也就多，谁就更可能从司法审判中获利，注意，获利未必等于胜诉，败诉但支付相对较少也是一种获利。

但这种类似仅仅是表象的，需要限制。在英美法中，当事人雇用的律师不是国家公职人员；而在上面提及的这些特定时期特定地区发生的案件中，当事人"雇用"的是国家司法机关的公职人员，包括在职法官。尽管中国社会中对此一直有制度的、职业的和道德的制约，有党纪政纪，法院也会挑选那些自控力更强的法官，并且一再叮嘱和告诫，但只要开了这个口子，就令人担心。

即使调查取证和判决都是公正的，这也会影响法院的司法形象，或导致司法的不公。因为在各种类型的案件中，由于只有部分经济案件的当事人有意愿和有能力"出钱"，因此实际上是有当事人出钱的案件得到了优先处理，有的甚至是当事人出钱才能得到处理，其他同样受到法院财力约束的刑事案件、民事案件以及一部分当事人出不起钱的经济案件事实上就得不到同等的司法关注，也意味着得不到法律的同等保护。当事人有没有钱、出不出得起钱事实上成了司法案件筛选的一个准则，这就成了一种选择性司法和执法。这种做法还会导致法院的工作中心和关注点、法院的人力资源投入更多转向当事人能出钱的经济案件。法院是国家机构，国家财政支持，其允诺是同等保护所有公民的合法权益，如果谁拿钱就替谁调查取证审理结案，谁拿得钱多谁的案子就往前排，这还是人民法院吗？

更重要的是，为争取自己的最大利益，有钱的当事人一定会以各种手段来影响法官的调查取证和审判，而与之竞争的当事人也会如此，包括各种上不了台面的、非法的方式，并且会影响更多法官。法院内部的控制很难持续，党纪国法和法官职业伦理也无法抵抗。肯定会有法官经不起诱惑，甚至是双方当事人竞争的诱惑，这就有了1990年代流行的民谣"大盖帽，两头翘，吃了原告吃被告"。[34] 会有廉洁的法官"常在河边走，就是不湿鞋"，却也很难保证，更重要的是无法甄别，没人甄别。这意味着，不变革，不是个别甚或部分法官垮掉，很可能是整个司法系统的崩塌。

"山重水复疑无路"，但也就是从这个可能引发极糟糕政治和社会后果的自发和悄悄的变革中，若从经验上考察，会发现其中隐含了改革之路：对司法权的边界重新界定和自我收缩。此前，调查取证在中国一直被视为司法权的主要构成部分之一，要求由国家独自掌握的（民商经济案件）司法调查取证权，不便或不能交给个人和市场。不便是因为在当时中国，民事案件当事人因贫穷或因受教育程度无法或不大可能行使这种权力；不能则是担心金钱太容易腐蚀这种权力。但随着市场经济发展，调查取证已开始被转化为可以用货币购买的一种服务商品，并且至少众多商事经济案件当事人有意愿也有财力购买这种商品。从理论上

---

[34] "大盖帽，两头翘，吃了原告吃被告"出现在法学和社会学论文中最早都是在1992年。刘金国：《论法的实现》，《政法论坛》，1992年第1期，第14页；曾凡：《顺口溜，民情，干部作风》，《社会》，1992年第8期，第5页。

看，这类服务商品可以由政府（法院）提供，也可以由市场提供。从这个起初看几乎是"饮鸩止渴"的危险变革中，居然还会留下抗辩制改革的柳暗花明！

这意味着，无论从经济上看，还是从防止司法机关和人员的腐败以及提高司法系统的权威性来看，采取抗辩制都有了可行性，更有了必要性。司法成本转移减少了法院的费用支出，抗辩制压缩了法院的"私人"成本，可以集中人力财力处理其他重大案件；抗辩制促成了制度化的成本转移，也部分隔阻了市场、金钱对司法审判的不正当影响。不仅保护了一批法官，也维护了法院的权威，甚至卸下调查取证的职责之后，还可能带来司法审判的专业化。这是一个多赢格局。抗辩制改革是中国社会改革开放以来众多变量互动的产物。这一制度的谱系并非单纯的法治理想，也并非外来文化的传播，而真的就是中国社会各种具体、卑微、现实、坚定且持续的力量之间的妥协。[35]

---

[35] 据我的访谈调查，法院积极进行抗辩制试点的其他原因还有减少来自各方面"说情"干扰、增强法院司法审判的自主性，有些缘由甚至"上不了台面"，例如上级领导对试点单位会特别关注，改革试点主要负责人也更可能晋升。指出这些，并不是有意"亵渎"抗辩制的改革，而仅仅是为了让我们能更加勇敢、坦然地面对现实。而且应当指出，从历史来看，这种不纯的动机并不影响其制度结果的正当性和合法性，也许由那只"看不见的手"形成的市场经济就是一个最典型的例子。这也进一步说明了也许首先由尼采系统指出并为福柯深化的观点，许多后来被历史塑造得相当崇高的事件或概念，其发生并非出于一个纯之又纯的"原因"，而是出自一个不那么纯洁的过程，其中有很多似乎是偶然性的"因素"。有关这方面的详细辨析，可参见，尼采在一系列著作中对"正义""禁欲苦行""道德""自由""惩罚""真理"等一些今日视为崇高的范畴的谱系学分析，又可见福柯在一系列著作中对"人的科学"（human sciences）之发生的谱系学分析，霍姆斯在《普通法》中对"对物诉讼"的谱系学分析；一般性的分析，则可参见，Michel Foucault, "Nietzsche, Genealogy, History," in *The Foucault Reader*, ed. by Paul Rabinow, Pantheon Books, 1984。

六　结　语

抗辩制改革也算及时、有效回应了当前法院审判改革最急迫的一些问题，但它还是提出了更多的法制和法学的问题。现在不是评价它的时候，不能以它是否是"改革"，在国外是否长期行之有效这样一些抽象理念或标准来评价它。轻易肯定和接受，和轻易拒绝一样，都可能出自意识形态，而不是出自深入的研究。

我在文中对抗辩制的种种分析，显然包括了质疑，甚至很深的质疑。但这并非拒绝，相反是在追求理解，追求它能生动有效地进入中国民众的生活。无关痛痒的举措不会有人质疑。但即便如此，这些分析质疑还严重受限于我的反思能力，以及我对中国社会和司法制度的肤浅了解。因此，我只是把一些隐含的深层次问题先提出来，抛砖引玉，为引出更扎实的研究。

但本文最重要的追求之一是，中国法学人应当且可以将具体法律制度变革，哪怕是民间不起眼甚至特定意义上一看就很糟糕的变革，放到中国经济社会整体变革、法律体系和法学理论体系的变革中来考察，认真分析其利弊、对谁的利弊，充分展现其生存的谱系，对其影响和趋势作出也许不准确，但可能多虑却未必多余的分析。基于更经验务实的调查和研究，清醒作出的制度选择，才可能有效回应伟大变革对中国法制和中国法学的挑战。

1995 年 4 月 6 日于北大蔚秀园寓所

《秋菊打官司》的官司、邱氏鼠药案和言论自由*

> 一个巴掌拍不响。
>
> ——民谚

1994年12月和1995年2月,北京市海淀区人民法院和北京市中级人民法院分别对贾桂花诉青年电影制片厂侵犯肖像权案(此后称贾案)、邱满囤就邱氏鼠药提出的侵犯名誉权案(此后称邱案)作出初审和二审判决。[1] 两案涉及的人物和事都不算重大,是相对低层级法院的判决,但在我看来,这两个判决可能是

---

* 本文写作修改过程中,笔者曾先后同张文、贺卫方、孙晓宁、张志铭、吴志攀、刘东进、梁治平、周勇、张琪等法学界同人讨论过贾桂花诉青年电影制片厂案和邱满囤案,尽管意见并不总是一致,但对笔者有很多启发,引起我思考的深入;我曾在给北大法律系的研究生授课中谈到此案,受到评论、挑战和启发,特别是强世功、赵晓力和郑戈三位同学,对此文最后按目前这一思路表述和分析起了相当的推动作用。张文、贺卫方、高鸿钧、强世功、郑戈读了本文初稿,提出了相当珍贵、尖锐的意见和建议;特别是赵晓力提出相当细致的意见和建议,在此一并致谢。但本文的观点并不必然代表上述各位的观点,错误和不当之处将由我负责。

1 关于贾桂花诉北京电影学院青年电影制片厂侵害肖像权案,请看一审判决书,北京市海淀区人民法院(1993)海民初字第3991号;二审裁定书,北京市第一中级人民法院(1995)中民终字第797号。

近年来我国司法法治建设有普遍甚至深远意义的判决。其意义不仅在于,近年来起诉新闻、文艺和科技单位或个人侵犯公民、法人名誉权、肖像权的案件或类似纠纷呈上升趋势[2],这两个判例有一定参考意义,更重要的是,这会涉及中国社会的权利冲突和制度配置的一些理论和实践问题。法学人有义务基于中国的司法实践,自觉努力发现其制度和理论寓意。这不仅会挑战和推动法学研究,更可能推进中国的法治实践。

在众多名誉权案件中选择关注这两个案件,有些特别考量。贾案属于一个"棘手/难办案件"(hard case),而普通法有"棘手案件带来坏法律"(hard cases make bad law)的法谚。棘手有别于案件疑难、重大或有强大社会舆论伴随,而是案件的是非对错很难说清,怎么处理似乎都有些道理,但未必经得起长期考验。这是因为普通法有遵循先例的传统,个案判决若有不慎,就带来了一个坏规则。这里的"坏",有别于"恶",意思是后果"糟糕"。当代中国法属于欧陆法传统。但如今信息传播日益便捷,许多重要个案若引发了社会关注,对其他法院应对类似案件会有参考作用。因此虽非法定,也没人强求,参看类似判例,却可能让法官审理时省心点,判决时心里也更踏实。

此案棘手之处首先因为原告贾桂花是个事实上受伤害的"弱者";被告则是经济社会地位都相对显赫的电影界人士。双方的这一差别令社会舆论或民众情绪容易倾向贾氏;而一审判决贾氏败诉。但真正棘手之处还不在此。下面的分析会显示,此案涉及

---

[2] 据报道,仅1993年,全国就受理名誉权案件4760件,比1992年增长了29%。见,方流芳:《名誉权与表达自由》,《东方》,1995年第4期,第46页;关于这类案件的情况介绍,可参见,王旭:《1992:中国名人诉讼年》,《法律与生活》,1993年第9期。近来有影响的还有国贸中心诉吴祖光侵犯名誉权案、江珊诉中央实验话剧院院长赵有亮侵犯名誉权案等。

一些不易为我们的直觉察知的问题，可能有更广泛的社会后果。

选择邱氏鼠药案，则因为虽然涉及"言论"，但此案涉及科技界，而不只是通常的新闻、文艺（包括影视）、出版界，在当代中国的社会背景下，这就可能拓展了本文讨论的问题领域。而且，此案的二审判决体现的原则，在我看来，对今后审理此类案件有普遍指导意义，值得分析、阐述并推广。甚至，围绕邱氏鼠药案争议的最后结果是邱氏鼠药被禁，这就提供了一个非常直接的例证，维护言论自由并不只是抽象的公民权利保护，它对社会经济文化建设有直接、显著且实在的后果。

一、案件与问题

有必要简单介绍一下这两个案件情况和背景。

1992年2月，摄制组在陕西省宝鸡市纪实性拍摄（所谓"偷拍"）电影《秋菊打官司》（以下简称《秋菊》），作为秋菊进城的风土人情场景，当时正在街头卖棉花糖的贾桂花也被摄入；正式发行的影片中也使用了其形象。1992年8月广电部电影局审批后，电影在国内外公开发行放映。

贾氏曾患天花，脸上留有痕迹（俗称"麻子"）。因这一"生理缺陷"，贾自称向来"连照相都不愿"。在电影中，贾氏形象持续了约4秒，看不出患过天花。据贾氏称，有亲友、同事和其他人嘲笑贾氏"成了明星"，"长得那样还上电影"；其子在学校也遭人戏谑；贾氏很压抑，工作生活增添了不少麻烦。由律师代理，贾氏在北京市海淀区人民法院起诉《秋菊》剧组所属的北京电影学院青年电影制片厂，称该剧组以营利为目的（电影是商业发行）侵犯了其肖像权；要求影片摄制者向其公开赔礼道歉，剪除影片拷贝上的相关镜头，另赔偿贾氏精神损失费人民币8000元，赔偿经济损失4720.78元，并负担诉讼费用。经审理，海淀区人民法院于1994年12月8日作出一审判决，认为《秋菊》剧组的行为不构成侵权，驳回贾氏的诉讼请求。贾氏不服，目前已上诉到北京市中级人民法院。[3]

此案判决似乎获得了文学艺术和新闻报道界的好评，认为这一判决是公正的，实事求是。在此案一审判决发布当天，中央电视台《焦点访谈》采访报道了这一事件。报道中，赞同此案判决的人指出，如果这种摄影行为构成侵权的话，那么"以后电影（电视剧、纪录片、新闻报道）没法拍了"。采访报道相当平允，但节目主持人敬一丹在结语中评论说，大意是，此案决定表明"个人利益应当服从社会利益"。[4]

此案判决，尤其是电视主持人的评论，引起了一些人的不满。[5] 在私下论及此案时，不少人，包括一些法学同人，认为《秋菊》剧组事实上给贾氏造成了伤害，应给予贾氏赔偿。他们的理由是，即便赔偿也许会给以后的文学艺术作品生产、新闻报道带来不便，但在市场经济发展、人民权利意识增长的今天，针对中国社会长期以来强调个人利益服从社会利益，更应侧重于保护普通公民的权利。

---

[3] 北京市海淀区人民法院民事判决书（1993）海民初字第3991号。在北京市一中院二审期间，贾桂花于1995年7月25日以同意原审法院判决为由提出撤回上诉。一中院依法审查后于1995年8月25日裁定准许。

[4] 中央电视台《焦点访谈》，1994年12月8日。类似的说法，又请看，《〈秋菊打官司〉肖像权纠纷有"说法"》，《法制日报》，1994年12月10日，第2版；《〈秋菊打官司〉肖像权案庭审纪实》，《法制日报》，1994年12月12日，第7版。

[5] 参见《北京青年报》，1994年12月10日，第4版。

近年还发生多起颇为轰动的侵犯名誉权案。其中之一是1995年2月北京市中级人民法院二审终结的邱氏鼠药案。邱满囤是位河北农民，声称发明了一种能诱杀老鼠的特效药。以这一技术为基础，1987年，邱氏创建了一个老鼠药工厂。"邱氏诱鼠剂"先后通过省、部级鉴定，并获得多种奖励。鼠药"邱王""满囤"商标也成为省著名商标。1992年4月，汪诚信等五位全国鼠害防治专家根据他们的经验以及一般科学原理，在未对邱氏鼠药作实验验证的情况下，联名在《健康报》《中国乡镇企业报》发文，并为全国多家报刊转载，呼吁"新闻媒介要科学宣传灭鼠"。他们认为邱氏鼠药中含有某种或某些有害生态且为国家法令严禁使用的有毒化学物质，主张科技界、新闻界应认真对待这类科学或涉及科学的问题，防止伪科学泛滥。北京、天津、南京、山东、湖南等省市下令禁止使用邱氏鼠药。

1992年8月，邱氏在北京市海淀区人民法院对汪诚信等提起名誉侵权诉讼。此案一审中心争点被界定为一个事实问题：邱氏鼠药中究竟有没有国家严格禁止使用的有毒物质氟乙酰胺，以及原告和原告企业的名誉是否因被告陈述受到不当侵害。1993年12月，基于对邱氏鼠药的法院委托鉴定结论（或无法认定鼠药所含为氟乙酰胺，或认定不含氟乙酰胺），一审法官认定被告文章中关于邱氏鼠药的断言缺乏足够事实根据，误导读者，对原告个人名誉、人格造成不良影响，据此判决被告登报公开向原告致歉，共同赔偿原告名誉及其他经济损失人民币8000元。[6] 被告不服判决，上诉至北京市中级人民法院。二审推翻了一审判决，理由是，邱氏鼠药是否含氟乙酰胺，应由国家行业主管部门调查

6　参见，《邱满囤坦言不再上诉》，《北京青年报》，1995年3月8日，第4版。

确认和处理,法院不予认定和处理;汪诚信等上诉人对邱氏鼠药的质疑和批评,即便有差错,也属学术争鸣,不存在名誉侵权问题。[7]

此案同样自始至终引起了争论。科学界人士一般认为,这五位科学家的言论没有侵犯邱氏的名誉权。但此案之所以一审立案并判决,显然因为法院认为科学家有侵犯邱氏名誉权之可能;二审判决明智地绕开了邱氏鼠药是否含有违禁物质这一争点,却还是留下了一个引人猜想的问题,如果邱氏鼠药确实不含违禁物质,法院会如何决定。[8] 由于我国法学和司法界通常更强调"以事实为根据",有不少学者和律师私下认为,此案关键是查清邱氏鼠药究竟是否含有违禁物质;因为,无论什么人,包括科学家,都必须对他的言论的真实可靠负责,应对不实之词的后果承担责任。

二、权利的冲突

乍一看,尤其是对仅仅以求"真"作为司法判断标准的普通人甚或法律人,两案涉及的问题颇为简单:贾案中,其肖像是否被使用并导致其精神压抑,邱案中,则是其名誉是否受损了。但如果仅按原告律师的请求来界定并审理案件的争点,那么无论

---

[7] 这一问题在本文完成初稿之际已有结果。请看,陈祖甲:《邱氏鼠药含有剧毒物质国务院办公厅批准销毁》,《人民日报》,1995年4月12日,第5版。但本案涉及的法律问题并没终结,因此本文讨论的争点也未过时。

[8] 二审后,邱满囤自己就曾提及这一点。请看,《邱满囤坦言不再上诉》,前注6。

结果如何,不仅判决可能更不利于被告,其法律意义也会大大弱化。[9] 换言之,在这两个案件中,即使被告赢了,在此后同类案件中,与被告境遇类似的其他人仍会受此类诉讼的威胁。这是因为,案件争点的界定、实际审理的问题未能有效回答已发生或可能发生的、同类案件中反映出来的、当代中国社会的权利配置问题。若稍微深入关注一下围绕两案的社会轰动,就可能察觉,人们关心的不是——至少不仅仅是——贾氏是否受了伤害(这一点有别于《秋菊》剧组是否侵犯了贾氏肖像权),或科学家的批评是否准确。这些问题只对当事人本人才重要。人们还关心,甚至更关心这类案件判决中体现的相关权利的一般性社会配置。有影界人士说,如果贾氏胜诉,"以后无法拍电影了"。邱案发生后,许多著名科学家也纷纷出面为五位科学家呼吁,要求法院听取相关专家意见。[10] 尽管他们还未能将他们的关切以更一般化的法律

---

[9] 如何界定交由法院审判的核心法律争议,这对案件结果影响很大(可参看,Pat Lauderdale, ed., *A Political Analysis of Deviance*, University of Minnesota Press, 1980;特别是在该书第 2 章,作者生动地描述了法庭内诉讼双方争夺定义权的互动)。基于"不告不理"原则,承担界定法律争点的责任的几乎只是诉讼双方及其律师。换言之,法院只审理诉讼双方提出的事实和法律争点,至少基于司法中立以及其他考量,一般不宜甚至不应主动提出并审理诉讼双方未提及但显然隐含的法律争点。但总体而言,历史中国的"司法"不是这种传统,非但允许,事实上更强调裁判者"为民做主"。有关论述,参见苏力:《法律活动专门化的法律社会学思考》,《中国社会科学》,1994 年第 6 期,第 127 页。

[10] 卢嘉锡等 14 位中国科学院院士建议:"涉及科技的诉讼,司法部门应深入科学技术研究单位,听取科技专家的意见;在审理过程中,建议请有关学会指定有关科技专家担任陪审员,或组成陪审团;重大案件应请中国科学院院士、中国工程院院士提供咨询,在科学技术事实上为法官提供判决的依据,以确保科技方面诉讼审判的公正。"《中国科学报》,1994 年 5 月 20 日,第 11 版。

《秋菊打官司》的官司、邱氏鼠药案和言论自由

语言表述,却仍表明他们在意的并不仅仅是眼前这个案件的判决。[11] 他们关心的是什么呢?

我认为,他们关心的是一种广义的言论或表达的自由,更具体一点,则分别涉及文学艺术和科学技术。具体到贾案,这就是,当文艺家创作时,他/她无意伤害他人,却有过错或无过错地(这里的过错还只是常识意义的,而非法律意义的)伤害了他人,文艺家应否承担侵权责任,承担多少,什么是恰当的限制。在邱案中,这就是,在有关科学技术问题的讨论、辩论和批评中,科学家并无恶意损害他人名誉权以及相伴的财产权益,但造成了事实上的损害,他是否应对此种伤害承担责任,承担多少,什么是恰当和必要的限制。[12] 事实上,只要有观点或利益分歧,就会有批评争论,邱案中的争点问题也会出现在文艺界、学术界,直至任何业界。也正因此,这两案涉及的并不是什么"个人利益服从社会利益",而是相关个体主张的权利之间有冲突。

人们很快会意识到这涉及公民宪法权利,并根据各自的偏好得出一些判断。支持文艺家和科学家的人们(包括他们自己)会提出言论自由是宪法赋予的基本权利,相比之下,至少按权利

---

[11] 这应当是法学界的学术职责,是法律界,特别是两案被告律师的律师职责,但我国法学界和法律界未能及时有效地从理论上提出和分析这一问题,这不能不说是反映了中国法学界和法律界在一定程度上既缺乏理论的高度敏感又缺乏对现实的深刻关心。本文定稿之际,我读了方流芳教授的《名誉权与表达自由》,他敏感地触及了两种权利平衡的问题,触及了潜在的宪法性问题,但他没从法理或宪法层面讨论,而是借用美国侵权法的理论和观点,将之作为民法问题处理。

[12] 在此分别以"无意"和"无恶意"来分别限定文艺家和科学家,是出于我的一个偏见:并非所有言论都应享有同等程度的自由权。我认为,科学争论可能比文艺争议对社会发展更重要("诗不能使任何事发生"),且更可能有确定结论。换言之,科学技术问题很少可能因为激烈的批评争论而被扼杀,相比而言,文艺创作和作品可能更容易受伤。这一点可以进一步研究,我不坚持。但即使退一步,也不影响本文的核心论点。

位阶说，肖像权和名誉权会相对次要。[13] 当然，支持贾氏或邱氏的人们也完全可以提出宪法赋予的"言论自由"从来不是绝对的，在任何国家都不绝对；而且，《宪法》第38条也规定了，公民的人格尊严不受侵犯。[14] 的确，言论自由从来不绝对，但肖像权和名誉权也不绝对（我后面会分析这一点）。法律/学人可以诉诸法律效力等级等法理来支持这种或那种观点，但这种论述最多也只是诉诸权威，缺乏内在的理论说服力。我们必须深入分析这里的权利冲突。

提到权利冲突，我更愿称其为权利相互性。这其实是美国法律经济学家、诺贝尔经济学奖获得者科斯的重要发现。科斯在分析"公害"（nuisance）及类似侵权案件时指出，传统的做法是要求公害施放者就其引发的公害予以损害赔偿；这种似乎毫无疑问的做法实际上掩盖了不得不作出的选择的实质。人们一般认为这里的问题是甲给乙造成了损害，要决定的只是：如何制止甲。但这是错误的，科斯认为，我们分析的这个问题有相互性，即要让乙不受损害就会使甲受到损害。因此，必须决定的真正问题是：是允许甲损害乙，还是允许乙损害甲。[15] 贾案和邱案中出现的正是这种情况：表面看来，是被告的行为损害了原告，侵犯了后者的权利；但换一个角度，不预先假定哪一方的权利更重要，

---

13 《宪法》（1982）第35条。
14 《民法通则》第100条、第101条和第121条规定了公民肖像权和名誉权的保护。也可以追溯到《宪法》第38条，"公民的人格尊严不受侵犯。禁止用任何方法对公民进行侮辱、诽谤和诬告陷害"，但比较牵强。
15 科斯:《社会成本问题》，《论生产的制度结构》，盛洪、陈郁译校，上海三联书店，1994年，第142页。科斯是在1960年的《联邦通讯委员会》［Ronald H. Coase, "The Federal Communication Commission," *Journal of Law and Economics*, vol. 2 (1959), pp. 1–40］一文中指出：由于无线电台频道相互干扰，没法说究竟是谁侵犯了谁，除非从一开始就界定了某一频道的产权。

《秋菊打官司》的官司、邱氏鼠药案和言论自由

就会发现，如果满足原告请求，就会要求限制也即侵犯被告的权利。无论法院最终如何决定，只要保护这种权利，就一定侵犯另一权利。这就是权利的相互性。

科斯的分析和发现对传统法学理论提出了重大挑战。传统法学理论一般认为，权利的边界可以清晰界定；严格依法界定并保护一个人的合法权利时，也就界定和保护了他人的合法权利。但这两个案件就表明情况并不那么简单。我们发现，双方权利主张是交叉重叠的，至少分别来看，各自主张都有些道理，至少不是毫无道理；但在两个人各自主张的权利之间就是很难找出一个互不"干扰"或"侵犯"的边界，除非法律专断设立一个界限，断言在各自限度内就是互不干扰或侵犯。即便这般界定和坚持，也只是字面上的互不干扰，并没有，也不可能改变权利的相互性。

权利相互性其实极为普遍，尤其在现代城市社会。科斯说的公害和污染如此，我们日常生活中也经常遇到这类情况。例如深夜营业的舞厅，音乐影响了我的休息。从理论上看，我有不受打扰的"权利"，但舞厅老板也有充分利用其财产获得收益的权利。从理论上看，任何人都有"权利"不因他人行为而感情受伤，但多少子女的自主婚姻令其父母痛心疾首，要死要活？随着社会生活发展，人们交往日益频繁，这种权利碰撞的可能性日益增加。事实上，哪怕10年前，甚至5年前，就没法想象会有人因为自己的形象在电影上出现了几秒钟而主张肖像权或隐私权，即便他/她真的被人笑话了，即便他/她真的觉得很尴尬。而可以预期，从此以后，诸如此类的纠纷一定会逐渐增多。我们总是处在权利相互性的境地。仅仅在法律文本上一般地承认公民或法人有权利远远不够，所有这些得到法律文本承认的权利，在某种程度上或在某些时刻，都可能与他人的其他合法权利冲突。因此，对法律来说，

如今更重要的就不是原则上承认权利，在无争议的情况下设置权利，而是在冲突的权利之间如何恰当地配置权利，包括把权利界定得日益精细，在权利受损时给予恰当救济。其实，普通法的权利从来同司法救济相联系，有"无救济就无权利"的说法。

三、权利的通约和配置

如果承认权利的相互性，我们该保护何种权利，或就具体案件而言，保护谁的权利呢？该如何判断？传统司法基于司法实践有过主张[16]，获得了广泛分享，但就其说理来看，还是不充分。[17]似乎除判断某种关于权利更重要外，谁也很难合乎情理且令人信服地声称自己的权利优先，要求他人的权利必须让步于自己的权利；除对某权利的分类高下分享价值判断外，谁也无法心悦诚服地接受他人的价值判断。[18]

科斯认为，在出现权利相互性时，如果交易费用为零，无论

---

16 在美国，最早提出权利分类并开始提出"优先自由权"的是帕尔克诉康州案 [Palko v. Connecticut, 203 U. S. 319（1937）]。基于先前一些美国司法判例，大法官卡多佐（Benjamin N. Cadozon）已察觉并在此案司法判决中称，之所以法律正当程序保护将美国宪法第一修正案保护的言论自由等权利纳入，就因为有些权利更重要，那是有序自由的基础，有更高道德价值。一年后，在美国诉卡罗琳产品公司案 [U. S. v. Carolene Products Co., 204 U. S. 144（1938）] 中，基于同类的理由，首席大法官斯东在其判决书的著名脚注 4 更是明确主张，优先保护广义的言论（包括出版、宗教信仰、集会、请愿）自由权。

17 这不等于说传统法理著作中关于权利的价值判断及其总体形态（pattern）都没有道理。相反，在我看来，由于总体上社会制度对学术的决定作用以及经济绩效对制度的制约作用，法理或法律中体现出来的价值判断和态势往往具有自在但未必自觉的合理性。

18 "道不同，不相为谋。"《论语译注》（卫灵公），中华书局，1980 年，第 180 页。"不搞争论，是我的一个发明。"《邓小平文选》卷 3，人民出版社，1993 年，第 374 页。

初始权利配置给了谁,双方协商,最终结果都一样:产值最大化,或避免了最大的伤害。但现实生活中,不可能有交易费用为零的理想状态,交易费用总是为正;在这种情况下,科斯发现,不同的初始权利配置会有不同的社会价值总产出。[19] 因此科斯主张,当权利主张冲突时,法律应按照一种避免损害更严重的方式来配置权利,或反过来说,这种权利配置能使产出最大化。[20] 我认为,这一原则适用于贾、邱两案涉及的言论自由与肖像权或名誉权的配置。

有人会指出,科斯讲的是产权/财产权(property)的配置,这里讨论的却是人身权和自由权;进而认为,这两类权利不可通约、不可比较,这两种权利自然也就无法在同一层面上配置。

我承认,在传统尤其是欧陆法学理论中,这两种权利也许确实不可通约,因此谈不上配置和选择问题。但在抽象层次上,尤其在英美法传统中,这两种权利都是"产"(property),可以按科斯定理的原则予以配置。科斯本人在一篇文章中就曾谈到,他不相信区分商品市场与思想市场有什么根据,不认为这两个市场有根本差异。[21] 只要略微转换一下法学家的规范视角和普通人的日常生活视角,就会发现,普通人其实不大在意这种学者认为很

---

[19] 这被分别称之是科斯第一和第二定理,其论证以及交易费用的概念,请看科斯,前注15。对于科斯这种最大化的客观价值理论,布坎南提出了反对意见,认为最大化与交易费用无关;请看,布坎南:《权利、效率与交易:与交易成本无关》,《自由、市场与国家:80年代的政治经济学》,平新乔、莫扶民译,上海三联书店,1989年,第132—156页。布坎南主张的是一种主观价值理论。但盛洪新近的论文表明,主观价值理论是无法普遍适用的,在某些情况下,客观价值理论可以成立;请看,盛洪:《法官裁决和公共选择》,《中国社会科学季刊》,1996年春季卷,第80—84页。

[20] 这两种表述在科斯的分析中实际上是一致的,但许多关注"价值"反对"功利"的人难以接受后一种表述。

[21] 科斯:《商品市场与思想市场》,前注15,第341页。

关键的概念区分，非但游走于两类权利之间，也常常比较甚至转换利益。作为人身权之一的肖像权在法学原理上是高度个人性的，但事实是，通过合同，肖像权被大量转化为财产权。日前发生的几起肖像权诉讼，争议就在于所谓侵权人使用了他人肖像未给予或未给予足够经济补偿；一旦给予足够经济补偿后，争议就消失了。如果肖像权真如教科书中所言是不可转让的绝对人身权，那么即便给予经济补偿，也不能用作广告！从功能视角看，所谓人身权利不可转让，就是能把归在人身权名下的种种权利卖出更高的价钱，让法官有理由判决赔偿或补偿更多的钱。稍微敏感些还好发现，在欧陆国家民事法律中，包括在我国民法理论著作中，侵权行为（包括侵犯肖像权）引发的都是"侵权之债"，债，就是可以用钱偿还的。这意味着，其实自古以来，普通法学者一直认为侵权损害赔偿就是一种事后的"非自愿"交易或权利转让。[22] 这就表明，不同类的权利可以或可能通约，肖像权或名誉权与财产权并非对立，权利配置也就不仅可能，甚至必要。

然而，严格依据这一逻辑，也必须得出言论自由也不绝对。换言之，无论贾案中的被告北京青年电影制片厂，还是邱案中的被告各位科学家，从理论上看，也有可能要对其表达的后果负责。是否要负责，完全取决于相关权利配置的社会成本和社会收益。

在贾案和邱案中，应如何配置权利呢？哪一种配置，能避免

---

[22] 关于侵权之债，请看，查士丁尼：《法学总论——法学阶梯》，张企泰译，商务印书馆，1989年；关于损害赔偿是一种事后合同的观点，最早可见于亚里士多德的《尼各马科伦理学》，《亚里士多德全集》卷8，苗力田主编，中国人民大学出版社，1992年，第101、103页；又请看，Richard A. Posner, *Economic Analysis of Law*, 4th ed., Little, Brown and Company, 1992, pp. 168-9；波斯纳：《法理学问题》，苏力译，中国政法大学出版社，1994年，第454页。这里的"非自愿"，仅指由法院判决认定，判决后，它仍可能是自愿履行的。

更大的伤害，或可能产生更大的总体社会效益呢？这涉及权利配置的方式。

四、制度和权利配置方式

社会权利的配置可以有两种基本方式，一是初始规则方式。这种方法既存在于普通法国家，更多存在于欧洲大陆法系国家。这种方式将权利以宪法或成文法的形式规定下来，或通过司法判决确立为原则；只有在特殊的个案中，法官才可以限制或调整初始权利的配置。例如，言论自由在许多国家，无论是普通法国家还是大陆法国家，都被规定为公民基本权利，通常优先于其他权利。

另一方式是各案/逐案衡平。[23] 由法官针对各案具体情况尽可能作出合乎情理的应对，依据已有的规则或社会规范，但也可能不那么在意规则，只是更多综合考虑每一个案的各种情况。在处置这类纠纷时，法官关注的"权利"更多是此案中相关各方的具体权利，"义务"也是此案中的具体义务；甚至法官未必用权利义务这种抽象的概念，只注意具体个案中双方的对错，能解决纠纷就成。韦伯当年想象和概括的伊斯兰世界的"卡迪"司法可谓典型。[24] 在历史中国，至少某些地区或时期，由于国家法"重刑轻民"，且绝大多数纠纷都在家族、宗族和村落社区中有

---

[23] 这种规则的或衡平的权利配置方式概念的提出，受到波斯纳的启发，但不完全相同。请参见，《法理学问题》，前注22，第54页以下。

[24] Max Weber, *Economy and Society, An Outline of Interpretive Sociology*, ed. by Guenther Roth and Claus Wittich, University of California Press, 1978, pp. 976-8.

效解决了，对于极少数还可能诉诸官府衙门的纠纷，州县长官往往更多针对争议本身，凭着裁判者对本地习俗或社会规范（天理、人情）的理解，裁量判决。这不仅很难形成全国性的"萧规曹随"，而且异地为官的"流官"制度也不利于形成民事法律规则。换言之，这类裁决的关注点不是形成抽象规则，而是合理解决具体的纠纷。注意，这并不否认历史中国的国家和社会治理，也不意味着在天高皇帝远的农村，就没有或不需要与权利义务的社会配置相类似的稳定制度。肯定有，也确实有，典型的例证比比皆是，如，"天下无父母的不是""父慈子孝""男尊女卑""夫唱妇随"或"长幼有序"等。[25] 但与现代权利义务的制度配置的重要区别也许是，传统农耕中国的"权利/义务"基于身份，家庭、家族或社区的身份，而不是基于个人。但也因此，在相关纠纷解决中，裁判者的决断就无法基于抽象的规则、抽象的权利义务概念[26]，而必须对具体个案涉及的相关利益进行合理分配，通常是就个案对相关权益作边际调整。[27]

即便如此，近代以来，由于社会变迁，人员流动，陌生人之间的纠纷日益增多，不得不更多诉诸"官府"裁决，在许多重要事项上，中国社会也更多采取了制度化的权利配置。最典型的

---

[25] 所谓权利，在一定意义上就是说，如果他这样行为，即便会引起他人或许多人的不快、反感甚至损害，也得到国家法或社会规范的许可。例如，作为权利的言论自由并不要求人们发表的一定是正确的意见，而是允许人们发表一些不一定正确即便是错误的意见和观点，只要这种错误不是严重地损害他人（实际也就是社会）的利益。因此权利说到底就是制度化的权利。

[26] 梁治平认为中国的"礼法文化"中有权利义务之表象，但没有权利义务的内容；用"权利""义务"概念套用传统中国法律是误人子弟的。梁治平：《礼法文化》，《法律的文化解释》，生活・读书・新知三联书店，1994年。

[27] 因此一方面，固然是"夫唱妇随""男尊女卑"，但另一方面，作为制约，也还有"相待如宾""夫义妇听""糟糠之妻不下堂"的规范。明智的裁判者不可能不综合考量相关因素，公正合理地裁决具体纠纷。

如包括离婚自由在内的婚姻自由原则。[28] 当代中国更是从理论层面提出了法律制度化的重要和必要。[29] 然而，直到1978年改革开放之际，80%以上的中国人还生活在农耕村落社群，城市也基本还是熟人社会；与此同时，"制度"在时下中国语境也趋于被理解为组织机构，较少被理解为规则化行为和决策[30]，对包括司法在内的各种社会纠纷解决方式都影响广泛和深刻，即趋于综合考量个案的种种因素，努力兼容和迁就各种相关但冲突的利益。[31] 这种力求各方满意利益兼容的努力用心当然良好，也可能会有某些收益（但也会伴随了另一些成本），但必须从一开始就看清，鉴于权利的相互性，这就注定了所有冲突在不同程度上，至少就更具体的争点，都可能会是，有不少则一定会是，"公说公有理，

---

[28] 依据婚姻法的婚姻自由原则，相关权利统一配置给了婚姻当事人，而不再是其父母或其他人的裁量决断。因此，即使某件婚事"伤透了爹妈的心"，引出严重事变，社会舆论可以谴责孩子"不孝"，但婚姻当事人也不侵犯他人权利。这要包括了离婚自由，即便一方在婚姻中有种种过错，其配偶毫无过错，前者仍有权要求离婚，从理论上讲，只要发现夫妻感情确实破裂，法院也必须依法判决离婚，即便判决对后者会构成了严重伤害，甚至死亡。

[29] 参见季卫东：《司法程序论》，《比较法研究》，1993年第1期；又请参看，陈昕主编：《社会主义经济的制度结构》，上海三联书店，1993年。

[30] 关于制度和组织机构的区别，请看诺斯：《制度、制度变迁与经济绩效》，刘守英译，上海三联书店，1994年，第3页以下。

[31] 例如，在邱案等其他有关科技的名誉侵权案件发生之后，科技界的许多著名科学家提出应建立科技陪审团制度，以确保科方方面诉讼审判的公正。理由是"科学研究必须实事求是，司法工作的原则是以事实为根据，以法律为准绳。科学与法理在客观事实面前是相通的，需要互相依靠，互相尊重"（周庭芳：《科技界与法律界需要沟通》，《中国科学报》，1994年12月12日）。这种建议实际上就是主张一种非制度化的权利配置方式。虽有其合理之处，但这种建议的问题也很大：这种科学陪审团制一方面将大大增加科学技术界的非专业负担，另一方面将使法院在这类案件中的作用几乎形同虚设，成为陪审团的傀儡；更重要的是，这会使学术批评的科技工作者处于极为不利的境地。科学家可能在理论上有科学批评的自由，实际上他的权利完全取决他是否完全了解他批评的那种现象、技术、成果的一切细节；如果略有失实或有重大失实，他就失去了批评的"权利"甚至要为此承担重大法律后果。

婆说婆有理",即便目前这种情况主要还集中在广义的民事法律领域,但一定也会涉及刑事法律领域。[32] 不可能指望通过更充分的交流、沟通、说服、妥协就能消除基于权利的相互性而引发的种种纠纷。而且还必须看到另一类风险,即在一个熟人社会,由于可能纳入个案裁量的变量往往很多,对每个个案都综合裁量决断也容易受人际关系影响;即便没受影响,也容易引发种种猜忌,不利于树立法院和法官的权威。

既然已不可能通过各案/逐案(因此通常会是事后)衡平的方式来化解权利的相互性难题,避免更大的损失,争取最大收益,甚至可能引发更多风险和成本,那么另一种避免损害更大也即争取收益最大化的方式就是权利/产权的预先界定,一种注定制度化规则化的方式。[33] 通过权利预先配置,激励相关权利人充分利用自己的权利,避免权利不确定性造成潜在收益的损耗或流

---

[32] 刑法当然首先是保护犯罪受害人,但刑法和刑诉法也保护刑事被告人和罪犯的合法权利,因为他们也是中国公民。因此,这里同样有权利的相互性,典型如"疑罪从无",哪怕是"疑罪从轻"。这意味着在某些时候,仅仅因为证据不是确实充分,就必须无罪释放犯罪嫌疑人,或从轻惩罚;这意味着,即便公检法机关已尽了其最大努力,仍会有些被害人未能得到足够的法律保护。这是无解的法律实践难题。

[33] 熟悉科斯著作的细心人会发现,在讨论社会成本问题时,科斯也是从个案来讨论权利配置的,没有讨论一般性的制度性权利配置。例如,他认为,在有污染的工厂和当地居民发生权利相互性时,法院应当依照效益最大化的原则进行权利配置。科斯谈论的配置方法似乎同我国司法实践历来侧重的方法,即一旦发生纠纷,针对个案具体的是非曲折来解决纠纷类似。但这样理解会误解科斯。科斯并非主张在每个案件中都作比较效益分析,他只是通过分析具体个案得出科斯定理。这是他反对"黑板经济学",注重分析实际问题的研究方法要求的。其次,科斯讨论这些问题的制度背景是普通法。在普通法中,一旦一个案件判决之后,其后的案件除非在适用法律的事实上有重大差别,先例中体现的原则和司法决定对后案有法律的约束性作用。久而久之,这实际上形成制度化的权利配置,尽管其初始权利配置是个案确立的。正因此,科斯多次强调他的贡献在于强调了制度重要性,并将自己的文集定为《论生产的制度结构》(盛洪、陈郁:"再版前言",科斯:《论生产的制度结构》,第1页以下)。

失，避免一直纠缠，"当断不断，反受其乱"。

然而，"人算不如天算"，这种权利的预先配置，在实践中，并不保证也不可能保证其结果一定甚或常常是最有效率的。各种相关社会条件的改变，都可能改变预先权利配置的实际结果。举个不太恰当的例子，孩子小的时候，在任何社会，许多事情都会由父母决定。这里隐含的预设是父母会顾及孩子的利益，而且这样决策是利益最大化的，对父母和孩子都如此。但一旦孩子大了，决策就会改革，就必须改变。刚开始至少有些事由父母同孩子商议决定，但在有些问题上，当孩子成年后，社会就将权利赋予孩子，而不再允许父母干预，即便父母仍然关心孩子，即便孩子的决策可能错误。婚姻自由就是典型例证。

为争取权利预先配置的结果趋于收益最大化，每个社会的权利配置就不得不有所调整。有制定法规定/赋予的，最典型是公民选举权，以及民事法律规定的行为能力年龄之类的规定。但更多的会交给社会/市场，某些预先配置的权利可以转手，通过被假定有效率的自愿市场交易。甚至，当市场交易成本过高时，相关个体还可以通过诉讼由法院就具体争议个案作出非自愿的但更有效率的权利配置。[34] 这些判决可以理解为对相关权利就此个案作了边际调整，但当司法判决有先例时，即便只有参照意义，也可以视为通过权利束的细分，司法重新设定和配置了相关的权利。

可以，也有必要，从权利配置层面来分析和考察贾案和邱案。

---

34 这也就是所谓的波斯纳定理。Richard A. Posner, *Economic Analysis of Law*, 4th ed., Little Brown and Company, 1992, pp. 12-6.

五、言论自由的重要性

言论自由的重要性作为现代社会的基本信条已众所周知。然而，如果要对初始权利予以配置，我们无法先验判断各种权益主张的相对重要性。例如，贾案中的青影厂坚持的文艺创作自由，与贾氏声称受损的肖像权，哪个更重要？或邱案中科学家主张的批评表达自由，与邱氏主张的名誉和财产利益，哪个更重要？要想权衡和比较各种权益的相对重要性，起码就要有一种制度或一个"市场"，使得与此利益相关人（不只是相关诉讼个案的当事人，而是所有关心案件结果和判决后果的人——科学家、文艺家、法律人以及大众）都能以某种方式表明他们的权利偏好或对这些权利的相对重要性的判断。表达方式其实多种多样，行动和言辞都是，甚至沉默也是。社会生活中人们的一举一动，甚至包括"言行不一""口是心非"，也都在表达、认定和确认各种权利的重要性，以及当相互交往时，各自言行表现出的权利的相互性。在这个意义上，言论自由可以说是这一公共选择或社会选择得以进行的先决条件，是逻辑上的先在。

法律不是，至少不仅仅是——逻辑，因此这一论证还不够。更重要的是现实。对此，我无须重复各国学者的很多论述，那只是引证更多的名人名言，其作用也许只是多拉几面大旗作虎皮。我更想针对我国国情，以及这两个案件的案情作些更具体的分析和讨论。

首先，言论自由的重要性不在于其被规定为公民基本权利，从根本上看，是因为这种规定的制度效益。近代以来世界各国一直将言论自由,在此具体体现为文学创作和科学讨论的自由,规定为公民基本权利,写进宪法;肖像权和名誉权保护则一般由民法规定。这样规定,可能有意识形态原因,但不可能只因为意识形态,仅仅是"统治阶级的意志"的结果。一种权利之所以能长期坚持下来,被接受为社会中公民的基本权利,必定有超越了其表面的意识形态论证的具体的合理性。如今,也有人将这种合理性和正当性归在普适人权之下,在我看来不过是把公民基本权利(有关本国"公民")换了种说法(有关全世界的"人"),也算上了个台阶,但这也还只是断言,是空气的震动,不能算作有实在经验后果的论证。令言论自由成为基本权利的关键,在我看来,更可能在于言论自由给社会带来的巨大实际效益。文学艺术表达自由带来了大量的精神文化产品(不否认也有许多伪劣产品),获益者不仅是作者,说到底,获益的其实是广大社会公众,否则他们怎么会愿意花钱去消费?科学言论批评的自由,即便不是为追求真理,而是掺杂了个人对金钱、地位或虚荣的追求,夹杂了个人偏见或嫉妒甚至仇视,[35] 结果也还是推动和促进了科学的进步。可以说,近代各国的社会经济文化发展在很大程度上都得益于"言论自由"。在似乎专断的价值判断背后,有权利配置的绩效原则在起作用。

言论自由确实从来不绝对[36],但对于我们这个民族的社会科

---

[35] 参看, Friedrich Wilhelm Nietzsche, *Human, All Too Human, A Book for Free Spirits*, trans. by R. J. Hollingdale, Cambridge University Press, no. 634, pp. 201-2。

[36] 密尔《论自由》开篇第一句话说讨论的就是"社会所能合法施用于个人的权力的性质和限度"(许宝骙译,商务印书馆,1959年,第1页)。美国这个自称言论最自由的国家,也只是到申克案[Schenck v. U. S., 249 U. S. 47 (1919)]才第一次提出宪法第一修正案的言论自由问题,此案确认的最重要规则之一就是言论自由并非绝对。

学文化经济政治的发展来说，对于我们这个正在改革、追求更开放的社会来说，我们必须有一个基本方向感。我们是否应当更多或优先保护这种文化艺术和科学讨论的自由，将之确认为一种通例，一种规则？除非有证据证明这种自由损害了某些更重大的利益或价值。这种制度化配置的言论自由权利对我国的改革开放会更有利。为保证社会主义的民主法制的发展，特别是为保证公民的政治言论的自由，也必须有更宽大的、包括了一般非政治性言论的自由。我们不可能设想，在一个国度里，对文学艺术创作自由和科学批评自由有严格甚至苛刻的限制，能促进政治上高度的言论自由。

天下没有保赚不赔的买卖。言论自由给社会和社会中每个人带来收益时，也一定会让社会和至少有时某些个人为之支付一些成本。有些人甚至可能因这种自由有意无意受损和受伤。在文艺表达自由旗号下肯定会有淫秽荒诞的出版；认真严肃的科学讨论有时会压制一些尚未被学界理解和接受的发现，也会有个人或学派之间的意气之争甚至敌意，更会有人打着科学旗号搞迷信（近年来有气功大师搞巫术和骗术）。但问题是，又要马儿跑又要马儿不吃草，是不可能的。当然希望每个人言行谨慎，对自己、对他人、对社会负责，但这种理想状态无法操作，不可能实现。我们一生中有谁不曾无意甚或就是有意地说过几句言过其实的或是伤害了他人的话呢？即便只是拒绝。

还有一点值得注意，言词是否伤人有时还与言词无关，因此不是言说者本人可以完全把握的，常常与语境，包括听话人自身的特点或心理相关。"言者无心，听者有意"说的就是这个道理。幼年患天花脸上留下疤痕的人曾经很多，如今也还不少，并不都会，其实基本都不会像贾氏这样，觉得这是一种"生理缺陷"，并因此对他人拍摄自己特别敏感。我不是说因此贾氏不能敏感，或其敏感是假的。这种敏感确实可能。但这意味的是,对张三不构成伤害的言行可能伤害了李四,对一般人不构成伤害的言行令某特定人感到受伤。如法律要求人们表达时顾忌所有这一切可能,这样的法律对言者是否过于苛刻?"法律面前人人平等""法律的同等保护",都趋于强调规则普遍适用。当然,法律实践中有时也确实会有所分类,如老人、儿童、妇女、残疾人或少数族裔等,却必须拒绝过细的区分,乃至"因人而异",那就是拒绝规则。那样的司法裁决会便利了主观臆断,甚至恣意妄为,也会严重破坏法治。为避免更大的伤害,根据我国国情以及中国社会的未来发展,我们应更强调基于规则的——因此是制度化的——权利配置。

就贾案而言,更大程度的言论自由也才可能有助于促进社会发展,进而从根本上改变贾氏及与其相似的他人的社会境遇。如果贾氏所述为真,有人嘲笑她,那么真正令贾氏心理受伤的主要是她周围那些不懂得尊重他人的人,那些当面或背后嘲弄贾氏的人[37],却很难说是因为——即便有关——银幕上出现了贾氏形象。如果生活在一个更为文明开放的社会,人们都懂得相互尊重,有可能就不会有人嘲笑贾氏;甚至即便说了,贾氏也未必感到痛苦——日常生活中有不少人坦然接受别人叫他/她绰号,即便这种绰号可能伤人。[38] 这里讨论的虚拟境况并非否认贾氏受了伤害,只是论证,给予文学艺术创作自由更多保护,有可能更有

---

[37] 贾氏律师之所以选择诉青影厂而不是其他相关人,因此显然有其他考量。在法律上这不能成为青影厂的辩解,因为如果没有《秋菊》剧组的出现,贾氏确实不会有她声称经历的痛苦。

[38] 但真的会是这样吗?这里的分析是单线进化论的。仅就论辩而言,在一个特定意义上更文明开放的社会,人们相互间时时刻刻小心翼翼,也有可能令他们更敏感和脆弱,更容易受伤?情况可能相反,在一个不那么文明的社会,人们反倒更不容易受伤。但这即便如此,这仍然可能得出类似的结论,法律不应当太多规制言论,为避免更大的社会损害,我不仅必须,其实一直都在,容忍某些社会损害。

效改变贾氏和其他类似个体的生存境况，至少不会使贾氏和其他类似个体的生存境况更糟。

将初始权利配置给言论者，并不是说贾案中的《秋菊》剧组以及邱案中科学家一定言行正确，更不是说他们有权有意且肆无忌惮地伤害他人；只是说，在通常情况下，至少当请求者未能证明对方有意或恶意用言论伤害了他人，或有重大过失且从中获利，也应保障他们的言论自由权。如果要对他人的言论自由施加法律限制，权利主张者必须提出足够证据证明言论者有法律上认可的过错并已造成或可能造成更大伤害、且这一可能施加的限制不会过当，影响他人行使言论自由。换言之，要在涉及限制言论自由的侵犯名誉权或肖像权的诉讼中获胜，依据"谁主张，谁举证"的原则，权利主张者不仅要提出足够证据（不能只是断言），支持自己受到或可能受伤害的主张，并且要证明：（1）言论者主观上有法律上的过错（根据情况，可以是过失、故意或恶意）；（2）这种过错行为造成了或可能造成伤害，且这种伤害比限制言论自由带来的伤害更大；（3）请求施加的限制没有太多"负外在性"（完全没有，则不可能），而造成言论者和其他言论者未来的言论自由受到重大或实质性限制。[39]

只要满足这些条件，具体个案中的权利配置可以变更；但这种变更必须仅限于该案或限于同类案件中具体当事人的权利义务，不改变或危及这种总体的、制度化的权利配置。例如，一个人在影剧院放映电影时大声说话，即使他讨论的是非常重要的科学、社会或政治问题，影剧院工作人员仍可以请他离开，甚至让

---

[39] 在美国关于言论自由的司法决定实际上已经演化出了这一原则，即所谓的"不过宽"（overbreadth）原则。参见，Melville B. Nimmer, *Nimmer on Freedom of Speech, A Treatise on the Theory of the First Amendment*, Matthew Bender, 1984, pp. 4-147ff.。

警察强迫他离开。在这种例子中，对言论自由权的限制并不改变社会总体的、制度化的权利配置。这位自由受限制的人可以在自己家中或其他适当场合讨论他喜欢讨论的问题；他并没失去言论自由权，失去的只是在特定时间和场合自由言论的权利。这一限制对他未来的言论自由也不构成实质性限制。

根据这一原则，我可以说，目前已为法院立案准备审理的侵犯名誉权案件，有相当数量，无法满足这些条件，不构成应当进入实质审理的"案件"。坚持这一原则，律师会趋于慎重提起诉讼，即使提出了，法院也无须进行实质性审查，可以以未满足举证责任为由驳回，或简单审理后判其败诉，司法机关可以集中人物财解决一些更具指导意义的案件。这不仅有利于规制我国目前有"滥诉"倾向的名誉权诉讼，也会便利人们预期自己的权利义务，减少整个社会在这方面各类资源的耗费。

六、贾氏和邱氏的诉讼请求对言论自由的法律限制

根据上述标准，可以具体考察两案原告的诉讼请求，看看对言论自由是否构成实质性和重大限制。

贾氏诉求有三项，赔礼道歉、剪去镜头和8000元精神赔偿。赔礼道歉是否应当，取决于《秋菊》剧组是否有法律上的过错，不只取决于贾氏是否觉得自己因《秋菊》剧组的拍摄受到了伤害[40]；是否有法律过错，也是贾氏的其他两项诉求的基础。就此

---

[40] 这是民事侵权的构成要素之一。见魏振瀛：《侵害名誉权的认定》，《中外法学》，1990年第1期，第7页；鲍金桥：《论民事侵权责任原则》，《比较法研究》，1990年第4期，第1—3页。

案本身而言，我也许只需分析《秋菊》剧组有无过错即可。但本文关注的不只是贾案或邱案本身，而是一般的言论自由与其他权利间的冲突。为保持论题集中，斟酌之后，我决定正文中不分析贾案中《秋菊》剧组有无过错，仅考察贾氏的后两个诉求对被告或对其他言论者未来的言论自由权行使是否构成实质性限制。若无限制或限制很小，对权利配置没有制度性影响。那么，在有法律过错和法律因果关系的前提下，法院或可接受贾氏的诉求。

我认为剪裁镜头的请求不恰当。这个四秒钟的镜头尽管有贾氏形象，但在影片中的实际功能相当于一个空镜头，只是展现西北城市的社会氛围，调整了影片节奏，与影片故事剧情发展没直接联系。确实，可以据此认定，剪去这个镜头对影片的故事完整毫无损害。仅就解决纠纷而言，《秋菊》剧组可以对这一请求让步。但这里的关键不是剪去这个四秒钟的镜头是否有损影片内容，而是，若法院同意这一诉求，实际是要求此片作者的电影创作必须满足原告的要求，准许原告将自己的意愿强加于被告；但被告显然有权按自己对艺术的理解创作和表达，即便被告的权利行使确实，也因原告的个性和敏感，令原告受到了实在但法律不认可的损害。被告的行为不为法律禁止，也不违反电影行业的职业伦理，甚至不违反一般社会公德，在这个范围内，还要求被告听从原告意旨，这对被告的权利显然构成了无法律根据的限制甚至是强制。

贾氏请求 8000 元损害赔偿有同样的问题。问题不是钱多钱少，也不是谁有或没有支付能力，而在于谁有道理。如果法院判决被告支付贾氏 8000 元，这意味着，被告只有支付了 8000 元后，他才能行使他本来就拥有的言论自由权。这合适吗？

若仅限于此案,这些请求也许还不严重。问题在于,此案有示范效果。如果贾氏的诉求得到法庭认可,电影《秋菊》纪实性拍摄摄入胶片的大约300人,在理论上,就有同样理由起诉;"这样一来,根据小说《万家诉讼》改遍的《秋菊打官司》,就真的陷入了'万家诉讼'的尴尬境地"[41]。这些推理和想象是夸张的,不会有那么多人提出诉讼,即便提出,至少大多数人也可能会输。但有一点可以肯定,即以此为先例,许多人有了诉由(cause of action)和诉权,这会使文艺家以及其他人对自己行为的法律后果难以预期,可能被卷入诉讼。即使善意的批评性的电视剧、新闻报道、绘画、摄影,甚至小说创作和文学评论也会受威胁,诸如"未经我许可,批评我的作品,令我身心受伤"之类的诉讼。[42] 任何涉猎此类领域的人都难有相对确定的预期,自己能做什么,不能做什么。这就对言论自由构成了实质性限制。[43]

同样的道理,在邱案中,就算科学家的批评与事实不完全相符,邱氏鼠药工厂的名声和经济收益受损了,那也不可能要求每位发言的科技人员完全了解自己批评的每个问题和每个细节,能预测批评的后果。谁敢保证——尽管出于职业道德和好意——自

---

41 陈维光:《肖像权——是否被侵犯?》,《北京日报》,1995年1月27日,第6版。
42 不幸的是,在本文发稿后,我才发现,这种荒谬"预测"在1992年就曾发生过。请看,《法制日报》1996年3月19日第8版张嘉林分析的案例。
43 有人可能会指出,《秋菊》摄制组本来可以事先请求贾氏或他人同意,并通过支付达成交易。这种提议第一忽略了电影《秋菊》摄制于1992年初,当时中国尚未开始全面推进社会主义市场经济导向的改革;摄制电影的经费严重不足。即便经费足够,也很难操作且有重大制约。纪实性摄影最后呈现于银幕的场景和人物都不是事先预定的,而是事后从大量随机拍摄的素材中挑选剪辑组合而成。若事先征求潜在拍摄对象的同意,不仅会可能完全丧失或严重有损这类电影追求的生活流效果,最重要的是由于没有确定的交涉对象,以及有太多潜在交涉对象,交易费用(所要花费的时间和财力)会极高乃至注定导致交易失败——电影无法拍摄。这对电影文艺创作自由仍构成重大限制,甚至完全无法进行。

己的理解没有错误，尽善尽美了？还有谁敢一般地就科学技术问题发表任何批评或表扬意见吗？由于言词必定会抽象，对任何现象发表的看法总会省略诸多细节，很容易被人指责不够准确。更何况，学术讨论必然包括了批评，其基本功能之一，有时甚至目的，就是要让被批评者受到某种"伤害"，以便社会更可能通过此类批评而获益。因此，不可能指望，因此也并不追求，被批评者闻过则喜。对科学批评的苛刻要求只会窒息科学批评和讨论，只会阻碍科学技术在竞争中的发展。

甚至邱氏鼠药案本身就例证了学术批评的收益。事后来看，邱氏鼠药之所以被查禁，不就因为有些科技工作者较真，坚持了他们认定的科学道理？如果没有他们也许不尽准确因此可以说不客观的批评，引发了诉讼，也引发了相关机关的注意、考察、检查和调查，也许邱氏鼠药今天仍在污染着生存环境。没有一大批这样有责任感，也许有点偏颇、固执甚至真就有点偏见的科技工作者，科学技术就不可能真正健康茁壮地发展起来。

更展开一点，社会科学家呢？如果法院接受邱氏的诉讼请求，并作为原则坚持，社会科学家还敢对国家各级政府的计划、决策或社会其他不良现象提出批评吗？普通公民（包括贾氏和邱氏）还可能对任何社会现象表达看法吗？对任何个人、单位或法人的批评都可能因有不实之处被指控侵犯了名誉权。每个人，包括邱满囤本人，都无法想象和忍受那种如此求真的社会。

再提两点支持上述观点。第一，真正的自然科学技术（在其他人文社科领域还可能有例外）通常不怕批评，因为自然科学研究成果，特别是技术和技术产品的效力和效果，一般（确实有例外）可以重复测定或演绎，判断标准比较确定。因此，在自然科学技术问题上必须格外注意保护批评的自由。批评可能影响产品销路，但市场从来不是温暖如春的大棚。真正健全的市场也一定包括了各种负面意见甚至有许多以讹传讹的虚假消息，不管我们喜欢不喜欢，这就是健全市场的一部分。但要相信，人们很少可能完全不理性，听见风就是雨，长久地拒绝一种出色的产品。

第二，必须看到，许多时候，批评事实上也未必真的损害产品或工厂或个人的名誉权，影响其销售利益。相反，有些批评更可能扩大了其知名度，增加了其销售数量。[44] 事实上，近年来，已经有不少人或法人看出了其中奥秘，有意打名誉权、肖像权的官司，借此增加知名度，扩大或保持其影响。[45] 没有新闻才是坏新闻。这类现象虽不普遍，其中的人情世故却是值得法律/法学人深思的。

无疑，我们社会要保护公民的名誉权或肖像权，问题是以什么为代价，以多大的代价！

七、结　语

虽然围绕两个民事侵权案件，本文关注的却不只是甚至主要不是其中的侵权问题，而是侵权法的权利边界问题，引出其中隐含的宪法/政制的（constitutional）问题。我并不坚持我对这两案的分析一定正确，只希望借此案分析来拓展案例分析的进路，不再局促于给个案定性然后依次前行的套路。本文希望提出一些新

44　对小说《废都》的批评何曾减少了其销售？相关批评甚至可能增加了其销路。
45　多年前，曾见过华君武先生的一幅漫画：一个人趴在凳子上，亮出屁股，对旁边的一个手拿鸡毛掸子的人说，"你快来打我，一打我就出名了"。

问题、新关注,希望引起法学界和法律界的思考。我也想过其他可能的主张[46],但这都不改变本文的核心关注。

本文的核心关注就是个案中那些太容易被人忽视的重要的社会利益。当处理通常不得不预先界定为民事、刑事、商事或行政案件的纠纷时,法律/学人不能仅仅关注自家官司的输赢,忽视了社会纠纷中隐含的多个法律问题及其普遍的社会意义。我们需要专门家,但我们更应大处着眼,小处着手。只有这样,才能使对案件和法律的研究成为法学,而不只是"律学"。即便是案件当事人的律师,对此类问题也应有所知晓和留心,职业伦理要求他全力追求其当事人的利益,但这种全力不只是推动自家的主张,还必须包括预先想到对方律师可能提出且可能影响法官裁决的合理且合法的主张,以及相应的回应。

应当指出,有法学人和法律人是出于保护公民权利(肖像权、名誉权以及与之相伴的经济权利),特别是出于保护"弱者"为贾桂花案件"讨说法"的。这一努力和热情应当肯定和褒奖,保护"弱者"的道义感也很可贵。但也更可能在这里出问题,当我们热诚或竭力推进一种权利保护时,以为正义在手大义凛然,一不留心就削弱了另一同样应得到重视和保护的权利,特别是那种不具有显著和直接物质收益的公民权利,那些并非某

---

[46] 法学人也许会指出将权利配置给贾氏或邱氏这样的人更为重要、更为合理,因为这些平常人更值得保护;文学艺术界和科学界由于有相对显赫的社会地位、有更多接近权力和传媒界的途径,因此宪法应将权利赋予那些普通的小人物。我准备接受这类有说服力的分析主张,但不能仅仅停留于道义。我也准备接受:即使《秋菊》剧组有艺术表达自由的优先权,这种自由也不能等同于科学批评和研究的自由,因此不具有那么优先的地位(我在前注12及相关的正文中已隐含了这一点);或,即便表达自由优先,根据贾案具体情况,《秋菊》剧组仍可以基于某种道义责任给贾氏某些赔偿等等。

《秋菊打官司》的官司、邱氏鼠药案和言论自由

个人可以独享的权利,如这里讨论的言论自由权。必须平衡此类案件中涉及的各种利益冲突。我们生活在一个对公民权利保护日益增强,也必须日益增强的时代。但我们从来没有,也不可能生活在一个没有风险、没有错误、无需代价的时代。有风险,就有代价,就得有人(不论他是谁)支付代价。将这种代价通过法律转移由他人或社会来支付,也许可以,有时其或必要(例如通过保险制度),但理解了不同个体之间不同权利的冲突,我们就应对基于同情或直觉冲动的决断略有迟疑。我们不能因保护一种权利而伤害甚或否定其他权利。问题甚至都不是,或不只是,谁支付得起这个代价,而是支付后会对社会有什么后果。作为制度的法律就应起这样的作用,约束我们因一时冲动干一些貌似公正其实未必恰当的事。

这也表明道义上无可非议的命题——保护"弱者"——在法律上是有局限的,必须有所制约。保护弱者也不应超越法律。当我们强调弱者而不是强调案件本身的是非对错时,我们实际就是主张调整法律规则来迁就与案件当事人相关的某个具体因素。其结果则是对"强者"和"弱者"适用不同的法律,这就为法律面前不人人平等开了道。试想,如果在《秋菊》案件中提出诉讼的不是贾氏,而是一位政府官员或社会名流,我们对此案审理会有什么期待?目前的一审法院判决会引发我们什么感觉?"弱者""强者"之分别其实并不确定,在社会普遍有保护"弱者"的心态下,弱者就未必弱,强者也未必强。法律要保护的其实不是"弱者"的权利,而是要保护一切公民的合法权利。我

们也许应反思我们对"法治"和"法律面前人人平等"的习惯理解。[47] 我们不仅要坚持政府官员、社会名流犯罪违法要接受同样的惩罚或处罚，也要避免因某人是"弱者"就在个案中改变法律的适用，尽管我不反对就某个法定范畴的"弱者"如儿童或老人就某些方面提供特殊保护。真正作为制度的"法律"，而不是作为一种相对灵活的纠纷解决办法的"法律"，从来都必须更多强调一般性，也会注意那些几乎无法穷尽的特殊性，但又不得不有所限制。这就是法律面前人人平等的精髓，这就是同等法律保护的精髓。[48] 如果不注意在法律限度内保护弱者，片面强调法律应保护弱者，其结果就会是在个案中随意更改结果，满足一时的情感直觉。这不仅不可能建立作为制度的法治，已经形成的制度也会因此受损。

在这个意义上，我们还必须理解法律，以及作为我们理想追求的法治（rule of law）或制度化的法律，不是也不可能完美无缺。它无法完全跟踪并满足我们的道德直觉。但也许正因为它无情，它才是制度；它的用途也许正是它的短处，它的优点也许就是它的弱点。现代的、作为制度化的法律或法治，只是，也只能对社会权利作大致公正的配置，它不可能保证一切损害都得到满足每个人直觉的"公正"赔偿，它能实现的只是制度的公正[49]，

---

[47] 当代中国人的理解显然带有强烈的传统色彩，即所谓"王子与庶民同罪""不论其地位有多高，权力有多大，都要一律绳之以法"等。这些表述强调的都是大人物犯了罪也要受到同样的处罚；而法律面前人人平等并不仅仅指此，它至少还指法律对各种权利的同等保护，不是指在个案中给弱者特别保护。

[48] 参看，波斯纳：《法理学问题》，前注22，特别是第11章的"校正正义"一节。

[49] 这一点是西方学者一直强调的，构成了中西方对法律功能和目的理解的一种重要差别。关于法律作为制度的正义之重要，请看，罗尔斯：《正义论》，谢延光译，上海译文出版社，1991年。此外，参见柏拉图在《理想国》中对正义的定义和亚里士多德在《政治学》中对法治的论述。

《秋菊打官司》的官司、邱氏鼠药案和言论自由

而不是、从来也不可能是"无讼",或在每个案件中令各方当事人都满意。作为权利的"right"不等于作为正确的"right"。因此,在努力加强社会主义法治的同时,我们还必须重视以其他社会机制或因素来协调社会,排解和解决冲突。例如,在贾案中,在认定贾氏确实受伤的情况下,《秋菊》剧组也许,仅仅是也许,可以自愿给贾氏某些补偿,或自愿将贾氏的镜头从影片中剪去,因为剪去了,至少在我这个外行看来,对这个电影无损。即便如此,我还是认为,任何人都不应通过法律或其他手段来强迫《秋菊》剧组做那种即便法官也认为是道义上正确的事。否则,不仅违背了宪法原则,而且长远来看对社会极其不利。

必须再谈一下言论自由。我国宪法规定了言论自由,随着改革开放,这种权利正在不断发展。然而,从这两个案件中我们可以看到,无论是法学界还是法律界都没人从这个角度理解这个问题,这本身就是个值得深思的问题。在这些以及类似案件中,直接冲突的各种权利都有人主张,唯独没人主张言论自由这种与每个人有关却又不直接有关也无法独占的权利,或以此为辩解。这反映法律法学界还只是在概念上重视言论自由,实际上很欠缺这种意识。也许因为我们宪法条文不便操作?也许,我们的言论自由概念还过于政治化了,习惯于指政治言论?这也许反映了"公共品"无人爱护,或经济学家称之为"搭便车"的现象?无疑,政治上的言论自由是重要的,但对于绝大多数普通公民来说,最常见的言论其实并不政治化。随着改革开放,社会热点的转移,我们必须拓展我们对言论自由的理解。言论自由是一种传统,需要我们日常在不经意处精心维护和培养。考虑到我国的宪法实践,法学人应承担起关注和保护这种"公共品"不受各种无心或有意伤害的重任!

以这样的角度讨论和主张言论自由并非豁免言论者的责任。相反，本文的分析恰恰提出了文艺、新闻以及其他有权势和影响的知识界和职业界人士（包括本文作者）在言论上更应注意职业自律。对两案的分析已经显示，当行使言论自由权时，即便无意甚或好意，各类表达也还是可能损害他人的某些利益。表达者必须理解，社会之所以将表达自由的初始权利配置给了自己，并非他们个人天然优越，而只是社会为了避免受到更大的伤害；他们应珍惜这种自由，理解自身责任，格外注重遵守职业道德和道德自律。这不是限制他们的权利，恰恰是为更好地行使这种自由权。

最后还应当指出，这两案的判决体现了我国司法实践开始走向成熟。我想对审理两案的法官表示敬意，即便他们心中还没有非常清晰的展开的逻辑，两案判决的结果还是体现了一种实践的智慧。

在贾案中，也许受限于双方律师限定的争点，一审法官没提言论自由。[50] 事实上，这或许更好，因为如果抽象谈，很容易流变为意识形态的话语宣传。但他们实际考虑了，若准予贾氏的诉求，今后电影界和新闻界就更难工作这个现实但并非短视的问题。这种思考即便粗糙，却很务实，有法律经济学分析的意味。他们也没按照中国传统爱就事论事的个案"公平"来思考决断这个案件（那样，贾氏似乎就应胜诉），而是在实践上将此案同中国社会法律制度化联系起来了。他们的审理结果体现了法律是普遍的原则和制度的思想。这不仅需要见识和眼光，更需要一种

---

50 提出这个问题并在法庭上加以论证是律师的职业责任。出于制度考量，各国一般都规定法院只能审理原告和被告提出的法律问题和事实问题，不应也不能自作主张。这即"不告不理"的原则。

勇气——针对中国社会传统的纠纷解决方式和"保护弱者"的社会思潮的勇气。注意，我这不是暗示，二审法官一定要认可一审判决，二审法官有权，因此可以，也完全可能，基于其他事实和法律问题以及其他综合分析推翻一审判决。但即使如此，这也不意味一审法官的思考和处理错了。他们的思考和处理已经超越了一般意义上的对错，获得了一种深刻的社会意义。

在邱案中，二审法官没有考察一般中国人通常更关注的事实问题，即邱氏鼠药中究竟有没有违禁物质，他们针对的是一个更关键、更基本的法律问题，一个二审法官显然有能力且有权力解决的问题，即五位科学家是否有权批评，这种批评对公民名誉权是否构成侵犯。他们机智、简单明了又直截了当地维护了科学家的公民基本权利。他们没有把作为法官的自己混同于科学家，不试图解决他们实际上甚至不可能完全理解的科学事实问题；他们在双重意义上都坚守了他们的职责，即"有所为"同时也"有所不为"。[51]

尽管中国的欧陆法系传统，没有普通法的先例制度，但两案体现的原则（而不是其结果）对日后中国此类案件的处理还是具有，也应具有某种参照和指导作用，会产生超越两案判决自身的社会影响。这是中国司法成长的标志，是值得中国法学法律界庆幸的事。中国的法治还有许多问题，有些甚至很严重，但还是有许多新气象的。正因此，我才在本文的开头大胆地说，两案判决也许是中国近年来最重要的判决。其重要性不在于其涉及的人事大小，也不仅仅在于其涉及的问题，而在于两案判决令我感到

---

[51] 参见，苏力：《关于对抗制的一些法理学和法律社会学思考》，《法学研究》，1995年第4期，第1部分，以及《法律活动专门化的法律社会思考》，前注9，第4部分。

中国法官开始从先前过于关注事实问题转向关注法律,法院的职能从偏重纠纷解决转向了兼顾权利制度配置,这意味着在中国当代社会生活中法院有了其先前不曾有过的重要意义。如果理解了这一点,就不应以这只是两个低层级法院的决定而错失了其中隐含的或许深远的意义。

1995年4月初稿,5月二稿,6月三稿于北大蔚秀园寓所

附录:关于贾桂花案件的几个民法问题

即使接受正文关于言论自由的分析,许多人也许还是认为,作为言论自由的代价,贾氏受到了有法律意义的伤害;不接受正文中论述的人则会认为,以牺牲贾氏权益来维护社会的言论自由或多或少不公道。因此,仍有必要就《秋菊》剧组的行为对贾氏是否构成了法律认可的并足以证明的侵权而略加分析。正确与否,仅供参考。

很多人认定《秋菊》剧组侵犯了贾氏肖像权是基于这样一个判断,即贾氏受了伤害,就应得到某种赔偿或补偿。换言之,对这些人来说,《秋菊》剧组的行为在法理上是否侵犯了肖像权其实不重要,说剧组侵犯肖像权仅仅是对他们判断的正当化(在司法中,判断先于推理其实相当普遍,尽管为表明司法决定是法律的逻辑结果,法学理论和司法实践往往矢口否认,不愿承认这

《秋菊打官司》的官司、邱氏鼠药案和言论自由

一点[52])。这就要求我们不能只停留在肖像权争议上,还必须考察一下这个判断本身。假定此案中贾氏确实受了伤害,我们还必须关心这种伤害是谁造成的,怎样造成的。贾桂花受了伤害这一事实并不等于该伤害就是由《秋菊》剧组造成的,即便确实与《秋菊》剧组有关。乍看起来,贾氏的伤害是由于《秋菊》剧组造成的。因为,如果没有《秋菊》剧组的出现,贾氏就不会有她经历的痛苦。仅就此而言,法院可以将《秋菊》剧组定为贾氏伤害的原因。可以,但不必定。如果我们仔细看看贾桂花的陈述,就会发现令贾氏受伤的是多方面因素的集合。最主要、最直接、最能动的因素是她周围那些不尊重他人、当面或背后嘲弄贾氏的人。甚至贾氏本人的特点,一直过于敏感,也得算是一个因素;罕有人感染天花后痊愈数十年后,还如此敏感。甚至,如果矫情,贾氏当天那时候在摄制现场的出现和逗留,也是因素之一。换言之,这里缺少任何因素之一,伤害都不会发生。也因此,《秋菊》剧组的出现最多是一个引子。按照经济学的边际原理,似乎各方都有责任。但如果法院要认定《秋菊》剧组是伤害原因,那么就等于肯定贾氏的邻人有权嘲弄贾氏且贾氏本人敏感和当天出现在拍摄现场天经地义才得以成立。贾氏当天在场当然合法合理,也可以认定贾氏本人的敏感天经地义,但至少我很难认定贾氏的邻人有权利嘲弄贾氏。[53] 难道只有《秋菊》剧组那一刻无权在那里拍摄?侵权法上的原因并非简单罗列一切相关的

---

[52] 参见,David Kairys,"Legal Reasoning",*The Politics of Law: A Progressive Critique*,Randam House,1982;波斯纳:《法理学问题》,前注22,第4章。Kairys的观点与波斯纳的观点有所不同,前者趋于认为法律推理仅仅是判断,波斯纳认为判断不能完全替代推理;我更赞同波斯纳的观点。

[53] 科斯在分析一些侵权案后就曾得出过这样的结论,见《社会成本问题》,前注15,第152—157页。

变量。立法者或法官对法律原因的确认在更大程度上是公共政策导向的，非常现实主义、实用主义和效用/功利主义的，即只把那些从社会公共政策上看应当消除，从成本收益上看可以最简单便捷地消除或弱化的那一个或几个因素，视为侵权法上的原因。

此案的另一个麻烦问题是贾氏的敏感：贾氏受伤程度与她主观的敏感度成正比。贾氏对"上电影"越敏感，她感受的伤害就越强烈；换言之，如果她不敏感，就不会感到伤害。这是一种完全不确定的、完全以个人主观感受为标准的伤害。而在侵权案件中"伤害"通常必须是可经验测度的，"客观的"。我不否认，这个世界上确实有更多依赖个人主观感受的"伤害"，特定条件下，这也可能构成法律上的伤害。但评判伤害却不能仅仅凭一个人的主张或法官的个人确信，还要有一个相对确定的外在标准。因此，贾案中的一个事实认定问题是，如何处理或应如何处理这种很难有坚实经验证据支持的、完全出于主观感受的伤害。法律的根本特点之一是它的一般性（generality）。法律通常不以受伤害者本人的主观感受来确定其受伤害程度，而是大致依常人的感觉程度来确定。否则的话，人们就无法依法行事。因为一个人行为是否合法、是否"有权"，完全取决于他/她偶然碰到的那个人的主观感受；这就完全背离了法治，变成完全取决于运气了。设想，如今确实有学生以及学生家长对考试分数非常敏感，老师该如何改考卷呢？他们要准备承担法律责任吗？

第三，即使前两个问题都不成问题，还有一个适用严格责任原则还是过错责任原则的问题。依据严格责任原则，只要贾氏因《秋菊》剧组的行为感到受了伤害，就足以构成侵权；按过错原则，则法律上除要求原告证明这种剧组的行为令贾氏主观上受到了伤害外，还必须证明《秋菊》剧组有主观过错（故意或过失），才构成侵权。

在这个问题上，我国的《民法通则》第100条以及1988年1月6日最高人民法院《关于贯彻执行〈民法通则〉若干问题的意见》（试行）139条不仅规定了要有以营利为目的，该《意见》第150条还规定"公民的……肖像权……受到侵害，公民……要求赔偿损失的，人民法院可以根据侵权人的过错程度、侵权行为的具体情节、后果和影响确定其赔偿责任"。据此，要构成侵犯贾氏肖像权，贾氏除证明自己身心受到伤害外，还必须证明《秋菊》剧组有过错，即有意使用公民肖像营利等。由于此案是否属于《民法通则》和上述《意见》中明文规定的以营利为目的、侵犯他人肖像权行为有很大争议，贾氏不能仅仅从《秋菊》影片中有贾氏镜头以及该影片事实上营利而"客观归过"，她必须有其他在数量上和质量上都令人信服的证据来证明《秋菊》是以营利为目的，而不是以艺术为目的拍摄并选用了贾氏的形象。我不敢说贾氏一定承担不起这一举证责任，但只要是基于过错原则，贾氏极难承担起这一举证责任。

而且，此案中，《秋菊》剧组"以营利为目的"其实也可能有争议。此案发生（1994年）和审判（1995年）之际，由于市场经济的变革，人们通常已经把电影制作视为商业活动，因此，说电影摄制是"以营利为目的"没有争议。但在这部电影摄制之际，也即所谓的"侵害"发生之际，1992年2月，邓小平同志正在中国南方视察，推动市场经济改革。党政高层领导或已有所了解；但就全社会而言，相关新闻直到当年3月才公开报道，普通人不能预料这一改革对自己日常工作生活的具体影响，例如，对三年后的诉讼、法官对《秋菊》电影生产制作的定性。事实上，直到来年11月，中国共产党十四届三中全会才决定建立社会主义市场经济体制。《秋菊》的摄制尽管有来自香港的投资，但主要取决于青影厂的计划，主要还是作为"精神食粮"生产的，尽管也会有成本收益考量，还受到电影市场欢迎，但也很难说已经是"以营利为目的"了。事后看，至少在那一时期，从《黄土地》到《红高粱》，再到《秋菊打官司》，那一代中国导演，包括张艺谋，全都是以艺术或国际获奖为目的，没有一个真的是"以营利为目的"。当然，也可以对"营利"作宽泛理解。但如此宽泛理解，并溯及既往，又有哪个职业在那一时期可能豁免这一理解？当时至少有很多法院，由于政府财政拮据，就只能主要靠诉讼收费来维系其日常运转。

那么，根据贾案，我们可否考虑在涉及这类案件时对法官通过司法解释适用严格责任原则呢？这种修改不是全没理由，例如，在双方都有权利且均无明显法律过错的情况下，似乎责任可以甚或应当由更有经济能力者（在此案中，即《秋菊》剧组）承担。我个人的道德直觉是，若仅就贾氏个案来说，我也许同意作这种解释。但从制度上看，从目前一些关于严格责任和过错责任的比较研究来看，对贾氏的诉求都很难适用严格责任原则。[54]

在这个意义上，这个案件也算是个"难办的案件"。

---

[54] 关于民事侵权上严格责任和过错责任问题的讨论，可参看，波斯纳：《法理学问题》，前注22，第489—490页；Posner, *Economic Analysis of Law*, 前注22, 第175—179、560—561页；Guido Calabresi, *The Cost of Accidents: A Legal and Economic Analysis*, Yale University Press, 1970, pp. 26-9, 68-75；关于侵权的严格责任与过错责任规则的历史演变及其社会条件，请看，Richard A. Posner, *The Economics of Justice*, Harvard University Press, 1981, pp. 199-203。这些研究中提出了种种赞同严格责任的理由，但都没有任何一个研究结论支持在类似贾氏案件适用严格责任。美国法律实践的基本格局是，严格责任一般限于高风险社会活动、消费品或汽车事故（汽车事故的严格责任是以普遍保险制为基础的）等，并没推广到一切民事侵权领域。

第三编

法学研究的规范化

法学研究的规范化、传统与本土化

经过 1980 年代的准备，经过认真、求实、兢兢业业、甘于寂寞的努力，一批学者迅速成长。进入 1990 年代以后，中国社会人文学术界出现了一些新气象。特别是在文史哲这些有较强学术传统的领域，以及社会学、经济学等社科领域已经或正在形成一种学术氛围，开始关注学术规范。相比之下，就法学领域来看，这种传统和学术氛围还较弱。尽管法学的所谓"核心刊物"有几十种之多，不时也有一些高质量的学术论文发表，但总体来看，真正坚持了严格的学术标准的法学刊物也许只有一两种，有些所谓的法学核心刊物实际连法学刊物都不能算。[1] 由于刊物的学术标准不严格，法学院的学术训练不严格，许多学术潜质很好的学生未能得到良好训练，他们找不到足够的良好学术范本。在这个意义上，我认为，法学界的学术传统尚未建立。

---

1 据《中国期刊总目录》，全国法律类的核心期刊有 31 种，法律类专业期刊有 133 种。上海的《民主与法制》这种综合性社会新闻半月刊被列为法学核心期刊，而《比较法研究》，这份无论发表论文的水平还是编辑水平都属于国内一流的法学杂志却属于非核心期刊。这并非有意贬低《民主与法制》（这一断言也并非担心被控侵犯该杂志的名誉权），只是批评那些确定法律核心刊物的人。

要建立或重建法学的学术传统，需要全面努力。面对中国实际、借鉴国外经验、提升研究者的个人学术品质和敬业精神、开展真正的学术批评，都必不可少。从目前来看，具体可行且必行的一步是建立学术规范。规范是多方面的，最重要的是实质性的，但我在此仅就一些人看来不起眼的一点——引文——这种形式化的规范，发点议论。我只是从引文对学术传统建立的功能角度来谈，至于对引文全面分析，可以另作长文。

目前的法学著作、文章，少数除外，引文很少。翻开法学著作和刊物，包括一些核心法学刊物上发表的一些还算不错的文章，可以发现许多文章从头到尾没有一个注。似乎一切观点都是作者自己的创新。这首先反映了有些作者不读书，或读得很少；或是反映了作者不尊重他人的学术劳动成果，即今日流行的知识产权。究其原因，一方面是法学界发表出版的有新见解的著述确实不多。但总还有一些，而且还有一些相当不错的调查报告、个案分析、社会报道和资料。但相当多的法学人似乎视而不见。如果不读书，怎么可能有学术传承，怎么可能有学术传统呢？最好的情况也只能是"一切从我做起，从现在做起"。但法学界有那么多才子或"泰斗"吗？

没有学术引文或引证，表明了法学界没有借鉴和学术积累。引文首先是涉及研究方向和问题的选择。如果不注意他人已经研究了什么，取得了什么成果，那么我们的研究就很可能是，目前实际上往往只是，重复他人已经研究过的问题，"发现"一些已有的发现。这不仅浪费个人和社会资源，也无法在前人或他人的研究基础上推进，中国的学术就不可能发展，提高到新的水平；自然也就不可能形成学术的传统。只要看看这两年来关于社会主义市场经济与法制的论文，就知道有多少论文是在重复着他人和自己！把自己的（？）同一观点在各类报刊上重复发表，最多变变句型和序列。这实际上是在作宣传，不是学术研究。我也不反对宣传。在建立社会主义市场经济的初期，难免甚至必须作一些宣传；但不能一直驻足于此。社会劳动要有分工，法学研究也要有。如果还想在法学界当学者、研究者，而不是在法律界或社会上当活动家、鼓动家，就要不断研究新问题、提出新问题。引文或观点引证就是不断推进和深化研究的一个基础、一种保证。只有熟悉了某领域内一些主要著述，发现其他学者发现的新问题和研究进展，才可能（但不必然）促进你的研究，推进自己的思想，有你的发现，并与他人的研究一起，推进法学界的研究现状。形式性规范并不仅仅是形式的，是有实质性内容的。

引证他人不仅有助于自己的理解，也是理解他人、与他人对话的过程。并因此，这也是建立和保持学术对话的可能性和能力，进而形成学术共同体的过程。如果每个人都"从我做起，从现在做起"，即使每个人都认真，甚至有可能恰恰因为这种缺乏相互交流和影响的较真，也会各人有各人的话语、概念、命题。[2] 这种学术多元的情况，可能有好处，防止大家都挤在一条道上，思想僵化而不自省，但收获这个好处的前提是相互之间能交流。如果无法交流对话，就不可能形成学术共同体，就没有相互的思想刺激和砥砺，就不可能形成学术流派和学术传统。

引文在当今学术领域不可或缺，还因为在一定意义上，我们如今处于一个"知识爆炸"的时代，每个人不可能对所有相关

---

[2] 近年来，我曾遇到一些不满意法学研究现状、自己做学问相当认真的学者，但读他们的著作却感到极为艰涩，一些完全自创的概念、命题以及由此生发的论证，令人无法接近，不知该从何处下手批评（学术意义上的，包括欣赏）。

知识都了解得比较透彻,甚至不可能对哪个学科分支敢声称完全了解。[3] 我们必须借助于他人的研究成果和结论。每个学科的知识和论断都建立在前人或他人的基础上的,其中有许多甚至来自其他学科。这种情况也许在现代更突出,因为在特定意义上现代知识增长更快,研究者也更多。至少在如今法学界,这一点也非常突出,因为法律实践涉及社会生活的一切方面,这就意味着相关且有用的法学知识一定要具体,针对社会生活的方方面面。为保证法学论文的专业、务实,不只是重复正确但抽象的法律原则和命题,或多少有点新意,就不可能不了解相关领域内研究者的发现,努力将他们的专业研究结论同法律勾连起来。包括研究法律如何回应他们关注的问题,也包括他们的研究如何可能丰富我们的法学以及相关法律的理解。

只要回顾一下当代西方法学的发展,就可以看到哲学阐释学和语言哲学、经济学、社会学、人类学以及其他学科、次学科或交叉学科对法学的全面渗透,因此波斯纳在《法理学问题》中说美国的法学自1960年代以来已不再是一个自治或自主的学科。[4] 在我国,近十几年来,法学实际上也从经济学、政治学、社会学、哲学和历史学中汲取了许多动力。法学研究对其他学科研究结果的借鉴是大量的,不可避免,且可能日渐增多。法学文章不大可能、甚至也不应当为了论证而将其他领域的研究的可信性——重复展开,只能概括引证相关观点和结论。引证因此是保

---

[3] 这并非言过其实。知识的门类科目其实也只是一种大致的划分,边界并不确定;而现实中的问题常常不是按照学科门类划分的。世界与我们的知识划分并不是对应的,我们的知识并不是、也永远不可能成为世界的精确画图。

[4] 请看,波斯纳:《法理学问题》,苏力译,中国政法大学出版社,1994年,第532页以下。

证论文或著作有新意、精粹、言之有物、紧凑，同时也能集中关注法律和法学问题的不可或缺的条件。

引文不仅有助于支持和推动法学研究和写作，从我个人的经验来看，许多引文还帮助了法学研究者，因为其引证的研究曾启发其研究思路，开拓了其分析视野，转换了其理解问题的维度，使其顺着相关引证去发现原始材料，阅读原著，了解可能与自己的法学研究有关的新知识、新学科、新领域。其他读者也可能经由法学研究者的引述和概括，接近或进入相关领域和相关研究。引文因此是一种发现和接触新知识的渠道，一条信息高速公路。甚至，这也为其他学者深入了解、确定引文者是否误读、开展有根据的批评和评价创造了必要条件。

应当承认，现在法学界的引文和引证比多年前已大有改观。但从我的阅读来看，许多人对为什么引证并不明白。现在许多人引文仍然大都是马、恩、毛泽东或邓小平同志的语录，或中央某个决定等等。这种引文当然可以，也有必要，但大量引文都局限于此，这就是个问题。这类引文（包括对一些国内外其他著名学者的引证）在一定程度上是被当作真理——起码也是权威结论——引用的，而不是作为论证过程或论点的必要部分或支撑出现的。这类引文似乎保证了作者的观点（如果还有作者的观点的话）稳操胜券。福柯在《作者是什么》中分析过，中世纪学人对待亚里士多德等人的著作就是这种方式[5]，是为了确认真理已有了终结，而不是为在前人或他人的基础上发展。这也就可以解说法学论文中为什么引文多于观点引证。其实即便是真理，也不

---

5 福柯：《作者是什么?》，逄真译，《最新西方文论选》，王逢振等编，漓江出版社，1991年，第449—450页。

必定要引述文字，简洁引述观点或许更好。这与引述中国古代先哲不同，因为古汉语本身往往已经很凝练简洁了。

这种引文风格也反映了法学界没有遵循"学术规范（在特定意义上也就是'法律'）面前人人平等"的观点。不少法学人实际上只关心作者的话语，而不关心作者的话语。其实法学以及其他学界永远都会有"小人物""新人"作出了有价值的研究和发现。如果人微言轻，更关心作者，就可能忽视这些研究。但也可能，引用（复制）了人家的观点，却未加引证；换言之，"抄袭"了却不自知。事实上，这种现象颇为常见，但时下流行的权威引证会严重遮蔽这个问题。这种非学术化的引证反映出法学界引证问题的严重。

我只是指出问题，却并非批评法学人有意非学术化。据我所知，许多法学人都很认真，却不理解引证的学术功能，只见大家都如此引证，就依葫芦画瓢；久而久之，习惯了，就成了权威引证，不再感觉这是个问题。这变成了一种"规范"。这种"规范"持续至今，恰恰反映出法学界问题的严重性。"文革"期间，文史哲学科的论文中也曾有引述经典作家的倾向。但改革开放之后，这些学术领域很快就恢复了相对严谨的学术引文引证规范。重要原因之一就在于这些领域有相对久远的学术传统，而法学界，长期以来没有这个传统，所以"文革"建立的权威引证的"规范"，尽管也主张思想解放，却大体沿用至今。引证暗示了权威和结论，只不过今天的权威更多换成了引证者读过或知悉的部分西方学者。这是个大问题。

由此可见，引文和引证在学术论文和著作中有多重重要的学术生产功能，主要还真不为体现了作者的学术职业伦理等精神性的因素，更不是为使文章像文章、著作像著作——否则的话，就

法学研究的规范化、传统与本土化

不好理解有些大学者的某些文章也没有引文和引证。引文和引证，不是一个机械程序或中国人理解的形式，在相当程度上是针对预期受众斟酌思考的结果。这种斟酌思考不总是清醒的，也不必是，否则的话，我们的一切文字都需要指出出处。引文是学术规范化中除学术批评之外的一个重要组成部分。

对于当代中国，学术规范化也是学术本土化的一个不可缺少的条件。如果没有学术规范化，中国就不可能形成学术共同体，很难催生基于中国的生动学术，没有什么学术传统和流派，自然也就难说有什么学术本土化了。

但是，当下说学术本土化，可能有另一层意义。这一目标的提出，在我看来，也许是中国学术从先前的"热"走向冷静、专业和逐步成熟的一个标志，反映了一些有志向的中国学者已不满足 1980 年代对西方理论和思想的简单搬用或套用。这或许体现了中国学人希望中国的学术能走向世界的雄心，不满足于被表现，而是希望自我来表现。这反映了中国学者的自觉努力和追求。

就法学界来说，如何本土化？与中国的诸多传统人文学科很不同，目前中国法学几乎全部范畴、命题和体系甚至术语都是 20 世纪以后从国外进口的，与历史中国的法学传统以及 20 世纪的中国变革反差特别显著。尽管法学教育一直持续，但在革命、变革甚至 1978 年以来的改革时期，不可能指望循法而治或遵循先例，法律必须首先是社会革命、变革和改革的工具，法学也更多是、主要是，甚至基本都是对革命、变革和改革的回应，即便在和平建设、解放思想也日益开放的今天。换言之，在一个急需变革的时代，既很难固守传统的法律和法学，也无力形成法学的学术传统。即便在今天，改革与法治仍然有此类内生的紧张。如何实现学术的本土化？许多学科的学者都在一般意义上强调了研究中国问题，似乎是，基本上可以拿来主义，照搬西方的理论和工具。在理工科这可以。在文学和历史，或许也行，甚或一些更学术导向的社会科学，如人类学、社会学、经济学等，也可能。但就法学而言差远了，因为法学本身是实践导向的，一定要直接面对中国的法治问题。不但要好看，还要管用。千万要记住，1947年年底南京国民政府"行宪"，一年多后，人民解放军就百万雄师过大江了。法律和法学要让当代中国老百姓觉得，合法之外，也大致合情合理，而不能太迁就学人更在意的所谓"观点创新"。我同意梁治平的观点，不能只满足于套用西方理论框架、概念、范畴和命题来研究中国，因为这样弄不好只是努力切割中国经验，装进西方的概念体系，中国研究因此变成一种文化殖民的工具。我们更应注意研究中国的现实，总结中国人的经验，力求贡献中国的法学知识。

除注重研究中国问题外，我们还要特别注意别被专业学科锁住，应注意交叉学科的法学研究。这里所谓的交叉学科研究，其实并不预先关注学科，而是根据对研究的需要来丰富扩展自己的知识，不是从自己受教育的专业或部门法来限定自己的研究视角，而是尽可能把自己觉得有意思的法律问题放在中国社会条件下来研究，以一个多面手或通才的眼光来考察和研究。这可能是法学本土化的一个道路。因为我们现在的知识体系结构、学科划分基本来自西方，是西方近几百年，特别是劳动分工、职业化、专业化的产物。法学专业的划分则更明显与立法分类、司法机构（审判庭）设置直接相关，与法律从业者的分工相关，换一个视角，则是受制于权力划分和劳动分工。但世界并不按学科划分来运作，而知识或学科与世界之间也并没有一个严格精密且确定的对应关系。世界是一个整体，社会活动是一个整体，知识也是个整体，各学科的边界很难清晰界定。可以从不同学科视角来研究分析同一个行为。学科只是人们便于研究学习而逐渐形成的一种相对稳定的观察、分析和理解的角度和途径。它很重要，但不能被其束缚。自古以来，无论中外，也许不得不有所取舍，但没听说哪个学者因为学科的定义而为自己的研究领域设限，相反的情况则很多，往往是那种不预设边界的研究使他们创造了博大精深的知识，为后来的学科划分奠定了基础，因此早先有"百科全书式的"学者，如今也有太多"交叉学科"研究。坚持直面中国问题的研究态度，在实践中，也许会提出一些有意思的问题，综合一些方法，形成一些有特色的研究领域，提出一些具有本土特色同时有普遍意义的概念、范畴和命题。

对世界也可以有多种话语系统解释。至少，中国人就曾用"道""气""理"这样的概念和相关命题，解说、理解了西方人用"物质""精神""主观""客观"之类的概念解说和理解的世界。我们今天没打算，也没有学术传统可以依据，以中国传统的诸如"礼""法""德""刑"之类的概念将中国法学本土化。但昔日中国的学术传统至少告诉我们：学术不只有一种模式、一种构架。我也不相信，世界上有严格的法律、经济、政治和文化之分别，这些学科只是对学术传统的定义，而不是世界的原本分割。目前的学术划分和分割因此很难说是"理性的"，相反，更可能是"实践理性的"，是"专断"和"非理性（可解释）的"（不具贬义）。不为既定的学科所限，采取一种宽泛的交叉学科研究进路，我们或可以在法学本土化上走出一条新路。

事实上，如今不少中青年学者的研究都是以问题或研究对象为中心，而不是以学科为中心的。梁治平研究的是法律还是文化或是社会？樊钢和林毅夫研究的经济学实际上触及了大量的政治和法律问题；汪晖的中国现代文学史研究可以说是章太炎和清末思想的知识考古。这表明有许多学人实际上都打破了学科界限，不约而同地在跨学科地追求知识，创造可能，互相对话、互相启发，已经形成或正在形成一些松散的小学术群体。

我们有西方文化带给我们的学科包袱或压力，但我们没有西方人那么重。我们正处于一个社会的巨大变革中，我们不需要急迫定位自己的学术。我们有中国的现实和历史，却也正出现一批很有潜力的二十多岁的青年。这一切都可能促成学术的本土化，即形成中国的学科，提出中国的学术命题、范畴和术语，形成中国的学术流派。说句并不完全是玩笑的话，也许一不小心，世界发现中国出了个世界级的学者，或一个有世界影响的中国学派。不小心，在此并非调侃，因为我相信长期积累，偶然得之；我也相信历史上太多偶然性、随机性，虽然不是一切努力都没有结果，但也不是一切努力都有结果，不是最努力的就一定最有结果，更不可能有一个确定的结果。"'高山仰止，景行行止'。虽不能至，然心向往之。"[6]

1994年11月10日草，11月20日改于北大蔚秀园

---

[6] 《史记》（孔子世家）。

什么是法理学？
——《法理学问题》译后

什么是法哲学或法理学？很多关于法理学的著作都将之界定为关于法律根本性问题的研究。然而什么是法律的根本性问题，什么是关于法律的（about law）问题，而不仅仅是法律的（of law）问题，却不是那么容易回答的。我在此且按下这些问题，从美国著名法学家、联邦上诉法院法官波斯纳1990年的著作《法理学问题》[1] 说起。

一、有关波斯纳

这部法理学专著被波斯纳本人定位为一部重要著作。

波斯纳已是我国法学界比较熟悉的美国法律学者了，还是美国联邦第七巡回区上诉法院法官。但他也是美国知名经济学家，

---

[1] Richard A. Posner, *Problems of Jurisprudence*, Harvard University Press, 1990. 中文版，波斯纳：《法理学问题》，苏力译，中国政法大学出版社，1994年。

与多位美国芝加哥学派的著名经济学家、诺贝尔经济学奖金获得者关系密切。[2] 1973 年，凭一部《法律的经济分析》，他名满天下；目前，该书 1992 年修订出版了第 4 版。[3] 作为法律经济学分析最重要的倡导者，波斯纳追求以现代微观经济学原理来彻底解说法律，特别是美国的普通法，追求有效率的法律。但这仅仅是他最引人注目的一面。如同巴赫金笔下的陀思妥耶夫斯基，在学术上，波斯纳是一个在多学科展开对话的人物，一个"复调"。由于与经济学的芝加哥学派关系密切，波斯纳在法律和法学界被视为典型的保守主义者；但另一方面，他曾担任美国联邦最高法院前大法官、1960—1980 年代联邦最高法院自由派核心人物小布冉能的法律助手，也一直与其保持亲密关系。1987 年，美国联邦最高法院大法官职位出现空缺，作为美国当代最著名的法律家之一的年富力强（时年 48 岁）的波斯纳一直被认为是里根总统最可能提名的人选之一，但先后三次提名，均没有他，原因也许是他还不那么保守，而且其父尤其是其母亲曾是共产党员，对里根代表的保守派来说，波斯纳就不是个可靠的人物。他的《法律的经济分析》被自由派视为保守派著作大加讨伐，而传统保守派法学家又视法律经济学与批判法学携手是自由派对正统法律的破坏。[4] 他与保守派芝加哥经济学家学术关系亲密，但他也写作了《法律与文学》[5]，分明是一个文学批评理论的爱好者。在本

---

2 参见，杨龙、罗靖："译者的话"，克拉克森、米勒：《产业组织：理论、证据和公共政策》，华东化工学院经济发展研究所译，上海三联书店，1989 年，第 5 页。

3 Richard A. Posner, *Economic Analysis of Law*, 4th ed., Little, Brown, and Company, 1994. 如今最新版是 2014 年的第 9 版。

4 前注1，p. 431 no. 16, 441-2。

5 Richard A. Posner, *Law and Literature*, *A Misunderstood Relation*, Harvard University Press, 1988.

书中，波斯纳也对他领军的法律经济学作了分析和批判。波斯纳是个复调。然而最能反映这种复调的，至少到目前为止，就是这本《法理学问题》。无论是否赞同波斯纳在本书中表述的对法律的基本问题的看法，至少读者会发现一个与通常"标签"有所不同的波斯纳，更会理解一个美国法官眼中的，而不是欧陆法或普通法学者眼中的，法理学问题。

二、有关美国的法理学

这部著作，因此，对美国法理学界也可以说是一部有意义的著作。尽管从中国人眼中看世界，习惯将美国的法理学归于西方的法理学，但美国土生土长的法理学与欧洲大陆的法理学传统其实相当不同。西欧的法理学传统主要是从欧洲理性主义的政治法律哲学（广义的法学）传统中发展起来的，从古希腊、古罗马开始，近代则始自霍布斯以来诸多的思想家。它强调社会的整体政治法律制度的设计和安排，以传统的政治法律理念为中心，更多形而上的思辨，也往往特别宏观，与政治哲学和社会思想常常很难区分。这种法理与法律的实际运作，尤其是与执法者与法官等法律人的职业实践关系松弱，甚至与其经验无关。例如尽管是最早将社会地理等因素纳入其思考，但孟德斯鸠《论法的精神》定义的法律，"就其最一般意义而言，就是源自事物本性的必然关系"；他认为，一切存在都有自己的法，无论是上帝、物质世界、神（智慧高于人的存在）、兽类还是人，都各有其法律。我们所见的种种结果，都各有其内在法律，并非盲目宿命。也因此，孟氏认为："一定有原初的理性，法律就是这个原初理性与不同存在之间的关系，也还是所有这些存在之间的相互关系。"[6]在这种抽象层面讨论法律，因此，孟德斯鸠虽然强调司法独立，但由于他缺乏政治的和司法的实践经验，也缺乏其他知识的支撑，他想象英国的三权分立，针对的却是当时的法国，他理解的法官只会机械执行立法机关预先制定的法律，其有关三权分立的论证经验上根本不能成立。换言之，孟德斯鸠笔下的法律主要是宪制或立法，而与司法实践基本无关。波斯纳曾评论说："《论法的精神》抽象分析了法律的社会功能，不过是顺带提了下些许实在法律制度。"[7] 这种法理学，受制于当时西欧学者对法律的想象，受限于当时的相关社会科学，是当时西欧社会政治结构和制度的产物。

孟德斯鸠可以说就是法理学的常规，在他之前（如霍布斯、洛克）和之后（如卢梭、边沁、康德），绝大多数早期的英美法理学者以及部分当代美国学者也是在这个学术传统中训练出来的，他们的著作在很大程度上保持了这个传统，即集中关注法律是什么，这是一种本质主义的研究进路，提出的是一个或一系列相关的本质主义的法理学问题，或如一本法理学名著的书名就可以概括为《法律的概念》，或关注其他法学核心概念如自由或权利或自然法等，或关注区分善法或恶法的标准。就目前国内翻译介绍的多数来自英美学者的法理学著作和思想来看，绝大多数都是这种欧洲大陆传统法理学的一种翻版。它们或者是以流派为中心，因此实际上是描绘介绍了西方法理学的演变和发展；或者是

---

6 Montesquieu, *The Spirit of Laws*, trans. by Anne M. Cohler, Basia Carolyn Miller, and Harold Samuel Stone, Cambridge University Press, 1989, p. 3.

7 Richard A. Posner, *The Economics of Justice*, Harvard University Press, 1981, pp. 14-5.

以传统的法学核心概念为中心展开的思辨。[8] 但这些法理学著作，在我看来，都算不上是美国的法理学。

美国有相当不同的社会政治结构和制度变迁。美国是普通法传统，普通法强调法官立法，法律更多是法官在司法实践中形成的，只有少部分是立法机关制定的，其适用也会因法官的司法解释而受限。此外，由于美国的刚性宪法很难修正，因此美国法律制度从一开始就受到了法官的塑造，特别是在第四任联邦最高法院大法官马歇尔任职期间确立了司法审查制度，因此美国联邦法官比无成文宪法传统、议会可以随时立法的英国的法官有更强的立法冲动。[9] 这种政治法律制度条件使得美国的司法实践形成了自己的特点，促成了美国法理学的特点。就此而言，美国的法理学更多是法官的创造，而非学者的创造。那些欧洲传统法理学关心的问题，与美国法律的历史实践一直没有什么关系，最多只是作为学术背景和价值体系为美国法学界分享。事实上，美国法学院通常都没有一门名为法理学的必修课；但另一方面，围绕美国实践的诸多具体问题，美国法律人和法学人有许多深刻且独特的

---

[8] 前者如，John Austin: *The Province of Jurisprudence Determined*, ed. by Wilfrid E. Rumble, Cambridge University Press, 1995; H. L. A. Hart, *The Concept of Law*, Clarendon Press, 1976; J. W. Harris, *Legal Philosophies*, Butterworths, 1980; 以及，博登海默：《法理学——法哲学及其方法》，邓正来、姬敬武译，华夏出版社，1987 年（前半部分）。后者如，John Rawls, *A Theory of Justice*, Harvard University Press, 1971; Lon L. Fuller, *The Morality of Law*, rev. ed., Yale University Press, 1969; 以及博登海默《法理学——法哲学及其方法》的后半部分。

[9] 前注 1, p. 19 no. 30, 107 no. 10。波斯纳引证了《英国法中的先例》（Rupert Cross and J. W. Harris, *Precedent in English Law*, Clarendon Press, 1977）并指出，英国法官不像美国法官那么经常必须作出政策性判断。关于英美法的差别，又请看，P. S. Atiyah and Robert S. Summers, *Form and Substance in Anglo-American Law: A Comparative Study in Legal Reasoning, Legal Theory, and Legal Institutions*, Clarendon Press, 1987。

理论思考和表达。可以说，从马歇尔创造的司法审查制度开始，对美国法律实践和理论表达影响最大的一直都是美国的法官。1881年霍姆斯出版了《普通法》，可以说已经提出了一些有鲜明的美国法理学特色的命题，如"法律的生命从来也不是逻辑，而是经验"，霍姆斯1897年的著名论文《法律的道路》同样提出了一系列从司法视角提炼的经典命题，如法律的"恶人"理论，法律的"预测"理论，以及法律从业人将日益需要经济学和统计学知识。[10] 此后，经过其他法官和注重司法过程的学者，如布兰代斯、卡多佐、汉德、卢埃林、弗兰克等的努力，美国实际上已形成了自己的法理学传统：以司法过程为核心，以美国法官的司法经验为核心研究法律的和关于法律的问题。基于司法，基于个案判决，也受案件自身特点的影响，受审理案件的法官个人特点的影响，美国法理学往往显得零碎，不成体系，存在波斯纳所谓的有别于"批发性"的"零售性"的法理学问题，如死刑、堕胎、法律原旨等问题。与"何为法律"或"恶法善法"这类法理学问题通常仅限于思辨和反思不同，司法实践中的零售性法理学问题必须关注后果，甚至受限于后果，相关的思考从一开始就必然带有强烈的实用主义的色彩，甚至政策结果导向。

  这里说的实用主义，一是说它经世致用，对一切形而上的实体、抽象原则持怀疑态度，不追求概念和命题的体系化，更关注对司法的实际指导作用和实效；由此而来的第二种意义，就是它从一开始就不把法律当作一个自主自洽的学科，而为务实解决问题，必须不断吸收、接纳其他社会科学、自然科学和人文学科的

---

10 Oliver Wendell Holmes, Jr., "The Path of the Law," *Harvard Law Review*, vol. 10, 1897, pp. 457–78.

研究成果，综合运用这些人类知识来解决具体案件中的问题。[11]从霍姆斯开始，在美国法律人那里，法理学与法律实践从来不曾分离，总是不断吸收其他学科的知识，来回应社会发展变迁带来的各类问题，即便有时也出了岔。[12]

尽管这种实践导向的研究风格对美国法学研究影响持久且重大，但在传统西方法理学占统治地位的知识权势（知识就是权力/力量）结构关系中，由于本质主义和普世主义的知识前见，美国法律人的相关著述一直不被视为法理学，至少在西方法理学学术界未获得其应有的声誉。相反，一些在美国法律界通常评价并不太高、至少对美国法律实践影响不大的著作，只因其某些方面更符合欧洲理论的思辨性，如法学人庞德、富勒，或政治哲学家罗尔斯的著作，在美国以外的，包括在中国的法理学界声誉颇高，介绍颇多。这是种颇为奇怪的现象。也许从接受美学的角度来看，这是可以理解的。即庞德、富勒更符合欧洲包括现当代中国法学界预期的法理学定义和话语，于是被更快接受了；而欧洲以及中国法理学界对霍姆斯、卡多佐等代表的更多基于美国司法风格的法理学缺乏默契，无法理解，乃至只能无视他们的思想和观点。

或许，美国的基于司法的法理学传统所以未得到重视，另一个可能的原因是对这种美国法理学传统未有系统理论阐述的著作。只有卢埃林在他去世的1962年，却也是现实主义衰落之际，

---

[11] Posner，前注1，ch. 14.

[12] 著名如霍姆斯的名言，"理性的研究法律，当今是研究白纸黑字的人，但引领未来的则是统计学与经济学家"（前注10）；又有布兰代斯的诉讼摘要，Muller v. Oregon, 208 U. S. 412 (1908)；以及布朗案件中对实验心理学研究成果的利用，Brown v. Board of Education of Topeka, 347 U. S. 483 (1954)。

芝加哥大学出版社汇编他先前 30 年间的现实主义法学论文，以《法理学》为名出版[13]，其他对美国法理学影响深远的代表性著作，如霍姆斯的《普通法》、卡多佐的《司法过程的性质》都没冠以法理学的名目。至于布兰代斯和汉德则几乎只有针对具体法律问题展开的学术思考。事实上，法学教育在美国一直是职业教育，采取案例教学法，法学教授很少学术写作，这种状况的改变，即美国法学开始学术化，大致始于 1960 年代。尽管名不等于实，但在跨国的学术交流中，"名"有时会有决定意义；这一点在当今中国的法理学著作翻译中尤其显著。

也因此，波斯纳的这本著作对美国法理学传统的自我确认和确立就有特殊意义。他在美国法律的司法实践，特别是霍姆斯之后的传统基础上，对法律的、有关法律的、特别是有关美国司法的根本问题与当代美国各派学者作了抗辩式的讨论和论战，提出了与以往的法理学著作不同的结构体系和论证话语。在这个意义上，我以为这是第一部真正美国传统的法理学著作，而不是一部来自美国学者的传统法理学著作。

这个断言必须有些限制。这不是说波斯纳之前美国没有有特色的法理学著作，但那些著作或多或少都有更多欧洲法理学色彩，或是没有特别就有关法律根本问题形成整体结构。前者如庞德当年的《普通法的精神》[14]，一看就知道他模仿的是孟德斯鸠，但庞德基本就是总结了一下普通法特别是美国普通法的特点；又如罗尔斯《正义论》，国际学术影响很大，体系相当完整，有关

---

[13] Karl N. Llewellyn, *Jurisprudence: Realism in Theory and Practice*, The University of Chicago Press, 1962. 但这本书缺乏清晰的理论思路，只是汇编了卢埃林先前 30 年间的一些主要论文。

[14] Roscoe Pound, *The Spirit of Common Law*, Marshall Jones Company, 1921.

全社会分配正义，但其所讨论的问题以及讨论问题的视角和论证几乎与美国法律人的从业实践无关，至少从司法实践上看不出对美国法律界产生了什么影响。后者如德沃金的《把权利当回事》[15]，虽然讨论了美国司法实践的一些根本问题，但没有外在的体系，最重要的是它不是从法律职业人而是一个法律哲学家的视角展开的，如同德沃金的其他著作名字所暗示的，是《原则问题》或有关《法律的帝国》[16]，与美国法官和律师实践难免有些"隔"。应当承认，今天美国法学教授已经非常学术化了，许多法学论文或著作都涉及了波斯纳在此书中所讨论的问题，也形成了众多学派，各自有核心关注，但共同推进了理论法学的研究。如批判法学对法律推理确定性的讨论、法律经济学对法律制度的成本收益分析、在有关宪法原旨讨论中形成的不同解释流派、与文学批评理论相联系的法律阐释学，其中有不少在深度上也超过了波斯纳在这部著作中的讨论。但这些著述都相对局促，只是从特定角度讨论了某个或某几个法理学问题，没有对法理学问题作系统梳理和讨论。波斯纳在这本书中，以司法过程为基点，对所有这些问题都有一定深度的概括、讨论和综合考虑。我称它是第一部自觉的美国法理学著作也许不为过。

三、有关人文社科与法理学的融合

然而，这部法理学著作的贡献又绝不仅仅在于它是美国的。

15　Ronald Dworkin, *Taking Rights Seriously*, Harvard University Press, 1977.
16　Ronald Dworkin, *A Matter of Principle*, Harvard University Press, 1985; Ronald Dworkin, *Law's Empire*, Harvard University Press, 1986.

在一定意义上，越是有地方特色，反倒越有普遍的意义，因为基于本地提出的问题，完全可能是世界各地都有，只是因种种原因，被当时当地的主流话语湮灭了。因此，当波斯纳总结概括了霍姆斯以来更多基于司法的美国法律实践和学术传统，同时汲取了20世纪其他人文社会科学的研究成果，这在相当程度上，打破了先前以概念和国家政制为中心的法理学或法哲学传统，这对有关法律的理论和学术表达就是个重要贡献。

其实，这还不必然被接受为法理学，它还必须有能力就一些重要的法律问题与当代西方诸多相关的哲学人文社科展开有效对话，才可能被接受为是理论的思考。除法律外，波斯纳本人对1960年代以来西方诸多人文社会科学的发展都有非常广泛而且深入的了解。在这部著作中，他没有重复先前以18、19世纪以政治哲学和理论思辨主导的法理传统，而是以20世纪的分析哲学为工具，以实用主义哲学为基本态度（这两者都更多是英美哲学传统），吸收融汇了1960年代以来对西方哲学影响重大的科学哲学、阐释学、语言哲学，吸收融汇了如经济学、社会学、人类学等社会科学，以及文学批评、批判理论和女权主义等社会思潮，就我的有限阅读而言，在法学界，他的这本书打通了法理学与众多哲学人文社科之间的学科壁垒，可以说，全面提升了当代法学理论对话的水准。

"当代"一词在此不只是，甚至主要不是一个时间的概念，更重要的是指，甚至主要是指现代社会中的一种思维方式，在一定意义上是与后现代的诸多思潮相通的。一般说来，后现代的思想家著作中体现了对现存知识和知识型的否定，强调非中心化、知识的破碎性、不确定性、非连续性和多元性。他们的观点被概括为"反基础主义""视角主义""后人道主义""结构主义"

"后现代阐释学""非理性主义""认识论的无政府主义"以及"非哲学"等等。[17] 其实这些都只是从不同侧面或者说以不同术语的概括,试图传达的思想非常相似,那就是认为在追求知识问题上,我们无法发现或无法以现有的知识来发现一个确定不移的基础,并在此基础上建立任何学科大厦或无内在冲突、无内在矛盾的知识体系或结构;也不存在一个确定的、优越的观察理解问题的视点,无论谁也不能说他的视角最恰当、最优越,而他人必须接受。它反对一种形而上的统管其他或可以用来作为其他学科之基础的哲学,无论是思辨哲学、逻辑实证主义,还是语言哲学。哲学一定体现在对具体问题的思考中,既无法放之四海而皆准,也无法加以高度抽象和概括。

法学界其实少有人公开声称自己搞的是后现代主义。[18] 法律的实践性和社会性,必须重视秩序和合法性,也决定了法学不可能仅仅关注后现代主义的学术实践。然而,这不意味着法律和法学能"幸免"于后现代面对的问题。后现代思潮确实影响了一些法学家,并通过他们的学术和实务而影响了法律,尤其是法学。面对许多西方政治学家、法学家对《正义论》立论基础的批评,1980年和1985年罗尔斯分别发表了题为《道德理论中的

---

17 参见,王治河:《扑朔迷离的游戏——后现代哲学思潮研究》,社会科学文献出版社,1993年。

18 也有例外,例如,B. D. D. Santos, "Toward a Postmodern Understanding of Law," *Legal Culture and Everyday Life*, *Inauguration Ceremony*, 24 May 1989, ed. Andre-Jean Arnaud, Onati Proceedings (1), A Publication of The Onati International Institute for the Sociology of Law; 又请看, Kathraine T. Bartlett, "Feminist Legal Methods," *Harvard Law Review*, 103/4, pp. 829-88。甚至,波斯纳就因其法律经济学、法律与文学的研究,特别是他在该书第15章的"一位实用主义者的宣言",被学者列入最早和最具代表性的后现代法律学者之一。请看, Gary Minda, *Postmodern Legal Movements: Law and Jurisprudence at Century's End*, New York University Press, 1995, pp. 234-5。

康德建构主义》和《作为公平的正义：政治的而非形而上学的》等论文[19]，认为作为公平的正义唯一要考虑的，就是辨识那些包含在一个民主社会政治制度的解释传统中的基本直觉观念。他认为："令一个正义观正当的并非它符合先于我们并要求我们的一个命令，而是这个正义观与我们对自身和我们的追求的深刻理解相一致，我们也意识到，鉴于我们的历史以及嵌入公共生活的种种传统，这对于我们是最合情理的教义了。我们不可能为我们的生活世界找到比这更好的宪章了。"[20] 罗尔斯对正义的论证并非事实/历史的或现实的，而是他及其同胞的内心确信和基本直觉。这在传统的理性主义者或现代主义者看来太不充分了、太可疑了。笛卡尔追溯到"我思"后发现其理论支点或基础，康德在《实践理性批判》中以上帝必须存在来支持他的学说；而罗尔斯只诉诸内心确信和由传统构成的直觉，并明确以"我们"予以限定——这暗合了孔子的名言"道不同，不相为谋"。这不可能是罗尔斯不想寻求更坚实的理论话语基础，而在于作为当代大哲学家，他知道这种努力注定无效，无法通过思辨来找到这样一个众口称是的确定不移的支点和基础，唯一的支点只能是那罗尔斯认为未必确定、可能会随着社会发展而变迁的内心确信和基本直觉。罗尔斯对自己哲学思想的这种解说和辩解也许会使许多许多基础主义者感到失望，但这恰恰反映了后现代哲学观对罗尔斯的

---

19 John Rawls, "Kantian Constructivism in Moral Theory," *Journal of Philosophy* [September 1980), 77 (9): 515-72]; and "Justice as Fairness: Political not Metaphysical," *Philosophy & Public Affairs* (Summer 1985), 14 (3): 223-51.

20 Rawls, "Kantian Constructivism in Moral Theory,"同上注，p. 519。

影响,尽管也许罗尔斯本人未必乐意承认。[21] 不仅是传统的政治法律哲学家受到影响,而且许多从事专门法律研究的学者实际上也受到了后现代主义的许多影响。例如我曾提到哈佛大学法学院宪法学教授劳伦斯·却伯的一篇论文,他主张以爱因斯坦的相对论和海森伯格的测不准定理为指导重新调整对美国宪法的研究和实践,主张法律家应当也可以从现代物理学中学会一种新的理解法律和法律实践的观点。[22] 女权法学中则强调男性与女性对许多法律问题的理解感觉不同。对其分析固然可以进行种种挑剔,但这种后人道主义和视角主义观点确实给法律人以启发,并影响法律实践。[23] 批判法学也许是法学界受后现代主义影响最大并形成势力的一个学派。[24] 它的要点就在于强调法律并非如同许多法学家自称的那样是一个严格的逻辑体系,严格确定,相反,不确定性是法律的一个重要的、突出的特点,致使传统法学家称批判法学家是虚无主义者,他们的工作就是"糟践"(trashing)传统法律的神圣原则。[25] 这与传统的文学批评界对后现代主义者文论的批评完全一致。1970年代和80年代以来,美国法学界关于宪法原旨和宪法解释的讨论也同样涉及后现代主义。例如,得克萨斯

---

21 这是罗蒂的解说,请看,Richard Rorty, "The Priority of Democracy to Philosophy," *Objectivity, Relativity, and Truth*, Cambridge University Press, 1991, pp. 181-5; "The Contingency of a Liberal Community," *Contingency, Irony, and Solidarity*, Cambridge University Press, 1989。

22 Laurence H. Tribe, "The Curvature of Constitutional Space: What Lawyers Can Learn from Modern Physics," *Harvard Law Review* 103/1, 1989, pp. 1-39.

23 Alison M. Jagger, *Feminist Politics and Human Nature*, Rowman and Allanheld, 1983;又请看,Robin West, "Jurisprudence and Gender," *University of Chicago Law Review*, Vol. 55, No. 1, 1988, pp. 1-72.

24 Roberto Mangabeira Unger, *The Critical Legal Studies Movement*, Harvard University Press, 1986.

25 Posner, 前注1, pp. 77-8, no. 14。

大学法学院的教授主张法律解释更类似于不同演奏家对同一音乐的不同表现[26]；有的人以苏联文学批评理论家巴赫金的"复调小说"理论来对法律解释问题进行研究[27]。伽达默尔、利科等人的观点也影响了许多作者的著述。

这实际上已展现了后现代主义的另一倾向，那就是不再有所谓纯粹法律哲学了，法理学人大量从自然科学、人文和社会科学汲取智识和知识，开阔视野，研究传统的法律和新的法律现象。

在这种背景下，波斯纳的《法理学问题》是一部适时反映了当代西方特别是美国法理学现状的优秀著作。波斯纳不是——由于他的职业也不应成为——一位后现代主义者，但生活在这样的学术环境中，热衷于经济学、文学以及众多其他学科，一位既充满人文情趣也有强烈智识兴趣的学者/法官，他必然也热爱同当代学者对话，即便有时只是为反驳一些人把后现代主义不加限制地运用于法律。这部著作不是后现代的，但源自一个后现代智识语境，"出淤泥而不染"非但不可能，甚至也不应当，那很可能意味着迂腐。

波斯纳的学术背景和追求使他重构了法理学。波斯纳研究的问题、术语和隐示的结论很多都是后现代学者主张的，尽管他的基本信念和明示的结论是现代主义的。例如他认为，法律中不存在逻辑的和科学意义上的确定性，只有交流意义上的确定性，这

---

[26] Sanford Levinson and J. M. Balkin, "Law, Music, and Other Performing Arts," 139 *University of Pennsylvania Law Review* 1597 (1991). 然而，这篇文章的题记引证的恰恰是波斯纳在本书中的一句话："'解释'是只变色龙。演奏者'解释'一部音乐作品时，他表达的是作曲家的甚或是这部作品的'含义'，或不是于音符之间表达着他自己？" Posner, 前注 1, p. 271。

[27] Carol Weisbrod, "Practical Polyphony: Theories of the State and Feminist Jurisprudence," *Georgia Law Review* vol. 24, 1990, pp. 985–1018.

种确定性基于社会和学术共同体的同质性（第1编）；他基本摧毁了依据本质主义哲学范畴构建的那些法律本体性概念，例如自由意志、心智、法律、事实问题和法律问题，而主张代之以一种行为主义、实用主义和经验主义的研究态度（第2编）；在阐释学的基础上，他对法律解释和交流可能性作了深刻分析，主张超越解释（第3编）；他认为法学并非一个自主的学科，主张一种没有基础的法理学；他分析批判了一些美国学者先后提出作为法律基础的核心概念或方法，包括以他领军的法律经济学分析，以及文学批评理论、女权主义、社群主义（communitarianism）以及新传统主义，指出法律没有一个完全坚实、能够获得社会一致同意的基础（第4编和第14章）；波斯纳的结论是，法律不是一个自给自足的演绎体系，而是一种实践理性的活动，是以已有知识尽可能综合思考众多因素后的判断，他主张实用主义的法学，一种霍姆斯以来的美国法官以其实践体现的法理学（第5编）。

该书在其他方面也与传统法理学有诸多差别。例如，他继承了霍姆斯对许多普通法制度、概念的分析，指出因政治经济科技发展甚或社会需要等导致的法律制度断裂或脱胎换骨；在法学研究中从容运用了由尼采在《道德的谱系》中首创并由福柯系统推广发扬的谱系学研究进路；他反复强调别太重视问题的结论，更要注意分析的过程；甚至他的行文也是对话式的、反诘式的，看似非常随意。即便对似乎早有定论的问题和事件，他转换视角，将之放在具体的社会语境中考察，就开掘出新的意义，甚至结论。哈特/富勒关于"何为法律"的著名论战，在法理学界历来评价甚高。但波斯纳指出，双方的论战其实不只是智力的，也没有结果，双方都基于各自国家（尽管英美两国都属于普通法系）的司法制度及其制度可能，因此双方隔空辩论说理的不同制度空间导致了各自对法律的界定不同（第237—238页）。换言之，这场论战大致相当于一场《三岔口》，看起来精彩纷呈，其实双方各说各话。因此，他就重新解构了一场被神话的法理学辩论。所有这一切都显示了这部著作的当代意味，它基于当代西方哲学人文社科重新展开法理学，在一定意义上改变了法理学的话语。

四、也有关中国的理论法学

这部著作对当代中国理论法学的发展也很有意义。

首先，法学理论究竟是普世的，还是具体的，并因此会随着历史和文化发展变化？尽管强调马克思主义同中国实践相结合，但中国法学界一直有一种强烈的普世主义的、本质主义的法律观，集中表现为相信有那么一些普遍的、永恒的法律原则和原理，认为只要认准这些原则和原理，照章办理，放之四海而皆准，就可以解决中国的法制建设和发展问题。法理学在中国就被理解为集中关注这些被实体化的法律原则和原理。例如，当代中国法理学长期集中关注的一个重要题目就是法律的"本质"，无论其具体的定义或论述（统治阶级的意志、正义或者是权利义务关系），似乎只要研究清楚了法律的本质，就可以提纲挈领纲举目张地理解其他许多法律问题。但事实上，无论如何界定法律本质，都无助于解决许多具体法律问题，甚至无助于增加对具体法律问题的具体且有用的知识，最多也只能成为赞同某一主张的一个论点，很难保证或改善这个主张的结果。基于这种普世适用的法理学，多年来中国的法理学先是拷贝了苏联的法理学框架，而近年来又趋于热议正义、人权、市场经济这些问题。[28] 我并不是反对讨论这些问题；中国法制和法学一定会涉及这些问题，甚至是受制于这些语词背后的相关社会实践和争论，特别是正在发生发展的社会主义市场经济。但也必须注意，如果仅仅贴着社会热点，而不是与之相关的法律实践以及相应的问题，仅仅挪用各种话语，无论是中共中央文件的或新闻媒体的话语，还是西方学者的——即便看起来抽象，也更多针对了其本地问题——话语，都不可能替代对中国法律实践的一些基本问题的思考、分析、论证和系统表述。什么是，或有没有，中国法律实践的根本问题或关于法律的根本性问题，以及为什么会是或为什么会有，法学人也很少真正思考。甚至可能趋于把历史和当代中国法律的一些特点，与那个想象中大而化之的"西方"法律的不同点，视为必须予以改正甚或革除的"缺点"；或者千方百计用"西方"法学的命题或概念来评判历史中国的法学和当代中国法律实践。我们还没有中国法学的概念和命题。有时，中国法学人甚至都不敢有。[29] 自然，也就没有自己的法学传统。

波斯纳的著作本身已经表明，不具有统一的法理学，法理学非但可以是，甚至几乎必定是有各国特色的。由于各国的种种差异，不同国家注定会有不同的法律概念、法律制度和实践，尽管都追求和平安定，长治久安，却还是会在长期的实践中逐渐筛选

---

[28] 可参看，北京大学法律系法学理论教研室：《法学基础理论》（新编本），北京大学出版社，1984年；沈宗灵主编：《法理学》，高等教育出版社，1994年。

[29] 例如，严复在翻译孟德斯鸠《法意》时就曾强调，与西文"法律"概念重合的中文词有"理、礼、法、制"等（《孟德斯鸠法意（上册）》，严复译，商务印书馆，1981年，第3页）。其实，中国社会中可以纳入法的麾下的概念还有"俗"和"规矩"；在现代中国就功能而言与法类似的还有"政策"。又如，西方的"自然法"与"实在法"的两分，在历史中国，甚至直至今日，一直三分为"天理""国法""人情"，其中"天理"和"人情"大致相当于自然法。

出不同的法律的或关于法律的根本问题，以及处理这些问题的稳定传统、制度和话语。这些本地的传统、制度和话语，除了政治经济文化或人口大国，通常得不到外国的关注和承认（然而，为了什么要得到关注和承认？），但如果其适合本国治理，有效，它就存在了，即便没有系统的文字阐述，或不为人知，它的存在也对法律制度作出了贡献；如果谁能系统阐述其中的道理，那就是法理学，有时，甚至阐述者未必全是本国人——想想托克维尔对美国社会中的民主和法治的描述、分析和讨论。[30]

中国近百年以来社会一直处于激烈的变革中，现代中国的法律制度尚未定型，一直都是在"摸着石头过河"，什么是中国法律实践的特色还不确定，也不清楚，甚至如果没有一个国际的视野也很难自知。中国法理学的形成确实还需要长期实践的积累和总结。但至少这一代人应当清楚意识到，可以也应当借鉴西方的学术，但法理学未必有一个确定不变的体系，甚至未必有一个确定的研究对象，一个普世通用的实在，即便分享了"法律"这个概念，各国的相应实践也不等同，甚至差别很大，恰如中国人同名同姓的很多，不等于这些人同。我们首先应当以尊重的态度，而不是从一套从外文翻译的概念、原则、教义出发来评判中国的法律实践，一定要在中国社会文化语境中研究和理解中国的法律以及与之相关的实践，不仅不是甚至主要都不是历史中国的，而是或主要是现代以来的变革中的中国的法律实践，自信能逐步创造中国的法理学传统。

但其次，还必须有所限定。法理学毕竟是一种理论甚至有哲

---

30 Alexis de Tocqueville, *Democracy in America*, trans. by Henry Reeve, Little and Brown, 1841.

学意味的思考，因此简单复述和注释中共中央相关文件、人大立法规划以及法院、检察院的工作报告，甚至仅仅描述中国的相关法制实践，包括法学人各自系统阐述和主张的理想法治愿景，也不足以构成中国法理学。中国的法理学一定要扎根于中国法制实践，但也必须要有理论的抽象和概括，必须同时思考中国法制实践的优点以及与之相伴甚至一体两面的弱点，指出其合理性中的不合理有时甚至可能是错误，指出不合理性甚或错误之所以发生甚至会持续存在的合理性和必然性。只有基于经验的犀利思考的结晶才能成为生动有活力的法理学或法哲学。否则，一种所谓的法理学，就几乎局限于一个主张或口号，或只是提升那一主张的那本书或那篇文章，与一国当时或后来的法律实践几乎无关。[31]

美国的法律实践在霍姆斯出版《普通法》之前已有上百年的历史。非但在此之前，甚至直到20世纪初，欧洲人常规看法都是，就促进资本主义经济发展而言，法典传统优于普通法的司法传统。韦伯的"英国法问题"是个典范。[32] 甚至，当时欧洲的理性主义和启蒙思潮也影响了英国人，19世纪上半叶边沁就一

---

[31] 坦白地说，历史法学派的代表人物萨维尼（F. C. von Savigny，1779~1861）在《论立法及法学的现代使命》（1814）中认为：如同一个民族的语言、习俗和政治一样，一个民族的法律起源和发展取决于该民族的特殊历史；所有这些因素都是民族的统一的精神生活创造的统一体，密切联系，不可分离；法主要是"民族精神"的体现，是民族意识即共同体的一个部分。然而，这些都是断言。仅从这篇著作中，除了感受到作者极度渴望以"民族精神"来统一当时还是高度碎片化的德国成为一个民族国家外，我看不出作者展示了任何独特的德意志"民族精神"。

[32] "在英格兰，所有提交中央法院的案件都以严格形式化的方式裁决，但处理日常纠纷和轻罪的治安法庭却非形式化，其卡迪司法的程度可能欧洲大陆也闻所未闻……各国中，英格兰首先成为资本主义霸主，很大程度并非得益于其司法，尽管它有这种司法。"请看，Max Weber, *Economy and Society: An Outline of Interpretative Sociology*, trans. by Ephraim Fischoff [et al.], ed. by Guenther Roth and Claus Wittich, University of California Press, 1978, p. 814。

直大力抨击普通法，鼓吹法典化。[33] 然而历史显示出大陆法系可能完成的社会功能普通法也能完成，甚至更早完成了。然而，对美国普通法传统合理性的法理学论证却始于霍姆斯，并在继续。这表明，仅仅有一种实践，即使是成功的实践，甚至有简单的表述，还不足以构成智力成果而获得承认和接受，还需要一种法律话语，甚至可以说一种法治的意识形态。若历史可作参考的话，这就意味着，中国的法制实践，不可能仅因为有中国特色而自然而然就成为有影响力的法律理论，还必须展示这种实践的特定文化意义，以及与社会文化语境不可分割的合理性。中国法理学教科书把中国的社会治安综合治理作为一章节。[34] 这一实践的确有中国特色，针对了当代中国社会变革的特点，利用了中国的社会资源和制度优势，显然对中国社会治安和社会稳定，进而对中国的法制实践都有贡献，对世界各地的法律实践，至少也是一个丰富或提供了一种新可能。能意识到这个问题有意义，将之纳入法理学教科书，也已具有一定法理学意义。但仅此还不够，如果没有系统理论思考，不给出个因缘"说法"，不展示其发生的必要和必然，那就很难说是法理学，就很难让中外学人接受这是一种有说服力的理论话语，而不是对现实做法的概要描述或对中央政策的简单复述。其实是一回事，道理也相通，"萧规曹随"就是一个故事，"遵循先例"，因为有了功能利弊分析，就是一种制度，也有内在的理论。

---

[33] Terry DiFilippo, "Jeremy Bentham's Codification Proposals and Some Remarks on Their Place in History," *Buffalo Law Review*, vol. 22 (1972), pp. 239-51. Richard A. Posner, "Blackstone and Bentham," *Journal of Law and Economics* vol. 19/3 (1976), pp. 569-606.

[34] 沈宗灵，前注28，第418—419页。

第三，与上一点联系的，因此是要学会同世界对话。即便是很实用很有效的做法，如果没有表达，就不成其为法理学；即使表达，不按照一定方式表达也很难获得认可。这其中当然有知识/权力的问题：你说了不算，我说了才算。但问题不全在于现有表达语式或知识/权力关系。反身自问，中国的法理学表达确实有许多不严谨、甚至自相矛盾的命题。例如，依据马克思主义的基本观点，我们一方面说法制是建立在特定社会的经济基础上的上层建筑，从逻辑上看，结论就应当是，一切社会，只要还构成一个"社会"，都会是法制的社会，并且，法制就不必然带有褒义。事实上，人类学家的研究也早已指出，即便初民（原始）社会也有其相应的法律或法制。[35] 这意味着其实任何社会的经济活动都必须有相应的法制支撑和规制，不可能只是个人的恣意妄为。但在宣传社会主义市场经济中法制很重要时，很多学者却特别宣称市场经济是法制/法治经济[36]；其言外之意，有些经济不是法制/法治的经济。甚至有学者声称只有市场经济才是法制/法治经济或者市场经济就是法制/法治经济，其他则是人治经济或权力经济。[37] 但这就连常识都不顾了，起码，我们总还知道中国西周的"井田制"，或秦始皇统一"度量衡"和"货币"，难道这不是法制/法治，只是权力或人治！我也愿意承认，这些文章都强调法制/法治对于市场经济很重要，市场经济要求的不是一

---

[35] 霍贝尔：《初民的法律——法的动态比较研究》，周勇译，中国社会科学出版社，1993年。又请看，Posner，前注7，第5—8章。

[36] 沈宗灵：前注28，第143—144页。

[37] 董安生：《社会主义市场经济是法治经济》，《法学家》，1993年第1期；文正邦：《论现代市场经济是法治经济》，《法学研究》，1994年第1期；吴家麟：《"法制经济"与"法治经济"的提法并不互相排斥》，《人大工作通讯》，1994年第22期；谢邦宇：《市场经济是"法治"经济——对市场经济是"法制"经济提法的质疑》，《党校科研信息》，1994年第10期。

般的法制，而是一种与之相适应的法制/法治。但如果不说清楚，或没说明白，那么这些命题的最大意义就只是宣传。

但我们还希望有法理学。甚至，我们也不能只是准备同自己或学界朋友对话。中国法学迟早要走上世界舞台，我们也希望同世界对话。如果不注意一些基本的逻辑、说理和表达，我们很难同世界对话，更不可能让别人听懂中国的法理学。这个别人其实还不仅是外国人；在相当程度上，还有我们的后辈。当时代语境不同时，他们还能理解我们以逻辑含混的语言传达的意思吗？

应当指出，当代中国的法学传统相当薄弱，法理学传统也相当薄弱。一方面，由于社会变迁和变革，中国传统的法理学已经基本断裂了。我们现在基本不再以，也无力以"礼""德""刑""政"之类的概念来讨论中国法律的根本问题了，也因此，与这些概念相伴随的那些法律根本问题也消失了。我们基本已全盘接受了近代西方的法律概念体系。但绝大多数法理学人缺乏与这一体系相伴的西方法理学思维的训练，由于语言的限制，绝大多数学者注定只能更多借助中译本来理解西方法律和法学，望文生义的误读误解不少，中国法理学非常需要精细理解和表达。这是参与世界法律和法学对话的前提。你不可能指望以结结巴巴的英语或汉语在一个英语或汉语环境中有效地对话，更难指望有效影响别人，更别说今天世界法理学界的知识权力结构基本是英语的（象征意义上的）。

第四，仍与上述有联系的是，法理学必须大量汲取其他学科的研究成果。在这部著作中，波斯纳以其笔触充分展示了法学不是一个自给自足的学科。这本书本身涉及了诸多其他学科的知识和研究成果，甚至它大量倚重的如维特根斯坦、哈贝马斯、伽达

什么是法理学?

默尔、罗蒂、库恩、奎因、科斯在任何意义上都不是法理学人。他的分析已经显示这些人物对法理学的贡献不可低估,甚至已远远超过了中国法学界至今关注颇多的一些现当代法理学人,如庞德、凯尔森、哈特或富勒。西方1960年代以来法学的发展也充分显示了法理学需要不断从其他学科吸取养分,才能保持活力。若不注意这一点,以为法理学源远流长就足以自给,恪守先前的法理学语言、概念、命题和方法,就一定无法回答当代中国和世界出现的有关法律的新的重大问题,更谈不上有效参与法理学的学术对话。

可能有学者会以学科细致化、专业化为由,坚持认为法理学有其独特的一套概念和命题。回顾历史,其实法理学从来就没有与其他人文社科甚或自然科学有过分离。历史上,宗教神学、政治学和古典自然科学就一直在法理学上有所投射。霍布斯写作《利维坦》就受了伽利略的物理学运动规律的影响和指导。[38] 三权分立的理论最早受到基督教圣父、圣子与圣灵三位一体观的影响,却也有不合学术逻辑的几何学支持。[39] 早期的法学家也几乎全都是政治学家,其中不少人也是哲学家。《论法的精神》则大量运用了其他学科的材料,许多论述若是今人写的,则一定会受指责:东扯西拉,不务正业,例如气候对政体/宪法的影响。这种情况到了19世纪末有了变化,自休谟提出实然与应然之别并将科学界定为对实然的考察后,科学主义、实证主义的浪潮席卷欧洲,法学界出现了实证主义法学,后来又出现所谓"纯粹法学"。许多学者将法律视为世界上各种事物的内在"规律"或秩

---

[38] 见《利维坦》,商务印书馆,1985年;特别明显地表现在前十章。
[39] 转引自 M. J. C. Vile, *Constitutionalism and the Separation of Powers*, Clarendon Press, 1967, p. 15。

序的体现，是人的认识对客观事物的对应，是国家对这种关系的承认。有人主张就法律研究法律，认为有独特的法律推理，或是严格的逻辑演绎，或是法律独有的推理过程。这种形式主义的法学观至今仍很有影响。但只要细看一下，这些法学思想还是没有摆脱其他学科的影响。它首先发源于休谟、康德的哲学批判，它是实证主义哲学的产物，后来又受逻辑实证主义的影响。其实，纯粹法学也不纯粹，它当然可以自觉限定自己研究的对象，但一个人并不因为他节食就比其他人更纯粹。更何况人类对任何产品的评判标准都是实用和管用，而不是纯粹。即便是艺术，也不能只是一张白纸，甚或空空如也。

自1960年代以来，就法学研究整体而言，尽管传统法律观占据了统治地位，但法学人对其他社会科学、人文学科和自然科学的自觉借鉴和吸收是空前的。几乎所有学者型法律人不同程度地都自觉并努力将其他学科的知识引入法学研究。前面提到的有阐释学、女权法学、却伯的文章、批判法学以及法律经济学等。这些努力本身就表明，不存在一个可以精确界定为法律或法理的自主领域。在这众多人文社科甚至自然科学被引进之后，法律与其他学科的界限不断被超越，法律已经没有一个核心，没有坚贞不渝的本质了，这也催生了研究法律的不同视角和维度。法律不再是一个统一的无内在矛盾的实体，而是一个领域，一个碎裂的组合。

因此，无论为推动中国法理学研究，或是同世界对话，中国法理学都必须大量借鉴其他学科的研究成果。而且当代中国有许多学科也有成果可供法理学借鉴，如制度经济学的研究，其实与法理学的制度研究就很相近[40],费孝通等前辈的社会学著述也会有助于我们理解中国农村的社会变革和法制需求[41],人文学科的阐释学和分析哲学对法律解释也会有很多启示,中国法理学人不时瞄一眼窗外未必就是心有旁骛,就算是心有旁骛,也不应是个问题,如果有所收获,那又为什么不呢?世界并不缺少美,关键是缺少发现美的眼睛。这应当是对中国有志于法理学研究的人们的一种鞭策。

* * *

至此似乎我还没有回答什么是法理学。但我的回答已经在叙述中了。法理学是与对被称为法律的那些社会现象有关的根本性问题的哲学思考。但法律这个概念并没有确定的所指,它可以是制度,也可以是国家通过立法或法规颁布的调整社会某个领域甚或某个现象的规则,也是司法执法机关的活动,甚至,法律是我们关于人类生活的某些价值判断,也是我们的社会生活形成的但有时自我也难以清醒体察的规范性秩序。我们可以提出很多定义,但没有一个定义可以不多也不少地囊括我们直觉中所认定的"法律"那种社会现象。法律与非法律现象之间的边界是模糊的,甚至没有边界。因此,所谓法律的或关于法律的根本问题也并非确定不变,而是与我们的旨趣相联系的一种判断、一种社会共识。人们的旨趣会因为特定社会的制度、文化传统和其他众多因素的不同而不同,会随着我们对社会现象之间的潜在关系的理

---

40 例子之一是樊纲对中国和西方企业制度的初步比较研究和分析,见《中华文化、理性化制度和经济发展》,《经济文论》,生活·读书·新知三联书店,1995年。
41 费孝通:《乡土中国》,生活·读书·新知三联书店,1985年。

解而改变。据此，我们至少原则上可以说，建立中国的法理学是可能的。而这一可能性的转化首先在于中国法律实践稳定实在的发展，但也在于我们具备理论思考的能力，愿意花时间深入思考和有效表述。

1994 年冬于北大蔚秀园寓所

读《走向权利的时代》
——兼论中国的法律社会学研究的一些问题[*]

这是一部力图摆脱法条主义,认真研究中国本土法律现状并予以初步解说的著作。[1] 各位作者追求一种权利的社会学研究,"从社会解释权利,从权利解释社会"[2],很有意义,有社会意义,也有理论法学研究尝试改变关注点和方法的意义。但作为一部法律社会学著作来说,在我看来,却不很成功。主编在绪论中宣称要"在把握社会发展与权利发展的互动关系前提下,描述和解释我国现阶段权利观念、权利体系和权利保护机制成长的过程和规律"[3],但该书未能实现这一追求[4]。这一研究的最大弱点是基本理论预设太强,压倒了或遮蔽了作者收集的材料中已显示出来

---

[*] 本文初稿是1995年9月17日在中国法律文化研究中心会议上的发言。许多朋友,包括文中批评的一些朋友提出了一些意见;特别感谢梁治平阅读后认真提出了文字修改意见。

[1] 夏勇主编:《走向权利的时代:中国公民权利发展研究》,中国政法大学出版社,1995年。

[2] 同上,第33页,原作者的着重号。

[3] 前注1,第38页。

[4] 甚至就形式来说,书中所收的论文也未能遵循这一指导思想,即描述一个社会法律和权利发展的互动;有数篇论文还有较强的法条研究倾向。例如第八篇。

的，或可能通过分析展示出来的一些有实践和理论意义的命题或结论。在研究方法上也有一些重大弱点，对材料的理论分析和解说完全可以更为深入。

一、理论预设

这一著作中强烈体现出两个基本理论预设：首先，权利是进化的，这是一个普适的历史进程[5]；其次，自1978年以来，由于中国的社会发展、改革开放和法制建设等，中国公民的权利意识、权利保护机制和公民权利保护都有很大的线性发展[6]。这两点，如果作为研究得出的结论，我不反对；在某一定意义（使用非目的论意义上的"进化"，也即"发展"或"拓展"）和某种程度上，我个人也接受这两点为"事实"。问题在于，主编以及许多作者都是把这两点作为已经确立的指导原则和理论框架，而不是作为需要以研究予以验证、调整的理论假说（hypothesis），这就使得这一研究，尽管有研究批评社会现实的勇气和决心，也力求突破法条主义法学研究模式，某种程度上还是变成了一种命题作文，大量材料的取舍，特别是作者的解释都受到了这两个理论前设的过强限制。

这最明显地体现在主编夏勇的两篇文章，以及高鸿钧和张志铭的文章中。夏勇的两篇中，第一篇绪论提出了全书的理论框架；后一篇的前半部分（上篇）显示了作者指导框架的部分理

---

[5] 前注1，第1页。
[6] 前注1，第36—37页。

读《走向权利的时代》

论来源,试图提出一个作者认为是"圆满解释公法权利之生长的理论模型"[7],后半部分(下篇)则试图用1978年以来中国农村社会经济权利发展的某些经作者选择的材料来说明这一理论框架。我明显感到,从夏勇展示的调查材料中生发不出他文中提出的模式。这个模式其实来自他对霍菲尔德的四对范畴(这四对范畴是霍菲尔德从普通法案例研究中概括出来的,是用以解说普通法的范畴)[8] 的推演,而且这个推演即便在形式逻辑上也不令人信服。[9] 整个下篇中所用的中国材料和解说似乎只是这个演绎出来的模式的注脚。这就违背了主编宣称的"描述和解释"的初衷。如果作者说这是篇理论性论文,我尚可接受,但作者说这是在描述中国社会中权利的发展。

作者意识到,至少文字上,西方学者的模型和假说在经验上是偏狭的。[10] 但作者使用这四对范畴时,字里行间透出的理论倾向是,这位西方学者提出的范畴、概念、命题和模式在任何社会或文化中都可以找到精确的对应物,可以普遍适用。这反映出一种强烈的哲学唯实论。更重要的是,当作者在这种唯实论——不是把语词和概念当作分析的工具,而是作为一种普遍确定的社会事实——指导下使用这些范畴、概念、命题和模式时,隐含的是,那种西方的文化组织系统和解释方式是更正确、更准确的。

---

[7] 前注1,第660页,又请参看,"绪论",第33—35页。
[8] 霍菲尔德自己就认为"基本的法律概念并不是抽象地存在的,而是具体地应用在法院和律师日常事务的实际问题中",转引自,沈宗灵:《现代西方法理学》,北京大学出版社,1992年,第146页。
[9] 例如,作者将选举权、批评权列入权力权(这太别扭了),把思想自由、表达自由、学术自由、信息自由列入自主权,但这两大类逻辑上是交叉的、重叠的,其边界并不像文字那么齐整、区分明晰。因为,选举权必定要有思想和表达的自由,批评权也不可能不伴随着思想、表达、学术和信息的自由。
[10] 前注1,第34页。

这种普适主义的学术倾向，由于源自个人的内心确信，很难给出众口称是的反驳论证——"道不同，不相为谋"[11]。但它至少令我怀疑，更重要的是作者据此展开的解说未能令我信服。作者更像是把他搜集的中国经验材料当作从霍菲尔德那里演绎出来的某一知识构架的一个注脚。这些材料是支持、证实和填充这一准霍菲尔德理论构架的材料。[12] 若作者只是"发现"1978年以来中国农村经济社会发展的情况颇为符合从霍菲尔德范畴中演绎出来的这个权利进化的框架，那么什么是作者的独特理论贡献？中国经验的意义又何在？如果西方学者已经提供了普适的理论框架和命题，那么我们为什么还要进行法律社会学的实证研究？把那种普适知识演绎运用到中国，不就行了吗？其实，即便承认在公民权利保护上，西方比我国现阶段要完善，也必须警惕：西方学者所概括、描述的本国权利保护机制、权利发展模式也只是这些学者对这些机制和模式的文字再现和理论重构，即便他们完全诚实，也不能保证他们已准确再现了其本国的权利保护机制和权利发展模式。

在稍轻程度上，本书的理论预设也体现在高鸿钧和张志铭的文章中。

高鸿钧的论文论述了中国社会变革以来公民权利意识的发展，许多地方，他实际突破了权利进化发展以及社会发展必定导致权利意识增强的理论预设，但总体来说，高的解说很多时候都不得不，或无意中迁就了这两个理论预设。例如，高意识到了，也很有道理地辨析了为什么"不能简单地根据诉讼率的高低来断言一

---

11 《论语·卫灵公》。
12 从哲学阐释学的角度来看，任何知识都是不完全的，都是一种地方性的知识，是一种"偏见"。

个社会（中）人们权利意识的强弱"[13]，但最终他还是将诉讼总量增加、上访数量减少理解为公民权利意识增强[14]。事实上，我们只有假定一些主要变量，如社会纠纷总量和质量、诉讼以及其他上访渠道等大致不变，才可能令人相信诉讼总量增加是公民权利意识增强的结果。否则的话，诉讼增加完全可能因为社会矛盾和冲突的增加，或社会和政府在纠纷解决方式上有了新的制度性选择（即司法），上访数量减少也完全可能只是表明上访渠道（行政渠道）不像以前那样畅通了。完全可能，因为作者的法学人前见，他把"诉讼"这个与权利或许关系最紧密的现象当作公民权利意识的主要标识。而诸如类似的问题在其他文章中都不少。例如，知识产权诉讼的增加，通常都被解说为权利意识增强[15]，但在没有其他扎实的证据和论说支持时，我们是否也可以将之解说为权利意识或权利保护机制的削弱，因为权利意识和权利保护更佳，完全可以理解为人们都不或更少侵犯他人的知识产权。换言之，仅就打官司数量多寡这一点是没法得出权利意识强弱变化的结论。

这其实暗示了另一个各位作者都没考虑过或是有意略过的可能：自1978年以来，中国社会中的权利保护、权利意识和权利保护机制是否真的在一切方面都增强了？这里所说的增强不是看有多少宣传和立法，而是看人们行动上是否比以前更加尊重，特别是自觉尊重他人的"应得"。而就我的阅读来看，由于经济社会发展必然导致权利保护增强这一理论预设，本书各位作者或多或少地都呈现出一种倾向：批判历史，赞美当代。我不反对；生活在这个时代，我也认为中国人的权利保护正向好的方向发展。

13　前注1，第32页。
14　前注1，第32—36页。
15　前注1，第28—29、351页。

但研究者不应当用社会总趋势替代或遮蔽对具体问题的考察和分析。为什么未能提出由于社会变迁，当代中国公民的某些权利的保护或保护机制被削弱了？最明显的标识，几乎每个中国人都能感觉到的是，各地犯罪率大大上升，或，最直观的，楼层较低的住家在窗户外安装防盗窗的日渐增多。

又以知识产权为例。尽管知识产权这一概念在我国近年才流行起来，但这并不意味中国此前就完全没有这种权利的保护机制。中国社会中常说"祖传秘方""宫廷秘方"；民间工匠的祖传手艺也有"传媳妇不传女儿"的规矩[16]；史书上也记载，南北朝时期，有人卖李子而穿其核，防止优良果树种外传[17]。也许在现代社会知识产权主要通过正式法律来保护，但社会的习惯、惯例和人们的信念从来都是权利保护机制的重要组成部分。中国目前假冒产品如此多，其中的一个意味或许是：由于社会变迁，非正式的、非国家的权利保护机制削弱了，或者先前的保护机制与现代的市场经济体制已不相适应。我也不是争辩说，当代中国社会的知识产权保护机制一定是削弱了，我只想指出，作为法律学人或研究者，我们应当把视点扩大到法律条文和相关诉讼之外，看到关于权利问题的社会保护和法律保护的变化、互动和创新，察觉当代中国面临的公民权利保护的新问题和复杂性。其次，法律学人对社会现实的批判分析，与他支持中国改革开放的国策并不矛盾，两者其实应当是统一的。

---

16 郭超人：《成都市手工业生产的情况和问题》，《中国社会科学》，1980年第4期，第222页；李亚平：《学徒制与职业教育漫议》，《职业教育研究》，1989年第5期，第12页；杨善发：《我国古代私医教育述评》，《医学教育》，1991年第5期，第11页。

17 《世说新语》（俭啬），转引自，武树臣等：《中国传统法律文化》，北京大学出版社，1994年，第741页。

读《走向权利的时代》

张志铭的文章，在我看来，也是一篇饱受过强理论预设折磨的论文。这篇文章据说得到主编的好评。我起初很意外，但放在这本书的总体构架中，我理解了这一评价。张文叙述了中国社会发展进程中的律师制度演进，提出律师制度"社会化"的问题——律师从政府中分离或剥离成为私人或合伙依法从业的职业，以及律师自律的问题。这些研究分析有意义。但评价论文的标准不能是它是否符合总体的理论预设，而主要应考虑，根据论文中的素材，能否得出作者最后的结论，如果更严格一点，能否排除其他不同的结论。张文开篇就断言，现代律师制度是民权（主要是刑事被告人的权利）保障机制中的一种。[18] 紧接着，张文认为，1970年代末，中国恢复律师制度时的律师制度设计不完善，因为不是"社会化"。[19] 如果张文的命题成立，张就必须从经验上和论理上说明："社会化"的律师制度更能有效维护民权。至少，随着这些年来律师职业逐步"社会化"，且假定其他因素不变，就应当预期律师业会有日益关注公民权利的趋势。但至少作者文中的材料表明，过去十多年来律师业的发展趋势与这一预期似乎相反。尽管这些年来中国律师数量大大增加，律师业"社会化"也在加速和普遍，但他指出"律师的刑事辩护数自1990年以来逐年下跌，刑事案子请律师辩护难；许多律师尽管不擅长非诉讼法律事务，一般也不愿接刑事案子和代理原告方的行政诉讼案子"[20]。这表明律师业"社会化"的推进并未实现当初的制度构想，张试图论证的命题并不成立。如今仅就张文中的材料而

---

18 前注1，第134页。
19 张的观点与当初的律师制度设计者的观点有重大不同，但两者都先验地视或假定律师是民权，特别是刑事被告人权利的维护者；区别只在于，律师的位置是在政府内，还是在社会中。
20 前注1，第184页。

言，结论会是或大致是：律师能否维护民权，并不在于或至少不全在于律师数量多寡、是否社会化以及是否自律；或是抽象一点的结论：无论是当初设计者还是张自己的理想律师制度都不可能或未能有效保护公民权利。

这个结论很难令人——设计律师制度的机构或人——接受，作为一个社会事实却是成立的。确实，律师可能比他人更关注公民权利的维护，但这并非因为他们总体而言在道德上高于社会一般人，而只因为他们关注自己的职业利益。在追逐其职业利益过程中，律师可能起到了维护公民权利的作用。这其中的道理其实和市场经济的道理一样。因此，当发现律师制度不如预期之际，诉诸律师自律就显然不够了，仅就律师服务市场而言，更有效的应对办法或许是，社会互动对律师职业的正式和非正式的制度制约，使律师追逐个人利益的动机与维护公民权利的实效相互兼容。然而，由于强烈的理论预设和价值判断，作者忽视了自己笔下的材料中已显露的这一点，而试图构建另一个理想的律师制度模式。[21]

尽管有上述批评，我却不是在主张：抛弃价值判断，排除理论预设。众所周知，任何研究，包括对研究问题的选择，都隐含了价值判断，没有理论预设甚至很难起步研究。我主张的只是不能让一个理论预设控制了我们对材料的选择、分析和表达，面对经验材料，研究者/作者一定要保持思考的开放，不能作命题作文。

我还可以以贺卫方的论文为证。贺文一开始说明，自己有价值取向。依据阅读和理解，他提出了他衡量中国法官的四条标准，然后用报纸和访谈中的材料，通过比较，显示他理想中的法

---

[21] 当然，我并不否认律师制度成为一种公民权利保护机制的可能性，只否认基于理想建立制度且运作成功的可能性；律师也是人，律师并不比政府官员和社会上的普通人更好或更坏；用我们的理想模式来界定他们的职业角色和价值关怀是不可能的。

官与报纸或访谈中的法官之间的差距。贺文的价值取向非常强烈，但他没有力求材料符合"权利演进"的模式，而是力求让材料说话。贺文的一些分析实际上超越了贺的价值判断和理论预设。其他文章中也都有这种突破，但较少，展现了当代中国法官问题的复杂性和生动性（例如第240页关于审判委员会的对话），使审判独立从抽象、简单的理论层面进入到了具体、丰富的现实层面。这种研究不仅对读者有启发，也超越了作者最初的价值取向。

二、方法问题

必须指出，上述问题与这一研究项目的总体设计不足有关。主编称，这部著作是要建立一个社会与权利发展的互动模式。这个设想显然汲取了前人法律社会学研究的经验，试图有所创新。但问题是，在先前国内没有其他类似的系统调查研究或其他系统资料可供参照的前提下，一次切面研究（这一研究从发起到书出版仅两年，没有什么跟踪或历时性研究）调查获得的材料从一开始就注定了不可能满足设计者的历时性研究的要求。因此就可以理解此书大多数作者的研究，其实都背离了主编主张的互动模式，而走向了切面研究（例如第三、第四编的论文）。其他一些作者，为满足历时互动研究的要求，就只能借助他们自己也认为并不可靠的文字材料或个人回忆、感受来构筑"权利演进模式"。例如，夏勇的公民权利发展模式就几乎完全没有用这次调查的材料，几乎完全依据的是作者本人的经验；张志铭更多使用了司法部和其他部门关于律师问题的各类文件资料；高鸿钧为建立公民权利意识发展的参照系，只能利用一些难以定量分析或通约分析的材料。由于资料不统一，也没进行必要的技术处理使之兼容，不仅很难令人信服地获得"互动"模式的研究结论，而且无法可靠地检验并校正作者自己的命题。

这就关涉法律社会学的研究方法。这一研究在社会学研究方法上是很不够的。令人奇怪的是，其中最弱的一篇（第二篇）恰恰出自一位社会学家之手。此文只是泛泛地谈到关于权力和权利的一些现象，既无扎实的数据，无认真的访谈材料，也没有需要验证的命题，文章几乎流于"侃"；甚至连基本的学术规范都不能做到，仅指出一点，全文没有一个注。关于女工权利保护一文（第十篇）也缺乏针对女工劳动权保护问题的研究设计，主题似乎是一般的劳动权利保护，女工劳动权利只是附带的。主编的两篇论文过于思辨，尽管提到了一些社会学理论和社会学模式。其他一些论文也比较概念化，有的甚至还有很强法条主义倾向。

比较好的、提供了新材料、隐含了新启发的论文是孟宪范等关于女童教育权保护的论文，以及前面已经提及的贺卫方的法官研究。尤其是孟文后一部分，研究设计比较严格，分析结论也更有说服力。有些结论实际上还挑战了本书的一些前提预设，因此不仅有在我看来重要的发现，而且分析起来很可能有理论意义。例如，调查材料显示，至少在教育问题上，女童的权利意识比男童更强，主动性更强[22]；文盲父母比有大学以下（不包括大学）文化程度的父母对子女受教育更为重视[23]；教育权保护也许并不

22　前注1，第748页，表12。
23　前注1，第756—757页。

读《走向权利的时代》

总是与地方经济发展水平直接关联[24];政府权力不应当总是被视为是伤害民权的（这一预设在许多论文中都是作为自明之理而被接受的），而可能是保护促进民权（至少教育权）的[25];以及,从上述几点中,还可以看出,至少有些权利意识（自我利益的追求和保护意识）也许与法制教育和宣传无关,很可能是或基于与生俱来的生物本能[26],或是在中国本土文化中就有（例如女童的受教育权利意识,文盲父母对子女的受教育期望）等等。当然,这也不是说孟文的结论一定毫无疑问且具有普遍性,但这些有材料支持的研究结论非但挑战了我们的一些法律假定甚至信条,而且有智识意义,迫使我们反省,要求我们深入研究,并给出有说服力的回答。[27]

其他不符合社会学研究要求的具体细节还很多。在问卷设计上,许多问题实际上并非只有一个原因,但问卷要求答卷人只能给予一个回答[28];这不仅误导人,强加于人,更重要的是容易强化研究者的前提预设,必定损害研究结果的可信性。在统计数据运用上也有不少问题。例如试图用横断面调查获得的材料来论证

---

24 前注1,第772—773页。
25 前注1,第772—773页。
26 "我们都有这样的感受,我们有某些权利,若被剥夺了就是不公;这种感受是我们心理构成的基本特性之一。这种感受在孩子和初民社会的居民中与在现代美国成人中的发展程度相同,也见之于动物。在竞争环境中生存,必须有某些最起码的感受,即按自己的意志来保有和处理一些最根本的东西,随时准备为这种支配权而战斗——这就是权利感。当其他生物要夺走对其生存至关紧要的东西时,后者没有这种道德义愤感,就不可能生存和繁殖,世界因此有了这样一种选择,它偏好那些基因上有这种感觉的生物。权利的内容随社会环境变化,但权利感会是一个常项……" Richard A. Posner, *The Problems of Jurisprudence*, Harvard University Press, 1990, pp. 331-2.
27 孟文也有明显缺欠。前一部分跨文化比较,不令人信服,不仅基本数据令人怀疑,而且由于种种条件限制缺乏可比性。
28 前注1,第781页,A1、A2和A3。

一个线性发展的理论命题；又如所有统计数据差别都没有计算或没有公布差别的显著性。这都是小问题，却也涉及一些基本要求。不能满足这些要求，结论就不令人信服。

三、理论概括

方法并不能自然地解决一切问题，方法问题不能同理论和理解问题分开。在这方面，本书也有一些值得特别提出的问题。

首先是理论概括的问题。一个或许过高的要求是，这些文章没有一篇抽象概括出了一个具有理论意义的中国概念，地方性概念。长期以来，我们基本沿用了西方传进来的一套又一套学术概念。这实在是一个大问题。这不仅说明我们没有自己的理论体系，更重要的是表明我们不注重中国本土的中国老百姓的概念。许多西方学者在研究其他文化的社会现象时，都非常注意总结当地的概念，使之获得理论高度，试图以本土概念来解说本土问题。这种做法有时过滥，有的甚至有为沽名钓誉而虚构之嫌，但这种努力总体而言会有好处，至少他们曾发掘出某些概念，并令其获得了普遍理论意义。中国经济学家在当代的经济变革中，某种程度上，也提出了一些基于本土实践但具有理论意义的概念（如渐进式改革、增量改革、计划权利和计划义务等）[29]，中国法学尚没有提出这样一些尽管粗糙但有潜在理论意义的概念。中国百姓是有他们的一套概念体系的，《秋菊打官司》中出现的"说法"，就很有特色，且具有理论潜力，有可能促使中国法学研究

---

[29] 例如，盛洪主编：《中国的过渡经济学》，上海三联书店、上海人民出版社，1994年。

深入并本土化。又如前面提及的手艺"传媳妇不传女儿"规矩,也有在此不能展开的自身道理。关键在于我们要去发现,在于我们不总是以西方的概念为标准来衡量取舍中国人的概念。

与理论概括相联系,我感到本书的某些篇章流于现象罗列,似乎有所概括,但实际上非常缺乏理论的思考和抽象。这特别表现在第二篇和第十一篇上。例如第二篇文章中在谈及中国的集体主义价值观时,将各种回答分别"概括"为各种"论":性质论、归属论、价值论、目的论、功能论、位差论、保存论、大局论、道德论和政治论。我不知道这些个别的回答何以能成为"论"。必须坚决反对这种流俗的"思考"。法律社会学并不只是研究现实,而是要在研究现实的基础上有理论的升华。

第三,解释的单维度,用主观前见或希望得到的结论来概括其实并不符合其前见的经验材料。前面已有此类例子。这里再以关于"私有财产也是神圣不可侵犯"问题的讨论为证。[30] 作者从北京市、广东省、贵州省、甘肃省、河南省、吉林省六省市问卷统计得出的结论是"私有财产观念……受地区间市场经济发展水平的差异的影响"[31]。统计数据在某种程度上似乎证明了这一点:吉林省、贵州省和甘肃省对这一命题的赞同率最低,反对率最高。但问题并不那么简单。因为赞同这一命题比率最高的是河南省,而不是市场经济或经济发展水平显然更高的广东省或北京市。反对这一命题的,广东省的比率高于北京市也高于河南省。因此,若仅就这些数据来下结论的话,在我看来,只能是这一调查似乎表明,市场经济的发展水平与私有财产观念的强弱似乎没

---

30 前注1,第378—379页。
31 前注1,第379页。

有关联关系（但这得假定各地方的人对这些信条的理解和想象完全相同）。当然这一结论与作者的理论假说、与我们的某些信条有冲突。那么作者应当研究一下，为什么会有这一冲突，也许是问卷设计的问题，也许是调查地区的问题，也许这些差别没有统计学上的差别意义；或者这一切都没有问题，有问题的只是作者的理论假说、人们通常接受的那种"市场经济发展了，私有观念必定更强"的常识信条。不能用符合作者预期的某些趋向来迁就人们的常识。

第四，解释的缺乏。孟宪范文比较明显。尽管她的研究从设计上看不错，获得了一些可能有启发性的数据和结论。但似乎由于缺乏法律和法学理论的训练，她未能将这些意蕴点破，实在有些可惜。也许对于社会学家来说，无须点破，数据资料本身更说明问题。但由于一直缺乏统计分析的教育和训练，许多法学人不习惯甚至无能力仔细理解和把握诸多统计数据的理论意蕴和社会意义，在这样的背景下，法律社会学人充分揭示他/她研究的理论和实践寓意，也许有点苛刻，却也有道理。

解释的缺乏还表现为解释的精细度不够。贺文比较典型。贺在谈到法官素质时，运用了许多报刊资料对法官的描述——军人化的语言。贺以此作为材料之一来说明中国法官的素质，有一定的说服力。但仍有欠缺。因为这些报刊上的文字，在我看来，更可能是中国社会（官方的还是传统的？也许两者都有）文化对法官的通俗理解，生活在这一文化语境的报刊作者已经习惯以这样的语言去描述法官，或他们预期中国绝大多数普通人是这样理解法官的，因此着笔时更凸显甚或杜撰了此类言行。社会通俗文化定位对法官的自我定位和法院运作肯定会有一定影响。贺文因此不仅在研究视角上很有原创性，并且很有理论潜力。

但贺文未能区分外部社会对法官的定位和法院系统内对法官的定位以及法官的自我定位,因此没有注意几种定位的互动和冲突。在我看来,在法院内部,法官们未必以军人风格自我定位。只要想一想,我们大致可以确定:在法院内部,公认的最佳法官未必是那些最有军人气质的法官(贺文中的访谈材料也点到了这一点[32]),而必定是那些心细、有点子、有水平的法官。这些法官的这些素质不一定能够写入报纸,因为关于法官的通俗化文化定位,以及记者对读者的预期,都会将这些非军人素质过滤掉。贺文本可以分析更为细致些,不把他人为我作的画像误以为就是我本人。

四、摸索前行

此书众多作者都是目前国内中青年法学人中的佼佼者,完成这一项目的过程中,他们显然强烈希望努力改变国内法条主义和政策注释的法学研究现状。但总的说来,我们看到在社会发展权利进化指导下的此书在一定程度上还是重现了注释性法学范式,只不过注释了另外一些流行命题,未能挣脱原先的知识型。

为什么结果不令人满意?这必须跨出本书范围而略加考察。应当说,由于种种制约,中国法律社会学的学术传统和学术训练都非常欠缺。据我所知,我们至今没有正式的、系统的法律社会学理论和方法训练,法条主义和政策注释性法律研究一直是法学院的主流。即使目前国内已有一些法学院教授法律社会学课程,

---

[32] 前注1,第243—244页。

但许多教师，甚至法律社会学研究生导师自己也没有作过类似研究，基本都是半道出家，从法理学或其他专业转过来的。昔日专业训练的模式、旧的思维方式和研究模式使社会上出现了不少名为法律社会学实际只是昔日法理学之变种的著作。这很容易使人误以为法律社会学不过尔尔，无形中降低了对自己的学术要求。另一方面，就我所知，本书诸多作者在校期间几乎都没受过基本的法律社会学训练，都是通过自我阅读加上自己的实践经验总结而获得一些法律社会学的入门知识的。我不认为这种学习研究路径就一定是缺点，不仅本书的许多作者知识面都比较广，关注中国现实，有强烈的社会和学术责任感，有学术创造的冲动等，最重要的甚至是，当年法律社会学的开创者，就是这样披荆斩棘，开创了这个学科！然而，至少有时，这种方式确实可能给研究带来一些缺陷；当知识储备不足，旧的研究模式和思维模式不时就会流露出来。

在一些私下场合，我曾说过，现在中国法学界的主要问题不是敢不敢解放思想，而是我们有没有能力、有没有思想理论和社会实践的资源来解放思想。就法律社会学而言，我们不能指望仅仅了解一些社会学理论，读几本外国学者的著作，就可以从法理学或其他相关专业自然而然地成功转向法律社会学研究。法律社会学有它自身的要求，研究现实、注重方法和理论分析、强调知识的地方性和开放性，这都是中国法学研究和教育非常缺乏的。我们需要保持对现实的强烈关注和知识的开放，加强学术规范的培养训练，注重说理的学术批评，积累学术传统。借鉴外国学者的研究固然不可少，但更需要我们作为研究主体持续不懈的努力研究。我们实在是任重而道远。

批评话说得很多，也很重，但我绝非全盘否定此书，更不是

读《走向权利的时代》

要拿学友开刀。这部著作在目前国内的法律社会学著作中还是比较好的,其中有一些给人启发的思想——即使在我重点批评的文章中。它积累了一些材料,包括数据和访谈,对以后的类似研究将会有帮助。即使是本书中的教训,如果加以总结,也可能转化为财富。我曾担心,上述批评在一个需要鼓励、促进法学研究实际问题的时代,是否会被人们(包括一些朋友们)误解,甚至被人用作不利于朋友的口实。但我认为中国的法学研究必须展开真正的学术批评。学术评判不是,也不应当是"矮子里面拔将军"。而且,尽管批评很严肃,但我不认为我太苛刻,把标准定得太高了;因为,就书中已有的材料以及就我对许多作者的能力学识了解来看,我觉得他们本可能做得更好一些。

当然,毛病也有可能出在我这里:也许我过分为另一种"前见"所笼罩,我的思想为一种西方的关于法律社会学的学术模式"格式化"了?我也在反思。如果真的如此,那么我的批评,在希望学友们见谅的同时,也希望引出更深入认真生动活跃的法律学术批评和讨论。

1995年9月15日初稿,30日改定于北大蔚秀园寓所

后现代思潮与中国法学和法制*

> 人们会听到新的问题……在所有这些问题背后，我们几乎只听到漠不关心的低语：
> "是谁在说话，这有什么关系？"
>
> ——福柯**

一、问题的界定

近年来，在国内学术理论界，"后现代"一词已经颇为流行，然而在法学界，我看到的、真正算得上后现代的法学文章大约只有冯象先生的一篇短文，而且不是发表在法学杂志上。[1] 在

---

* 季卫东先生曾读了本文的二稿，真诚提出了他对有关问题的看法，我颇受启发，在一些问题上我们获得了新共识；我钦佩季卫东先生的学识，更感谢他学者加朋友的坦诚、真挚和磊落，尤其在现在这个似乎不大听得惯严肃的学术批评，或只能听好话，听不得批评的学术环境中。

** 《作者是什么》，逢真译，《最新西方文论选》，王逢振等编，漓江出版社，1991年，第459页；引者根据英文本对译文略有修改。

1 冯象：《法文化三题——文化解释·兵家传统·法发神经》，《读书》，1995年第9期，第27页。

评论波斯纳的著作时,我提到了后现代思潮,但也仅仅因为波斯纳的学术背景而论及,并没有展开。[2] 在这样的背景下季卫东先生的新作《面向二十一世纪的法与社会》一文[3]从现代主义视角(后面我会论证我的判断)简要谈及了后现代对法学的影响,尤其是针对中国的法制[4]建设分析了后现代法学的意义和局限。在一定意义上,季文中提及的二个问题都有后现代性(当然,这意味着现代主义者同样可以处理这些问题),介绍了一些后现代法律观点和论文,对中国法学的发展很有意义。

但我不完全赞成季文对后现代思潮的某些概括、分析和判断。处在现代化进程中的中国,现在谈后现代是否太早,过于奢侈,甚或不利于当代中国法制建设和法学发展?季文明确提到中国不能"等现代化功告垂成之后再来谈后现代主义",认为"后现代法学与发展中国家的法治现代化并不矛盾";与此同时,季文"不认为中国可以跨过法制现代化的阶段,来一个后现代主义的大跃进",认为"后现代法学在很大程度上只不过是为了解决现代化的构造难题而画的一条辅助线",首先要"补课",因此文章认为应当"考虑和戒备""法制现代化过程导入后现代主义的观点……妨碍对传统的批判和变革"。季文对中国大陆目前学

---

[2] 苏力:《什么是法理学》,《中国书评》,1995年总第5期。
[3] 季卫东:《面向二十一世纪的法与社会》,《中国社会科学》,1996年第3期,第104—113页。
[4] 在本文中,"法制"和"法治"通用,季卫东先生在自己的文章中也是通用的。尽管目前许多法学家偏爱"法治"一词,但"法制"一词也有其优点,即强调法律不仅是依法而治,也还是一种制度。关于"法制"和"法治"的争论意义其实不大,关键在于使用者如何界定。鉴于语词的图像理论不能成立(请看,维特根斯坦:《哲学研究》,汤潮、范光棣译,生活·读书·新知三联书店,1992年),也就不存在"刀"制"水"治争论者认为至关重要的那个问题:哪个语词更符合或贴近或反映了"法治"的本体。

者关于法学研究的本土化和中国特色的"丝丝缕缕的乡愁"表示了适度的怀疑，认为"以'现代化之后的'理论美酒来浇'现代化落后'的实践块垒"，无法一醉方休，弄不好后现代法学在中国会堕入"托古改制"的窠臼。

季文的担忧不无道理。在这一前提下，我觉得有四个问题值得澄清一下。首先，什么是"后现代思潮"，什么是后现代。从文字上来看，季文认为"一般而言，先有'现代'，然后才有'后现代'"，因此这容易使人误解，后现代思潮是"现代化之后"的理论，仅仅解决后现代社会的问题。而且，鉴于季文认为中国不可能跨过法制现代化的历史阶段，因此在很大程度上季文隐含地袭用了一种单线进化的时代观。本文则论证，对后现代思潮不能作这种现代主义的概括；至少在一些后现代思想家看来，历史固然不是随意创造的，却也绝非单线进化的。

其次，季文的判断中隐含了这样一种观点，后现代思潮对于目前中国法学发展和法制建设可能弊大于利，因此应当保持必要警惕。我赞同季文体现的学人的社会责任感，我也不承认有跨越时间的普适真理；但与此同时，基于上面提及的单线进化阶段论，针对中国法制现代化，季文开出的药方是，中国现在应当更多些现代主义，似乎现代主义的法学对当代中国就一定利大于弊。在此，季文无意中就流露出一种几乎无保留认可现代主义是跨越空间的普遍真理的观点。在这一点上，季文似乎未能保持其学术逻辑的一致性。的确，后现代思潮有麻烦；但现代主义同样有麻烦，并不存在脱离语境的在抽象意义上更正确的理论。因此，尽管本文的结论与季文的结论相似：中国法制会拒绝后现代思潮，但我的论证与季文不一致。我认为，这种拒绝不是由于学者的警惕，而是由于后现代思潮本身的弱点和法制自身的特点。

与上一点相关的是第三点，即便后现代思潮法学不普遍适用，即便后现代法学对中国法学研究者会产生不良影响，也并不必定会影响中国的法制，除非假定一国法制完全源自或取决于该国法学人的研究。季文之所以认为要警惕后现代法学，其他考量除外，我认为，主要因为他心中有这一预设。强调法学家在法制建设中的作用，这并不错，但我认为不能因此误以为，如同时下中国法学界颇为流行的，法制主要就是法学家的创造。而支撑这种观点甚至信念的，还是多年来被视为理所当然的一个命题：即法学的价值在于，且仅仅在于，创建现代法制。学术研究当然应当务实。但这一命题隐含的是法学研究不存在其他独立的价值，因此很容易变成，许多时候也确实成为一种限制法学发展的理论和实践。季文没有如此主张。但鉴于诸如此类的观点确实制约着中国当代法学的学术发展，我会在文中借题发挥。

最后，季文倾向于认为目前中国学界关于本土化的思考[5]是受了后现代思潮的影响，我认为这一概括或判断不够准确。学术本土化当然可能成为后现代思考的一个问题，但这个问题却并非一个后现代的问题。以本文第一部分为基础，我会分析认为，如果中国当代学界，包括法学界，一些学人的研究转向本土化，其中有了后现代因素，那也是因为后现代并非现代之后才出现的，而是从来就有的一个问题。本文的结构也就如此次第展开。

转向讨论之前，我想强调，季文只是一篇学术评述，并非对后现代法学思潮的全面论述；从这个角度看，本文的较真对这篇评述或对作者本人不够公平。但本文目的并不在于争个对错，而

---

[5] 关于中国当代学界的学术研究本土化的思考，主要见，《中国书评》，1995年总第3期起至1996年各期。

在于就季文本身的讨论对法学研究和发展可能有意义。就此而言，本文可以说更多是"借题发挥"。不当之处，还请季卫东先生和其他学界朋友批评指正。

二、其实与时间无关

"现代"对于许多学者和普通人都是个时间概念，也因此往往根据古代、近代和现代的用法自然且习惯将"后现代"理解为现代之后的一个时代，但细心阅读所谓后现代学者的一些作品就会发现，对后现代的这种界定实在令后现代学者无法接受。尽管后现代思潮真正形成一种学术气候并获得标签比较晚近[6]，也尽管甚至直到目前对后现代主义一直没有公认的定义，但有一点还是明确的，即"后现代"有别于"后工业社会"之类的概念。后现代甚至主要不是一个时间概念，而更多指近代以来某些学者大致分享的一种思维方式和对待世界的态度。就这些学者的学说本身而言，其中有些人也拒绝强加于他们的这种"后现代"加"主义"的标签。哪怕分享了这个标签，他们各自思想的差别也很大，最多也只有某种"家族相似"。其中有些被称为后现代的学者（例如季文中提到的卢曼、阿多诺和塞尔兹尼克，甚至哈贝马斯），由于他们强烈的理性主义倾向，强调制度设计，强调宏大理论和社会历史阶段（而不是理想型），在一些人看来，这与现代主义家族有更多相似性。但一般

---

[6] 关于后现代主义的语源谱系的考察，可参见王治河：《扑朔迷离的游戏：后现代哲学思潮研究》，社会科学文献出版社，1993年，第2—4页。

说来，后现代思想家都有个倾向，反对"时代化"的历史界定方式。

后现代的一个突出代表福柯曾指出，我们不应当将现代性仅仅视为位于日历上的前现代和后现代之间的一个时代，而更应将现代性视为一种态度，一种与今天的现实相关的态度，是一些人的自愿选择，一种思考和感受方式，一种活动和行为方式。不是寻求普世价值的形式结构，而是批判性地，也即历史语境地考察那些被现代主义认定为普遍、必然和义务性的东西。并非超越的，目标并非促成一种形而上学，这种批判的方案是谱系学的，方法则是考古学的。[7] 类似地，詹姆森也说，对后现代概念最放心的把握，就是在这个人们已忘记如何历史地思考的时代，还试图历史地思考当下；据此，后现代主义就不是个一下子就能确定、用起来也不再迟疑的概念；即便能，那也是在讨论结束之际，而不是在讨论开始之际。[8] 也正是由于关注的是思考和活动方式，其他学者也一再强调，后现代"并不是直接的年代顺序"[9]，不总是被理解为继现代之后，而是可以指与现代同时，甚至"先于"现代，"是现代主义的初期状态"[10]。

对于这种近乎语言悖论的界定，只有在理解了在后现代学者对时代化的分析批评之后才能消解。在后现代学者看来，时代化

---

[7] "What is Enlightenment?", *The Foucault Reader*, ed., by Paul Rabinow, Pantheon Books, 1984, pp. 39, 45-6. 又请看，"Nietzsche, Genealogy, History", *Foucault Reader*, pp. 76-97。

[8] Fredric Jameson, *Postmodernism, or, The Cultural Logic Of Late Capitalism*, Duke University Press, 1991, pp. ix, xxii.

[9] 乔纳森·阿拉克：《后现代主义、政治，以及纽约才子们的绝境》，老安译，《最新西方文论选》，前注**，1991年，第310页。

[10] 利奥塔：《后现代状态》，转引自王治河，前注6，第6页。

是自笛卡尔以来的现代主义的产物,"现代"被用来指从历史某个时期或某一刻到目前的一个时期,因为没法明确描述这个时期,就把这段时间标签为"现代",隐含的也就整合了这段被称为"现代"的时间。时代化的根本预设是,一个时代是一个自我包含的统一体,是一个保持了内在一贯性的整体。因此,按照现代主义的观点,今天的西方就是17、18世纪启蒙思想、理性或资本主义的展开,今天的所有原则和思想的基因在这个时代的起点中就都有了,此后只有量的变化,没有质的变化,只有换形而没有异变,或只有改变而没有断裂,因此一切变化都是一个范式中的重复。[11]从哲学观上看,这就是假定有一个贯穿这个时代的本质(本质主义),或者说这个时代有一个坚实的基础(基础主义),而这个本质或基础就是所谓的"理性"或"启蒙"。整个现代就是这个时代的本质也即理性或启蒙的展开,这个时代的基石也就是理性或启蒙。

在后现代思想家看来,这种观点只是现代主义的一个预设,并非不证自明的。但重要的还不是这个预设,而是因为这种预设会遮蔽我们的观察和理解,在实践上,也压制了生活世界的丰富和变异。福柯的几乎全部著作都表明近代以来的那个"历史"是一种虚构。以考古学的精细挖掘,以谱系学的扎实追溯,福柯非常具体地拆解了理性主义话语构建的西方近现代制度与"启蒙""理性""文明""法治"等观念/意识形态的因果链。他充分展现了相关文明和制度(如监狱、门诊、精神病院)甚至学科(如医学、精神病学和性态学)的谱系,其中充满了断裂、错位、变异、偶然性,充满了基于权力的知识型对其他知识的征

---

[11] 王治河,前注6,第5、8页;又请看,乔纳森,前注9。

服和置换。[12] 也正因此，尽管福柯已于1984年去世，却被公认为是一位极为重要的后现代思想家。德国哲学家恩斯特·布洛赫也早曾指出，并非所有的人都生活于同样的现在。[13] 一位学者也指出，说福柯是后现代思想家并不意味着他的同时代人和幸存者同样也是后现代主义者或必须成为后现代主义者。历史的中断不是同时发生在每一个人身上的，也不是同时发生在所有地方的。同一个人、同一学科或设置在某些方面可以是传统的，在某些方面可以是现代的，在另外一些方面还可以是后现代的。[14]

有些话，学者一说就有点玄，但他们所谓的后现代的这类现象对我们并非陌生。只要我们自省，并观察一下周边的人，就会发现，几乎我们每个人都会遇到这样的情况，很难同其他一些人沟通。尽管在时间和空间地域上，我们这些人似乎处在同一"时代"，但理解、处理问题的方式和思路非常不同。这意味着我们的生活世界不仅仅是一个物理空间，或是我们与他人分享的那个物理空间，生活世界往往是或者至少有人的主观创造。由于社会

---

[12] 福柯的著作几乎全都是这种"谱系学"和"考古学"研究，主要有，Michel Foucault, *Madness and Civilization: A History of Insanity in the Age of Reason*, trans. by Richard Howard, Random House, 1965; *The Birth of the Clinic, An Archaeology of Medical Perception*, trans. by A. M. Sheridan, Pantheon Books, 1973; *The Order of Things: An Archaeology of the Human Sciences*, trans. by Les Mots et les choeses, Random House, 1971; *Discipline and Punish: the Birth of the Prison*, trans. by Alan Sharidan, Random House, 1977; and *The History of Sexuality, Volume I: An Introduction*, trans. by Robert Hurley, Pantheon Books, 1978; *The History of Sexuality*, Vol. 2: *The Use of Pleasure*, trans. by Robert Hurley, Random House, 1985; *The History of Sexuality, Volume III: The Care of the Self*, trans. by Robert Hurley, Pantheon Books, 1986。关于福柯对因果化和整体化历史的批判，可参看他的论文，"Nietzsche, Genealogy, History", in *The Foucault Reader*, 前注6, pp. 76-100。

[13] 转引自王治河，前注6，第4页。

[14] D. C. 霍埃：《福柯：现代抑或后现代?》，转引自王治河，前注6，第6页；原译文中"同一种纪律"当为误译，应译作"同一学科"。

经济发展水平，由于劳动分工、文化、教育和个人偏好等众多因素，许多人实际上是生活在各自的世界中；换言之，人们看的似乎是一个东西，但看到的却又不是一个东西，因为他们从中理解的意义很不相同，甚至完全不同。现代主义者容易抹杀这种实际生活世界的非齐一，将这种生活状态解释为人们启蒙程度的不同，进化程度或文化（作动词用）程度不同，甚至视为理性与非理性的冲突。这表面似乎认可了多元，却往往隐含了单一的认知，对自己思维方式或理解的过度自信。后现代学者会认为这种非齐一的状态是生活世界的本来状态，是现代之前——即思想家开始强调时代的整体性之前——的状态，甚至一直都是这种状态。正是在这个意义上，他们才认为后现代是现代之前或现代主义的初期状态。在这种状态下，生活世界以它自身的丰富性和众多的可能性而呈现着，并不存在一种必定的汇合、整体性和终极目的，不存在一个本质，一个终极的理性，一种最坚实的基础或最正确视角。

如果这一点成立，问题就会是该由谁来界定后现代：以现代主义对后现代的界定为准，还是以后现代学者的自我界定为准。我认为，应当尊重后现代学者的自我界定。因为这个定义关系到现代主义与后现代主义的一系列根本分歧。谁控制了定义，谁就控制了他人的生命。[15] 如果放弃了自我界定，后现代学者对现代性的一切反思和分析或批判就会是无稽之谈，就可能被视为反理

---

[15] 美国女权法学家麦金农（Catherine A. MacKinnon）在女权问题上也指出，重要的不是如何界定女性，而是由谁界定，见 *Feminism Unmodified: Discourses on Life and Law*, Cambridge, Harvard University Press, 1987，特别是第一部分。美国哲学家麦金泰尔的一部著作书名就是《谁之正义？哪种理性？》（Alasdair MacIntyre, *Whoes Justice? Which Rationality?*, University of Notre Dame Press, 1988），可见定义权之重要。

性,虚无主义。

例如,后现代学者反对的现代主义的要点之一就是前面提到的时代化。如果后现代,如那些坚持现代性的学者所言,真的只属于现代之后,那么后现代学者的思考就显然不合时宜,即便就发生在当下,针对的也就是当下社会,但就因为这些思考属于"后现代的",与"现代"或与现代化进程无关,就可以名正言顺地打发了,不理睬。又如,时代化假定历史的自我同一性,为建构这个同一的历史就必须压制、征服与此预设不和谐的声音。后现代学者试图拆开这一虚构的同一,希望像考古学家那样把压在地层中的、进入不了那种因果化的和整体化的历史中的林林总总全都展示出来。还如,现代主义假定时代是一个必然的连续体,因此其中没有断裂、没有变异,一切不符合他们的因果和整体性理解的都只是无关紧要的偶然事件,最多也只是一件轶事,作为宏大历史的一个脚注,而后现代学者的研究,如福柯的研究,则表明这个被视为必然的历史连续体并非必然,总是伴随了种种变异、断裂、错位和偶然性。

也因此,在后现代思潮看来,历史并非单线进化发展的,历史并不存在本来只是为了便于分析研究但如今常常已有强烈意识形态功能的古代、中世纪、近代和现代的区分,因此也就不存在现代主义者通常认为截然不同且无法跨越的历史阶段。当然,对这一命题要加以解说和限定,后现代思潮认为社会变迁没有不可跨越的阶段并不是说社会变迁不需要具体条件,事实上,后现代非常强调语境(contextualism),尽管这一点经常被现代主义者指责为相对主义。后现代并非简单地主张或认为"阶段可以跨越"(借用一个现代主义的短语),而更关注发现和创造具体的条件来促成社会的变化。后现代主义的努力也许会失败,但它还是很有根据地指出了现代主义的虚妄,至少让人们不盲从,把一个社会的完善建立在诸如"启蒙""理性"或"民主""法治"等抽象概念或诸如此类原则之上,它促使人们努力实践,努力研究,理解具体社会的复杂性,理解人的理性的有限性。

我赞同后现代学者对现代主义的这种分析批评。因为,假定历史真是时代化的,历史是单线进化的,时代不能跨越,要"补课",那么西方又是如何在17、18世纪之后一下子超过了其他国家和地区的文明呢?至少其中有些地区的古代文明发生更早,地域上曾非常广阔,社会曾相当富有。而从后现代观点来看,很难用一个人类单线进化的模型来通约比较不同的文明,诸多文明的兴衰甚至与其发展程度无关,更可能与某些理性之外的重大偶然因素如天灾人祸相关,因此用"启蒙"或"理性"来应对此类问题在后现代学人看来,从一开始就是虚假的。许多现代主义者会认为西方社会发展才是历史发展的正宗和典型,其他文明都是扭曲或变形的,即便如"中国文明早熟论"背后也是这种进化论。[16] 这当然也不是认定,现代主义的命题或预设一定错了,或统统错了。但至少我有个担心,要建立这样一个宏大理论,坚持这样一种中心话语,那会隐含着多少暴力、恐怖和征服。注意,在某种程度上,希特勒就是这样一种理论的产物。而反过来,如果社会真的是单线进化的,并且是必然性的,理性必将胜利,那么其他各民族的人们又何必努力呢,反正最终都会到达同一目的地?又能怎样努力呢,既然努力也不可能"超越历史阶段"?

相比之下,后现代关于知识、权力、历史的观点对我们可能更有启示。后现代视角更可能让我们看到和谐中的不和谐,连续

---

16 梁漱溟:《中国文化要义》,学林出版社,1987年,第12—13章。

中的断裂,理性中的非理性。它提醒我们至少从一个视角可以并且应当将历史平面化,我们可以自由汲取一切我们希望并认为应当汲取的经验和知识;它提醒我们将人类各个社会的经验平面化,换言之,"天地不仁,以万物为刍狗"(老子语)。即便经济不发达的国家不必然就没有值得我们研究学习的东西,经济发达国家也并非一切都值得学习,重要的是根据我们的需要来学习。这是平面化,但这也是非中心化。又例如,基于反基础主义和反本质主义,我们会理解中国法制建设的复杂性和长期性,一定是社会各方面各层面的磨合,而不可能是"只要如何,就能如何";也不会太多强调"理念",而更会重视具体实践,经验总结,分寸把握,以及与时俱进的制度调整、完善和配套。从视角主义出发,"横看成岭侧成峰,远近高低各不同",世界上就一定不会有有利无弊(经济学上则是,只有收益,无需成本)的制度或理论,意义一定是阐释者赋予的,制度功能则必须靠行动者来实现。从"非哲学"的观点出发,我们或可以看淡些理论思辨,包括这里讨论后现代主义的理论,重要的其实是做事,懂得如何做,如何做好,哲学或理论可帮不上多少忙。

有人会反驳,你说得很容易,后现代思想不是那么容易把握、能有效且有利地实践。其实这还是被语词迷惑了。我想举几个例子,例证所谓后现代思想和及其实践并非那么遥远,如同一切实在且有用的理论一样,命名也许很晚,让一些学者说得挺玄乎,但它们往往一直就在自古以来人类的生活世界中。前引苏轼诗句中的视角主义是我们每个人都分享过的经验。后期维特根斯坦解构语言图像说的"语言游戏"[17],其核心大致就是中国古代

---

17 维特根斯坦,前注4。

思想家的"道可道,非常道;名可名,非常名",要求人们"得象而忘言,得意而忘象"[18]。历史学家汤因比曾根据自身治学经验得出古代学者的当时就是我们的未来这样一个肯定会令现代主义者瞠目结舌的命题。他认为,把修昔底德的世界标记为"古代",把我们的世界标记为"现代"的记史方法毫无意义;在哲学意义上,他自己的世界与修昔底德的世界是同时代的。[19] 波普尔认为不可能有一部真正如实表现过去的历史,只有对历史的解释,而且没有一种最后的解释;他认为历史解释从来不是客观的,而是出自实际问题和决策产生的需要,因此历史没有人类注定要走的线索或意义。[20] 这些思想与后现代思想家的一些观点是相通的,但说这些话的学者本人都不是后现代学人,甚或不曾听说过这个词。这说明了,后现代思潮并非一种远不可及的新创,而就是一种普通人也可能感知或直觉的人生经验。只要不是过分受制于现代主义的理性框架,即便主要受现代主义影响的学人也会基于自己的经验得出某些与后现代思潮相通的结论。后现代学人的贡献也许仅仅在于将这些先前为现代理性压抑的感知表述出来了,展示了其潜在的学术意义。

甚至,后现代思潮也并非只是学人自身的感悟,它其实一直存在于社会实践之中。例如在美国,司法制度和法律教育的核心是遵循先例,而这种制度的优点并不是由于它总是坚持先例[21],而

---

18 "言者,所以明象,得象而忘言;象者,所以存意,得意而忘象。"楼宇烈:《王弼集校释》,中华书局,1980年,第1、609页。
19 阿诺比德·托因比:《我的历史观》,《现代西方历史哲学译文集》,张文杰等编译,上海译文出版社,1984年,第175页。
20 卡尔·波普:《历史有意义吗?》,前注19,第185页。
21 遵循前例是普通法的核心,但只要看一下,一切最重要的判例,被尊为经典的判例本身却都至少在某些地方突破了先例,并因此创造了新的先例。在后现代学者看来,这本身就是个反讽。

是,从理论上看,它体现出一种对历史和前人智慧的平面化和非中心化态度;在这种平面化、非中心化的司法实践中,法官不是根据判例的时间先后、判决结果本身是否公正来引证的,而是从任何他认为(受到职业传统的限制)有关的判例中(不论该判例如何古老,即便有时其具体判决后来看显然错了)抽象出适合手头案件的法律规则。此外,遵循先例也体现了哲学阐释学和视角主义。这表明在西方国家,在法律制度实践中,从来也不是现代主义的一统天下。甚至,从来也不只是"理性""启蒙"的一统天下,想想"我们并非因为不犯错才说了算,我们不犯错只因我们说了算"。[22] 大法官杰克逊的这一有关知识/权力/制度相互关系的名言不仅远早于福柯,其凝练和震撼力,尤其是其中隐含的对政治法律社会制度的理解深度,在我看来,也超过福柯。

不仅在法律制度实践上如此,而且许多整体上属于现代主义的法学家、哲学家,细细阅读,也会发现他们思想非但是"重奏",也是巴赫金所说的"复调"。在先前的一篇文章中,我曾提到罗尔斯,这位试图重建康德式正义理论的现代主义者为自己的立论基础辩护时,认为作为公平的正义唯一要考虑的,就是辨识那些包含在一个民主社会政治制度的解释传统中的基本直觉观念。他认为:"一个正当的正义观,并不是它符合先于我们并要求我们如此的一个命令,而是它与我们对自身和对我们的追求的深刻理解相一致,我们也意识到,鉴于我们的历史以及嵌入公共生活的种种传统,它对于我们,就是最合乎情理的教义。我们不

---

[22] Brown v. Allen, 344 U. S. 443 (1953) (Robert H. Jackson, concurring opinion).

可能为我们的生活世界找到比这更好的宪章了。"[23] 罗尔斯论证的基础并非事实/历史的或现实的，而是他及其同胞的内心确信和基本直觉。这在传统的理性主义者看来太不理性了，在基础主义者看来也太不坚实了。但这真的是后现代哲学影响了罗尔斯吗？或罗尔斯从来就是一首"重奏"或"复调"？我认为是后者。因为在《正义论》中，罗尔斯就用了两节10页篇幅专门讨论了"嫉妒"。[24] 嫉妒，作为人的生物本能，在相当程度上，就与现代的"平等"或"博爱"的理念冲突。更重要的是，字里行间，罗尔斯也流露出，"理性"和"启蒙"也无法将其消除，因此只能从制度设计上迁就和兼容。罗尔斯对其他物质条件也有重要要求，那也是"理性"或"启蒙"无法控制和改变的：人类个体的体力和智力差别不大，众多个体同时生活在一个特定地域，且当地资源中等富裕（moderate scarcity），令个体合作可能且必要。[25] 罗尔斯的这种分析和论证，一直很难进入当下中国法学人的现代主义学术话语。也没中国学人关注，这些条件就算可能在一个区域国家能够满足，在这个世界上也无法满足。[26] 也因此，至今似乎没有中国学人注意到，罗尔斯这本书书名——A Theory

---

[23] John Rawls, "Kantian Constructivism in Moral Theory," *Journal of Philosophy* (September 1980), 77 (9), p. 519. 又请看, John Rawls, "Justice as Fairness: Political not Metaphysical." *Philosophy & Public Affairs* (Summer 1985), 14 (3): 223-51.

[24] John Rawls, *A Theory of Justice*, Harvard University Press, 1971, pp. 530-41.

[25] Rawls, 前注24, pp. 126-7。

[26] 有关身高，各民族的差别显而易见。突出的是，生活在非洲中部热带森林地区的俾格米成年人平均身高1.30米至1.40米；亚洲的尼格利陀人平均身高则为1.53米。有关智商差别的研究，如，John C. Loehlin, Gardner Lindzey, and J. N. Spuhler, *Race Differences in Intelligence*, Freeman, 1975。最晚近的人种与智商差别的系统研究，则请看，Richard Lynn, *Race Differences in Intelligence: An Evolutionary Analysis*, Washington Summit Books, 2006。这一研究中提及，东亚人平均智商为105，而南非沙漠高原的丛林人和刚果雨林地区的俾格米人，平均智商仅为54。

of Justice——的精细,若要准确,一定不能译为《正义论》,而只能是《正义论一种》。

我还曾提到哈佛大学法学院宪法学教授却伯的一篇论文[27],他主张以爱因斯坦的相对论和海森伯格的测不准定理为指导重新调整对美国宪法的研究和实践,主张法律家应当也可以从现代物理学中学会一种新的理解法律和法律实践的观点。另一位美国法学家波斯纳,作为法律经济学分析的领军学者,可以说是一位非常激烈的现代主义者。可是就是这位波斯纳以尼采和霍姆斯为榜样,对权利的谱系学分析,对规则与裁量权的比较分析,宣称的实用主义,以及他对法律的定义等等,同时显示出强烈的后现代风味[28];甚至已被标签为美国后现代法学的代表[29]。

既然后现代体验在任何社会都是从来存在的,是我们生存的状态或成分,这就意味着后现代思潮并不只是少数敏感学者的天才创造。从接受美学上看,之所以有接受者,或接受者所以能接受,不是因为接受者从传授者那儿学到了某些经验,而只是由于传授者引发了他们对先前自我忽视的经验的重视和理解,能从传授者学到的只是对这种感受的自我表述。换言之,在一个人们普遍没有后现代体悟的社会中,根本不可能出现后现代思潮,这也就是维特根斯坦说的"没有私人语言"的要义。[30] 这也可以说明,为什么,前面曾提及的,一些现代思想家,甚至是强烈的现代主义者、理性主义者,无意间,或多或少地都流露出有后现代风味的思想或观点。

---

[27] 朱苏力:《读劳伦斯·却伯的〈美国宪法〉》,《中国书评》,1994年创刊号。
[28] Richard A. Posner, *The Problems of Jurisprudence*, Harvard University Press, 1990.
[29] Gary Minda, *Postmodern Legal Movements, Law and Jurisprudence at Century's End*, New York University Press, 1995, pp. 234-6.
[30] 维特根斯坦,前注4,第121页以下。

因此，我认为，季文从现代主义的观点来概括后现代思潮，这种做法对后现代"主义"不公道；如果不是试图通过定义击败后现代思想的话，那么至少也没能理解和尊重后现代思想者。

三、学术的破坏性与建设性

尽管后现代思想者有所贡献，但一般说来，后现代思想者的著作中的确体现了一种对现存知识和知识型的否定，强调非中心化、平面历史、知识破碎、不确定、非连续和多元。仅从这一点看，后现代著作是破坏性的，不是建设性的，与肇始于笛卡尔的那种以肯定和建设为特征的现代主义思想传统形成鲜明反差。人们很容易据此得出结论，后现代思潮的引介会不利于当代中国的法制建设，因为中国仍处于现代化进程中。我认为这种看法多少有些皮相。只要回看现代初期，现代主义思想家不也曾以现代性为武器否定和摧毁中世纪以来的传统吗？如果仅以很有争议的"破坏性"来否定后现代思潮对现代社会，包括对处在现代化进程中的中国社会的作用，那么现代主义就有维护既得利益之嫌。

而且，即使后现代思潮有破坏性，我们也不能只关注其破坏性，还要看它有没有以及有多大的建设性，不仅是在学术研究上，而且在法律实践和制度建设上，以及它在多大程度上能有效付诸实践。

而且，是否要引介后现代思潮就不是个真问题。上一节已经指出，所谓的后现代现象和思想在我们社会生活中其实一直都有，或多或少我们都有所体悟和实践，也有所获益。即便有时我们也曾试图用现代主义来压制它，排斥它，将之归结为非理性、反理性、虚无主义或相对主义，但我们一直无法从我们的生活经验中将之彻底清除。

既然它存在，无形中或无意中会影响我们的社会生活，影响我们的法学和法制实践，我们是否可以采取鸵鸟政策而否认它呢？否认它是否比承认它、研究它有更大的好处？对谁有好处，谁来界定这些好处？我认为，只要针对中国法制实践的实在问题，而不是仅针对一些人名、书名、概念和命题来谈论，不是作为研究的出发点或装饰，而是作为研究的结果或副产品，诸如此类的研究会有助于中国法学的发展和中国法制的实践。这自然会涉及，但在我看来主要还真不是为了中西的学术交流，最重要的其实是丰富我们的知识储备，有助于理解和解说一些仅仅按照现代主义没法理解或解说不通的问题，提高我们的理论自觉和知识感悟，便于提炼我们的问题，展开我们的叙述。

我有切身的例证。孟宪范女士等关于农村女童受教育权利意识的研究[31]的发现之一是，同龄女童的受教育权利意识比男童更强烈，而不像我们通常设想的那样更弱；尽管在农村日常生活中，女孩通常比男孩更顺从，甚至更谦让，男孩更多为了某些利益（权利）而争斗，甚至动手。为什么？这显然无法用耶林"为权利而斗争"[32]或"普法"来解说。我联想到的最有力的解说是波斯纳对权利的谱系学分析：即权利意识是人的生物本能之一，没有这种本能人就不能够存在；"权利的内容随社会环境变化，但权利感会是一个常项"。[33] 未必对，肯定还需要更细致的经验

---

[31] 孟宪范、李海富、吴利娟：《农村女性受教育权的保护》，《走向权利的时代：中国公民权利发展研究》，夏勇主编，中国政法大学出版社，1995年。

[32] 鲁道夫·冯·耶林：《为权利而斗争》，胡宝海译，《民商法论丛》卷2，法律出版社，1994年。

[33] 前注28，pp. 331-2。

研究，但用这个说法来解说农村女童的受教育权利意识可能更令人信服。从日常经验我们也知道，即便同龄，女孩通常比男孩懂事早，也鉴于这一研究中的女孩年龄大致在 14—16 岁之间，从其农村相关人家包括自家受教育的历史，从学校老师的表扬，以及从社会的相关教育新闻中，女孩也会知道好好读书比争强好胜更可能直接影响自己的未来，包括工作、择偶和家庭生活。而如果这种解释有道理，那么先前关于中国公民权利意识弱的论断和命题就要修正。我们先前关于中国公民权利意识的判断不准确；也许我们就没有找到很好的测度中国公民权利意识的标识，也许我们还应当研究是什么误解压制了或掩盖了中国公民权利意识的显示。当然，这个分析很不后现代，反倒是很现代，但这个启发却是后现代的：不是理性或启蒙，而是生物性——甚至有关性别——激发了权利"感"或"意识"的差异。

又如，霍姆斯对"迪奥单"（对物诉讼）的谱系学分析[34]，给我的启发是：一种初始荒谬的制度设计并不必然导致荒谬的结果，因为社会需求，它竟然在社会演化过程中蜕变成一种合理且实用的制度。相反，这也还意味着，一种初始设计颇为完美的制度不必然导致合理的、正当的和理性的结果。正如尼采所说的，一件事的起因和它的最终的用途、它的实际应用，以及它的顺序总是会一次次按照新的目的改写。[35] 这从正面提醒了我们，又从反面告诫了当代中国法制建设的复杂性，"更注意提防那种设计了一个'纯粹、无欲、无痛、无时的认知主体'的危险的古老

---

34 Oliver Wendell Holmes, Jr., *The Common Law*, Little, Brown and Company, 1948, pp. 24-6.
35 尼采：《论道德的谱系》，周红译，生活·读书·新知三联书店，1992 年，第 55—56 页。

的观念虚构",因为这些虚构和概念总是要求有一只常人无法想象的上帝之眼。[36] 这种告诫对于我国目前的经济体制改革和法治建设都很有意义。

　　这里以及上一节提及的有关法律实践的例子,在一定意义上,可以说是对法学的解构,可能令一些更专注法条、教义或启蒙的法律人失落。但这并非只是破坏;最多也只是打破了法学自给自足的梦幻。它们其实使我们理解了,仅了解,即便忠实于立法、法条和教义,仍不足以有效治理这个社会。法学注定不可能是一个完全自主的学科,社会学、经济学、文化人类学、政治学和法学的交叉学科研究不可避免。想想一个世纪前霍姆斯的告诫,"理性的研究法律,当今是研究白纸黑字的人,但引领未来的则是统计学与经济学家"。[37] 也正由于当代人文社会科学的这种冲击,法学从众多其他学科获得了更多活力,甚至法学也因此才变得更像学术了,而不再只是门手艺。

　　至于后现代思潮对法制实践的影响,我认为这更大程度上会是个公共选择问题,而不是一个人为设计的问题,甚至也不是学人的学术研究能左右的。这里涉及的问题不是"应然",即在多大程度上应当将后现代思想付诸法制实践,而是一个"实然",即法制在多大程度上可能实践后现代思想。我个人看法是,尽管言之成理,也弥散于现实生活,但总体而言,后现代思潮无法全面付诸法律实践。这个判断与我个人对后现代思潮的好恶基本无关,只因为,有别于学术话语的法律,作为制度和社会实践的法律,趋于拒绝后现代的全盘实践。

---

[36] 尼采,同注35,第96页。
[37] Oliver Wendell Holmes, Jr., "The Path of the Law," *Harvard Law Review*, vol. 10, 1897, p. 469.

就目前而言，后现代主要是发生在文学、历史、哲学和社会理论的一种思潮。尽管在特定意义上，这些思潮或学术思考研究本身也算是社会实践，但它毕竟不同于法律实践。法律的实践性和社会性，以及与之直接相关的有序性和合法性，都使得作为制度的法律无法全面实践后现代主义。人们不会愿意也不可能持续摧毁现有制度并重建（那还是制度吗?）；社会也没法接受律师或法官在法庭上不断提出新理论，摧毁既有先例和常规。即使法官或律师有这种学术能力，他服务的人们也会拒绝他提供的选项；为了个人职业生计或其他无法抗拒的利益，也只能将后现代思考限于个人偏好。人们需要法律或法制主要是因为它的确定性和可预测性，尽管人们看到这种确定性和可预期性也有缺点，甚至会导致某种不可预期性，诸如辛普森案这样的结果，但只要利大于弊，人们就会容忍，或不得不容忍。因此，后现代思潮对法制的影响必定小于其对学术思想领域的影响。这与法律人或法学人的保守或激进无关，只是由于制度或传统的限制。即使同样是人文学科或社会科学，后现代思潮的影响也并不相同，各学科有各自的特殊性，尽管统称为学科。制度的约束力要远远大于学人或思想家的力量，而这正是主张法制的根本理由。

这一结论与季文的观点类似。但我还是不同意季文关于当下中国法制首先是现代化，以后再谈后现代的观点。季文在此似乎是主张具体问题具体分析，即基于中国法制现实，反对后现代思潮影响中国的法学。但季文并没有切实坚持这一原则。当以当代中国具体情况为由反对后现代思潮普适一切历史阶段的同时，有意无意地，季文将现代主义法制观当成了在"一定历史阶段"的普适产品。这在论证逻辑上是有问题的。论证了后现代思潮不普适，不等于已经证明了现代主义就普适；否定后现代思潮，不意味着现代主义就是"自然替补";论证了后现代思潮不是对"任何历史阶段"都普适,不等于现代主义对"同一历史阶段"的所有国家都普适。而且,当今中国真的与欧洲19世纪处于同一历史阶段吗?这不能假定或觉得是"同一"的,而一定要看;换言之,这是个经验的问题,而不是个思辨的问题。

从上面的论述和分析来看,可以说,虽然受过后现代主义的一些启发,但我不是后现代主义者,作为法学人,职业要求不能成为,也限制我变成,仅仅是不断摧毁的后现代主义者。然而,我还是希望自己成为一个对多学科研究保持开放的实用主义法律人。基于这一点,我同意季文关于中国的法制不能全面实践后现代主义的观点,也同意季文阶段论中隐含的关于法制发展有一个过程的观点。

四、相关与有别

细心的读者应当注意,前面,我始终区分了法学和法制。这种区分是重要的,而我认为季文对这种区分未给予充分的关注。季文倾向于假定,一旦中国法学人关注和研究了后现代思潮,就会受其"不良"影响,这过分强调了法学研究与法制建设和实践的联系——如果不是等同的话,这隐含了一个预判:中国的法制建设主要是法学人的创造。我认为这些观点都值得商榷。

首先,拒绝本质主义,我就不认为有什么"本质上"不好的学术思想。只要真正是学术的思考,就无所谓好和不好,好坏评价往往是基于结果来评判的,是一种由果到因的反推理。在这一点上,后现代思潮和现代主义有同样的问题。的确,后现代思潮中有不少观点在我看来可能是虚妄的梦，如批判法学的昂格尔教授就强调从理论上看社会制度具有无限可塑性，他批评那种认为社会制度必须采取确定形态的观点为"虚假的必然性"[38]；罗蒂也曾设计过一个非常天真的乌托邦[39]。对此我们当然应当警惕。但这种虚妄并非后现代所独有，更不是它的全部。现代主义的虚妄决不亚于或少于，在我看来甚至——至少到目前为止——多于后现代思潮。例如启蒙，例如理性，例如自由、平等、博爱的千年王国；在法学上，曾经流行的只有西方社会有法治，非洲人是没有法律的野蛮人的观点；在法律实践上，自然法曾一直被用来禁止安乐死和人工流产，而希特勒也是民主选举出来的等等。

何况历史上从来都有误读（这种说法也是可疑的，从阐释学上看也许没有什么误读的问题）的传统。尼采是被希特勒"误读"了吗？且不说希特勒到底读了多少尼采这样一个经验问题了，难道希特勒读了另一本书就不会是希特勒了？也许真有某个人读了《威尼斯商人》和《雾都孤儿》而反犹，可是应当让莎士比亚或狄更斯对此负责吗？[40] 对法学界来说，关注后现代思潮不存在产生坏影响的必然；即使对中国法制建设有不利影响，那也难说是后现代思潮的过错，而不是实践者的过错。我反倒认为，了解后现代思潮后，中国法学界可能对现代主义法制理论会了解更深，也较少可能"误读"后现代思潮。没有比较就没有

---

[38] Roberto Mangabeira Unger, *False Necessity, Anti-Necessitarian Social Theory in the Service of Radical Democracy*, Part I of Politics, a Work in Constructive Social Theory, Cambridge University Press, 1987.

[39] Richard Rorty, "Unger, Castoriadis, and the Romance of a National Future", *Northwestern University Law Reivew*, 1988/82, pp. 349-50.

[40] 这两部文学作品中都描写了贪婪、狡诈的犹太人形象，因此西方曾有人指责作者有反犹太人的倾向。

鉴别，这是句老话，可道理是新的。

而且，为什么就不怕中国当代法学人误读现代主义呢？多年来，我们不是确实多多少少误读了一些吗——例如我们更多赞美洛克、卢梭等的理性主义的传统，而很少提伯克、托克维尔的保守主义，有著作甚至标明伯克是反动派。时下颇多中国法学人欣赏美国的司法制度（其实也只是美国的联邦司法制度，因为根本就不了解美国各州的司法制度），但在美国人看来他们最重要的法学家的著作，《联邦党人文集》除外，无论是霍姆斯还是卡多佐，几乎都没有中译。法学人可能会拿着洛克和孟德斯鸠的三权分立去演绎美国联邦制度，但真正塑造这个制度的，除了早期的联邦党人外，其实是200年来美国的宪政实践，甚至主要还真不是联邦最高法院。说到底，我以为，季文的判断是出于这样一个前见（阐释学意义上的，不带贬义）——尽管季卫东先生未必如此明确主张，但文章隐含了——现代主义比后现代思潮更有价值，起码危险性小，即使误读了，也不会出大乱子。价值是无法争辩的，因为与主观偏好相关，一个人的垃圾可能是另一个人的财宝。但也正因为与个人偏好有关，我更认为这个判断应当由学人们研究之后自行判断，这才是选择的自由。

季文的另一个前见是担心中国法学界会走火入魔。这种担心也算有前车之鉴。但应当看到，尽管中国法学界近年来发展还不尽如人意，但学术空气和学术辨别力还是浓厚和提升了，不大可能因为一个时髦的观点或流行的命题就以为发现了终极真理。此类状况的出现恰恰由于对西方学术发展了解得太少，而不是太多。

但更重要的因素是，季文将法学研究与法制建设/实践之间的联系理解得过于紧密了。我认为两者关系并不紧密，也很难紧密。即使紧密关注实际的法学研究对当代法制的影响也主要是个正当化的过程，只能对法制的形式结构发生和正当化有某些影响。实践的法制一定是从社会中生发出来的，受制于种种社会变量，其实际运作可能符合，但不必然甚至不必须符合某个或某些法学研究的结论。有人可能引用某一法学研究成果为其运作正当化，但也仅此而已。如果不是将法制仅仅理解为种种成文法的集成，或诸多机构的设置，实践的也即实际起作用的法制就是一种规范性的社会秩序，这种社会秩序从根本上看是形成的，是人们在社会生活中逐渐磨合确定下来的，而不是按照理论构成的。法制或秩序的真正力量不在于法学家的雄辩、有理论，而在于其自身的存在、有效运作和人们的接受。这就类似维特根斯坦说的，我不需要论证这种颜色是红色，而只是指着它说这就是红色。

只要回顾一下许多国家的法律变化就可以看到这一点。美国的司法审查制度并不是当年美国宪法对此有明确规定，或是美国国父们当初有过这样的原旨，而只是因为马歇尔法官在一个案件中这样做了，之后才有法官继续这样做了，又有法学人就为什么这样做作了论证。美国的许多所谓里程碑判例也都是这样形成的，往往还推翻了先前对有关判例或法律的解释。[41] 相反的例子则是在英国，边沁曾反复论证普通法之弊端，成文法典之良善[42]，不可谓不周全、雄辩；但英国普通法仅仅凭着自身的存在，无须一位比边沁更雄辩的思想家，就轻而易举地战胜边沁这位伟大思想家关于英国法法典化的全部文字。写下《独立宣言》的"人

---

41 最典型的判例，如1954年美国联邦最高法院判决的布朗诉教育委员会案，Brown v. Board of Education of Topeka, 347 U. S. 483 (1954)。

42 Richard A. Posner, "Blackstone and Bentham," *Journal of Law and Economics* vol. 19/3 (1976), pp. 569-606.

受造平等"的同时,杰弗逊的庄园里畜养了大量黑奴。普通法如此,大陆法何尝不是如此呢?法国大革命颁布了最早的《人权宣言》,可就在这一大革命中,人权被践踏,而此后,法国也照样在非洲进行殖民统治和压迫。概念、命题与现实并不是对应的,不可能规定生活,思想对社会的影响有,但非常有限。

假如这一观点有道理,那么法学的功用是什么?我们也许应重新审视有关学术研究价值的判断标准。总体而言,任何研究的意义都在于改造世界,有使用价值,但社会劳动有分工,学术研究也有分工,有别于法律职业活动提供的大量产品,法学研究集中关注的是有关法律制度的发生发展演变的基本原理和主要变量,追求的更多是智识的发现,而并非不直接服务法律市场,满足各类客户的法律实务需求。非但如此,这种追求还更可能失败,有很多错误,但一切都是知识增长的代价,而不是技能的重复或变奏。一旦条件成熟,这些不直接有用的法学研究发现就会深刻影响法学理论和法律实践。过去30多年来,法律经济学就对美国的法律实践、教学和研究都产生了重大深远影响。尽管这一研究始于一位经济学家的一个起初看来不很起眼,也没有什么实用价值的研究。[43] 又如过去20年来有关法律解释的研究的最大学术推动力或净化剂,分别来自伽达默尔的哲学阐释学和后期维特根斯坦的分析哲学,而不是传统的法解释学和法教义学或所谓的法学解释方法。因此,在当代中国,适度区分法学研究和法制实践,看到这是两个有联系但并不紧密因此要避免将之等同的领域,分别为之确定相应的评价标准。这种区分就是要肯定法学

---

[43] Ronald H. Coase, "The Federal Communications Commission," *The Journal of Law and Economics*, vol. 2 (Oct., 1959), pp. 1-40.

学术研究有不完全依赖于当下法律实践的独立价值。

据此，我认为，所谓后现代法学可能阻碍或不利于中国法制现代化的命题是一个很难成立的命题。确实，文字层面的立法会有众多法律人参与，执法和司法也会有大量法律人参与，但一个国家的法制却从来不是法学家的产物，而是人民的社会生活的产物，所有的法律人——法官、检察官、律师、立法者、执法者——在这一过程中都起作用，但司法活动说到底主要不是一个理论论证的过程，而是一系列职业判断和行动。从这个意义上，我要说，一个民族的生活创造它的法制，法学家创造的仅仅是关于法制的理论。[44]

最后，我还想说，无论如何，中国也不会有很多人专事后现代的法学研究。首先，社会需求会限制一些仅因时兴而卷进来的同路人，一旦人们发现从事这一研究的边际收益不足以支付其边际成本时，他们自然会离开，后现代法学研究就会减弱。现在还远不是这种时兴的情况，之所以好像时兴，恰恰因为后现代并不时兴，至少在法学界许多学人很可能还是头一次听到。因为这个事业——如果还算是一个事业的话——不是每个人都干得了的，更不是人人都愿意干的。不仅法律界，而且法学界也不会有多少人愿意研究诸如断裂、平面化、非中心、时代化这样一些乍看起来不知何处下手、与他熟悉的日常生活和学术套路很难勾连的概念或命题。尤其在市场经济蓬勃发展的今天，能坐下读书就算不错了，会有几人会真把这些相当"脱离实际"的后现代问题当成个事业来做呢？这仍然是制度的约束，这种约束是比任何学者的告诫更为有力的。

---

[44] "'理论'是傍晚时产生的，也就是说，理论是晚到的解放'自觉'，而不是产生解放的条件"。罗蒂：《哈贝马斯与利奥塔德论后现代》，《后现代主义文化与美学》，王岳川、尚水编，北京大学出版社，1992年，第60页。

坦白地说，如果我有担心的话，那倒是相反：现在中国法学界还能有几人有兴趣、有毅力同时有能力作一番这样的研究。也许10年后，有人会说中国又多了一个空白——尽管这种惊呼其实是大可不必。

五、其　他

季文把中国目前国内学界的本土化努力视为受后现代思潮影响的产物，这是一个挺大的误会。粗略说来，所以谈起本土化，恰恰是因为许多中国学者发现自己对西方的理论挺熟悉，而对中国的问题却不那么熟悉，因此希望把学习来的理论化入中国当代社会文化，几乎没谁说要摈弃外来文化，试图从孔孟老庄那儿建立一个纯粹的中国的理论和制度。我很难想象有这样的人。我们这几代人受外来文化影响太大了。当今中国三四十岁左右的法学人法律人中，能用外文写封信的人可能要远远多于能用古汉语写信的。我们怎么可能摈弃外来文化呢？外来文化已经成为这代人传统的一部分甚至主要部分了。

中国学者主张本土化，还针对了其他一些中国当代学术问题。例如，从外国引进的概念、术语、命题不完全适用研究中国，缺乏具体的中国实证研究；而中国的一些中青年学者希望弥补这些缺陷。不可否认，中国学者中有关心后现代理论的，但这种关切，在我看来，也许表明他们更加注意反思、自我怀疑和理性思考，而不是为了时髦（而且，如今学术又怎么说得上时髦呢，时髦的是"经商"），是为了充实自己，为了中国的发展，为了中国学术的发展，为了中国学者能在同外国学者相遇时进行多层面的交流。也许有人观点激烈，也许表述有欠缺，个别人甚至难免走火入魔，但如果说后现代主义者与现代主义者的态度区别在于前者是怀乡的，而后者是摈弃乡愁的[45]，那么我可以说，这一代学人都是现代主义者。

　　到最后，尽管我对季卫东先生的学识和清晰思路相当钦佩，但我感到季卫东先生在研究学术时过于强烈坚持现代主义者立场，缺乏一种哲学阐释学要求的"假定对方可能正确，假定文本可能说了些什么新的和我以前不懂的东西"的心态。这不是要求季卫东先生放弃自己的"道"，但在分析理解对方时，如果不能暂时搁置自己的判断，那我会怀疑研究者是否愿意、能否共情地（empathy）理解对方，在理解的基础上进行分析和判断，即便最后还是拒绝。我觉得季卫东先生始终有一种过于强烈的现代主义者的思路和逻辑。文章题目《二十一世纪的法与社会》，这本身就体现了对未来的了然于胸的强烈确信和大胆预测。当然，这里的"二十一世纪"也许是个笔误，但它是与季卫东先生的理性主义、现代主义思路是完全一致的。福柯说，知识的先知死了；这是个后现代命题，但是它也完全可以转化为一个苏格兰启蒙学派的现代主义命题，那就是人的理性不可能理性地设计、安排和预测未来。也许我们应当保持一种高度的开放，对我们的理性思考判断能力更多一点反思和迟疑，也许这对中国的法制建设和法学发展都更具建设性。

1996年元月5—6日晨初稿
3月23日二稿，5月三稿于北大蔚秀园

45　霍埃，转引自王治河，前注6，第5页。